ビジュアル版

時短・効率化の前に

今さら聞けない
時間の超基本

監修　宇宙物理学者
二間瀬敏史
タイムコーディネーター
吉武麻子

はじめに

この本を手に取った人は冒頭に物理学が出てきたことで、「ぎょっ！」とするかもしれません。時間について役に立つことが書いてあるのかと思ったら、「苦手な物理？」と思うかもしれません。でも、読んでみると難しいことは書いていなくて、「あーそうなんだ」「そんなこともあるのか」という感じになるはずなので心配しないでください。

一番驚かれることは、時間の流れは主観的なものではなく、実際にその流れの速さをコントロールできるということでしょう。物理の観点では、時間の流れは決まっているものではないのです。それを教えてくれたのがアインシュタインの相対性理論です。物理学者でさえ時間をコントロールできるなどということは信じられず、長い間、相対性理論は机上の空論とされてきました。しかし、この本でも触れたように、現在では「カーナビが目的地にちゃんと連れて行ってくれること」＝「相対性理論が正しいこと」の証拠となっていて、意識することはなくてもほとんどの人は相対性理論の恩恵にあずかっています。

普段あまり考えることのない「時間」について、考えてみませんか。疑問をもって深く考えることで、時間の思いがけない一面が理解できる。さらに、当然と思うことにも疑問をもつことで違った面が見えてくる。これは物理学に限らず日常生活にも役に立つことかもしれません。

しかし物理学者にとって「時間」はその一面が見えているだけ。本質はまだまだ霧のかなたです。「時間はどうやって生まれたのか」「時間が消えることがあるのか」など、物理学者は現在も時間の謎の解明に努めています。

宇宙物理学者　二間瀬敏史

これまでの時間の本は、いかに時短や効率化で時間を生み出し、そのスキマ時間にやることを詰め、効率的に物事をこなしていくかという時間管理のノウハウ本がほとんどでした。今回も「そんなノウハウ本なんじゃないの？」と思った方もいるかもしれません。

しかし、当たり前が当たり前のことでなくなり、先の読めない時代となった今、自分にムチ打ちながら、効率よく時間を使っていく従来の時間の使い方では、豊かな人生の実現が必ずしも叶うものではなくなってきました。それは働き方も時間の使い方も多様化し、時間に対する概念も変化してきたからです。

「時間管理が苦手」「時間をうまく使えない」「効率ばかり追い求めると疲れてしまう」「もっと充実感を感じたい」という方に、ぜひこの本をお読みいただきたいです。自分にとって心地よく時間を使いながら、理想の生き方を叶えていくことで、人生を豊かにしていく。そんな新しい時間のとらえ方をこの本では提唱しています。

命には必ず終わりが来ます。あなたにとっての後悔しない人生とはどんな人生でしょうか？　その人生を送るためには、結局は毎日の時間をどう過ごすかの積み重ねが大事です。「あれもやりたかった」「これもやりたかった」と最期を迎えるのではなく、満足な人生だったと言えるよう、時間に向き合ってみてください。

時間の使い方＝生き方です。時間だけは取り戻すことができません。時間に向き合うと、自分がどんな生き方をしているかが見えてきます。

日々の時間の使い方という小さなことから、人生という大きなことまで、改めてご自身との対話の時間をとってみてください。

タイムコーディネーター　吉武麻子

この本の使い方

本書を効果的に使うためのコツを紹介します。

1

「自分らしい時間の使い方とは何か」と自問しながら読み進めよう

本書には「時間＝生き方」という言葉が何度も登場します。時間の使い方にはその人の価値観が表れますから、自分らしい時間の使い方を考えることは、自分らしい生き方を考えることにつながります。ぜひ、「自分らしい時間の使い方」を自分に問いかけながら読み進めてみてください。人生をよりよくするきっかけになるかもしれません。

2

時間の使い方や時間のとらえ方について
大切な人と話し合ってみよう

家族やパートナー、友人など大切な人と「どんな時間を過ごしていきたいか」話し合ったことはありますか。お互いに豊かな時間を過ごすためにとても大切なことです。Chapter3「生活と時間の話」やChapter4「人生と時間」を読んで感じたことをテーマに、対話してみましょう。相手の時間を大切にする意識が芽生え、関係性が深まるでしょう。

3

たくさんの方法の中から
心地よいものを選んで実践してみよう

本書では効率よく仕事する方法や生活時間の整え方、目標を実現するための時間の使い方など、さまざまな視点で「時間との上手な付き合い方」を紹介しています。たくさんの方法の中から、自分に合いそうなものを選び、試してみてください。選ぶときの基準は、やっていて心地よいかどうか。楽しくできるものを取り入れてください。

Contents

Chapter 1

時間の秘密

Chapter 2 仕事と時間術

Chapter 3 生活と時間の話

Chapter 4 人生と時間

今こそしっかり向き合いたい

時間との上手な付き合い方

いつも時間に
追われている
時間って一体
なんなんだ
時間の流れが
速すぎる
効率的に
時間を
使いたい
自分のために
使える時間が
なかなかもてない
なんにもしない
時間を
過ごしてみたい

日本人の6割が時間に追われている感覚をもっている

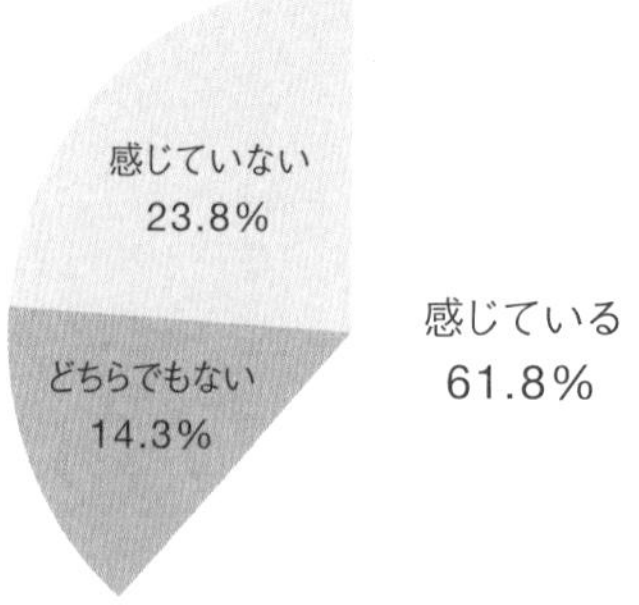
感じていない
23.8%
どちらでもない
14.3%
感じている
61.8%

「セイコー時間白書2021」

Q.時間に追われている感覚を感じていますか?

毎年6月10日「時の記念日」にちなんで、セイコーホールディングスが発表している生活者の時間についての意識調査「セイコー時間白書」。この調査によると、61.8%の人が時間に追われている感覚をもつと回答。コロナ禍による生活環境の変化によって「時間の使い方」は多様化し、豊かな時間の使い方を考える人が増えた一方で、慌ただしく過ごしている人も少なくないということがわかりました。

この本でわかること

物理学から「時間」に迫ります

2500年の長きにわたって、科学者たちを悩ませ続けてきた「時間とは何か」という問い。この難問に挑み、時間の概念を大きく変えたのが、相対性理論を発表したアインシュタインです。相対性理論からわかってきた時間と重力の関係をはじめ、宇宙と時間の関係について、その謎と奥深さに迫ります。

効率よく仕事する方法がわかります

コロナ禍で多様な働き方や時間の使い方を経験したからこそ、仕事とプライベート双方の充実を実現したいと考える人は多いのではないでしょうか。そこで、仕事のクオリティを保ちながら時間内にきっちり終わらせるノウハウを紹介。自分に合った、心地よい働き方を身につけましょう。

生活時間の整え方を知ることができます

共働き世帯が増加し、IT化が急速に進んできた現代。多くの人が仕事と家事のマルチタスクを抱え、オンライン下で仕事と生活の境界なく多忙に暮らしています。プライベートも常にタスクだらけでは、気持ちが休まる暇もありません。家事の仕組み化を中心に、自分時間を捻出する方法を紹介します。

時間と向き合うことができます

1冊を通して、時間の尊さを実感できる構成になっています。時間は有限だからこそ、今の時間の使い方にムダはないか。改善点はどこか。そんな視点をもつことができるでしょう。本書を読み終えるとき、新しいことに挑戦したくなるかもしれませんし、何かを手放したくなるかもしれません。

「時間＝生き方」です。実現したい生き方を叶えるための時間の使い方がわかります

人生とは、日常の時間の積み重ねであり、時間の使い方にはその人の価値観や生き方が表れます。「せかせかしたくない」「趣味や学びの時間をもち、自己成長したい」「大切な人とあたたかな時間を刻みたい」……そんなふうに望む生き方をイメージしながら読み進めることで、自分らしくあるための時間の使い方が見えてきます。

ぼくたちと一緒に「時間」について考えてみませんか?
私はこの本のナビゲーターです

身近なのによくわからない

時間ってなんだろう

時間とは極めて奇妙なもの

時間は誰にとっても身近なものであるにもかかわらず、「時間って何？」と問われても、ほとんどの人が明確に答えることができません。しかも目に見えないし、さわることもできない。ところが「遅い」「速い」などと感覚的にとらえることはできる、極めて奇妙なものです。

この本の監修者の1人である、宇宙物理学者の二間瀬敏史教授に「時間とはなんでしょう」と質問したところ、「時間とは時空の1つの次元です」という答えが返ってきました。みなさんなら、同じ問いに、どう答えますか？　答えは多岐にわたり、正解を1つにしぼることは難しいでしょう。それほど時間は謎に包まれているのです。

確かにこの世界は、空間3次元と時間1次元からなる時空4次元世界で、
時間とは、時空の1つの次元に違いないけれど、結局のところ、時間ってなんだろう?

「時間って何？」と問われたとき、連想するものは人によってさまざまだね
TIME IS MONEY
時間には、相対性理論をもってしても解決できない多くの謎が残るんだ

さまざまな「時間」

日時計が示す時間

太陽の光でできる影の位置から時刻を知ることができる。起源は古代バビロニアにさかのぼり、人類が作った最初の偉大な科学装置といわれている。

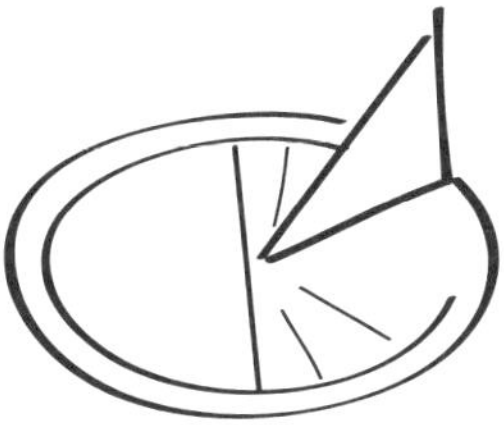

時計が刻む時間

経度0度にあるグリニッジ天文台を基準として、世界各国の標準時（タイムゾーン）を決めている。そのため、地球上の場所によって時刻が異なる。

体内時計が刻む時間

地球上のあらゆる動物や植物がそれぞれ体内にもつ、専用の時計を体内時計という。その時計が刻む周期で、眠りにつくなど1日の体のリズムが作られている。

すべての人に共通する「時間」はない

アインシュタインが特殊相対性理論を提唱し、時間の進み方は観測者の運動状態によって変わることを理論化しました。つまり、時間は伸び縮みしていて、この宇宙には絶対的な時間は存在しません。しかし相対性理論を持ち出さなくても、時間の進み方がみんな同じでないことはわかります。楽しいとあっという間に時間が過ぎるなど、私たちは1人ひとり、置かれている状況や心の状況によって異なる「自分だけの時間」を心に刻んでいます。

時間はこんなにも尊い

人びとが時間の真実を追求してきた理由とは

時間は巻き戻せないから

宇宙が始まったときから時間は一方向に流れており、それは決して逆戻しされることなく未来に向かって進んでいきます。過ぎ去った時間を取り戻すことも、溶けたアイスクリームを元に戻すこともできません。

時間は有限だから

この宇宙が終わるのかどうか、はっきりしたことはまだわかっていません。しかし、私たちの命には限りがあります。使える時間は有限だと考えると、時間は命そのものだと考えられないでしょうか。

過去には戻れないから

過去の自分や過去の経験が遠い記憶として心に刻まれていたとしても、決してその瞬間に立ち戻ることはできません。私たちは、決して逆らえない時間の流れに乗って、ひたすら「今」を生きているといえます。

時間の正体をつかもうとした人たち

物理学的時間
を考える上で
重要な科学者
たちだよ

ガリレオ・ガリレイ
（1564-1642）

イタリアの科学者。「振り子の等時性」や「落体の法則」を発見。初めて望遠鏡で宇宙を観測し、「地動説」を唱えた。

アイザック・ニュートン
（1642-1727）

イギリスの科学者・数学者。「万有引力の法則」を発見。「絶対時間」と「絶対空間」を基礎にニュートン力学を作りあげた。

アルベルト・アインシュタイン
（1879-1955）

ドイツ生まれの物理学者。「相対性理論」を発見したり量子論誕生のきっかけとなる論文を発表したりと、現代物理学の扉を開いた。

時間を取り戻したい・生み出したい思いから生まれたもの

アンチエイジング

「抗加齢」を意味する言葉。実際の加齢に逆らうことはできなくても、「いつまでも若く見られたい・健康でいたい」「できるだけ長生きしたい」という人びとの願望から生まれました。

タイムマシン

タイムトラベルは決してSFの世界だけの話ではありません。タイムマシンについて、相対性理論や量子論などの物理学を駆使した研究が真剣になされてきました。

「時短・仕事の効率化」という考え

人びとが時間に追われている感覚をもつようになった現代では、家事の時短や仕事の効率化への関心が集まりました。時短家電をはじめ、さまざまな商品やサービスも生まれました。

時間が奪われやすくなった現代

現代はなんでも高速で、いつでも簡単に欲しいものや情報が手に入り、非常に便利な世の中になりました。一方で、SNSやWeb会議サービス、ビジネスチャットなどの普及により、自宅にいながら誰とでもつながれる環境は、時として自分だけの自由な時間を侵食します。大切な時間を有効に使うためにも、主体性をもって時間と向き合う姿勢が、今後ますます重要になってくることでしょう。

時間に対する価値観は人によって異なる

私の時間とあなたの時間

ゆったりした時間を好む人
時間にルーズな人
予定をつめ込みがちな人
家族との時間を大切にしたい人

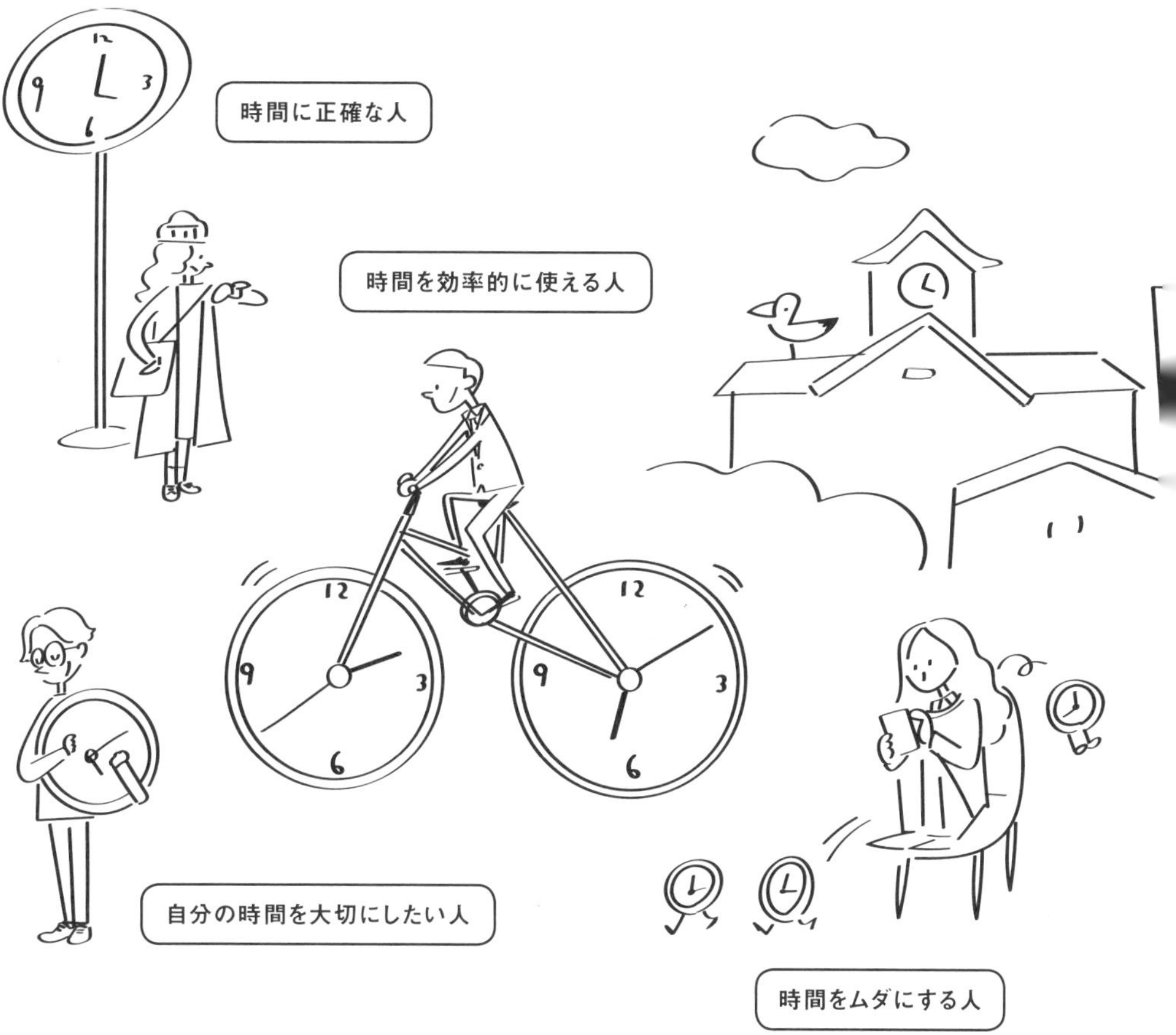
時間に正確な人
時間を効率的に使える人
自分の時間を大切にしたい人
時間をムダにする人

時間に対する価値観のズレとどう向き合う?

「時間にきっちりしている」「時間にルーズ」など、時間感覚が人によって異なるように、時間に対する価値観も十人十色です。手帳はスケジュールでびっちりと埋まっているほうが充実感を感じられ、生き生きと過ごせる人もいれば、その日の過ごし方は当日の気分で決めたいから、なるべく予定を入れたくないという人もいるでしょう。

どんな時間の過ごし方であれば心地よさを感じられるかは、人それぞれです。パートナーや家族間で時間の感覚や価値観のズレを感じたとしても、お互いの時間のとらえ方を尊重し合いながら、よりよい時間の使い方＝生き方をカスタマイズしていけるといいですね。

人の数だけ
時間の感覚や
考え方は違うんだね
時間って
深いなぁ

新しい「時間」のとらえ方が人生を豊かにする?

思い込みを取り払ってみよう

思い込み1　**時間は効率よく使うべき**

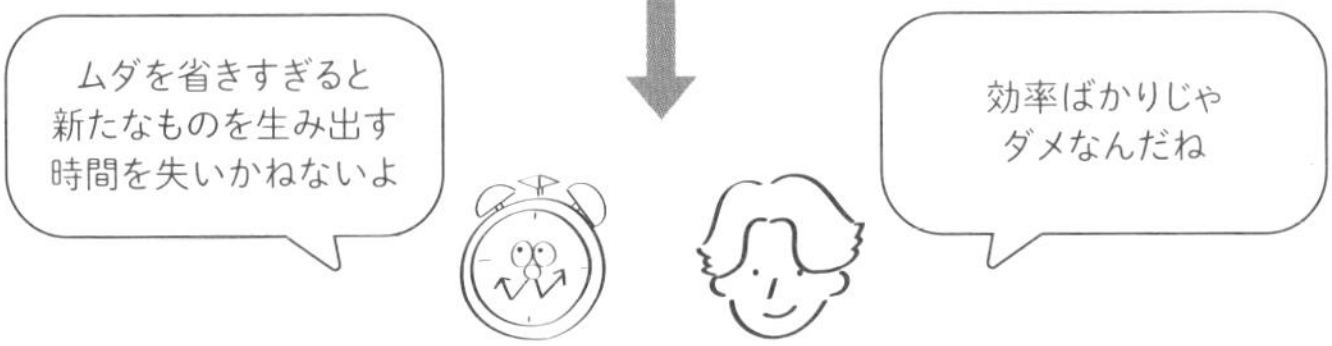
ムダを省きすぎると
新たなものを生み出す
時間を失いかねないよ
効率ばかりじゃ
ダメなんだね

余白の時間を作ってみる

時間のムダを省くことばかりを重視すると、じっくり考える時間やのんびり過ごす時間を失いかねません。アイデアやチャンスは、リラックスしながらゆとりある時間を過ごす中で生まれるものです。

思い込み2　**たどり着く時間はできるだけ早いほうがいい**

遠回りすることで
得られるものも
あるよね
人生にムダな経験は
1つもないってことか

遠回りすることが一番の近道?

元メジャーリーガーのイチロー氏は、かつて「ムダなことって結局ムダじゃない。遠回りすることが一番の近道」と発言。たとえ思い通りにいかず遠回りしたとしても、その過程で徹底して深めたことは人生の糧になるはずです。

思い込み3　**取り組む時間を捻出すべき**

自分がやらなくても
いいことって
意外とあるんだよ
取り組むための時間
をいかに生み出すか
ばかり考えていたよ

“やらねばならないこと”を手放す

「時間がない」という状況の背後には、さまざまな思い込みが隠れている場合があります。その1つが、「自分しかできない」という考えです。この思い込みを手放すことが、周囲の人との信頼関係を強くするかもしれません。

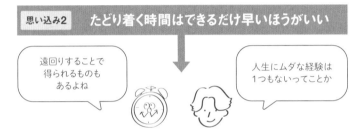

思い込み4

1日24時間は誰にでも平等である

1日24時間という事実は
変えられないけれど、
時間の感じ方は変えられるよ
時間が欲しければ、
時間の流れがゆっくりに感じる
状態を作り出せばいいんだね

置かれている状態や心の状態によって時間の感じ方が異なる

大人よりも子どものほうが時間の流れをゆっくりと感じるのは、新しい経験が多いためだといわれています。そこで、日々の暮らしの中に新鮮さを感じる体験を盛り込んでみては。いつもの通勤路を変えて、公園を通ることで季節の移ろいに魅せられるなど、些細なことでいいのです。

思い込み5

時間がない、忙しい

忙しいという思い込みから
自由になろう
とらえ方を変えるだけで、
気持ちがラクになりそうだ

まだこれだけ時間がある

思考は私たちが思っている以上に、現実に影響をおよぼします。「時間がない」という思いは焦りとなり、脳の処理能力を低下させます。「時間がある」と思えば気持ちがリラックスして気分も前向きになり、パフォーマンスが上がるということは十分に考えられます。

時間のとらえ方を変えると人生も変わる

私たちはこれまで「時間は効率よく、有意義に使うべきだ」と信じて疑いませんでした。

ところがコロナ禍で、働き方も時間の使い方も多様化。早起きして午前中のうちに仕事を終わらせ、午後はのんびりと読書や動画配信で映画を楽しんだり、午後6時には家族みんなで夕食を囲んだりと、時間の使い方が大きく変わりました。それと同時に時間に対する固定概念も変化し、これまで忙しく過ごしてきた人の中にも、「心地よい時間を過ごしたい」「効率よりも充実を大切にしたい」と考える人が増えました。

あなたにとって「価値ある時間」とは、どんな時間ですか。もしかしたら、「非効率の中での学びや気づき」「余白が生む豊かさ」「初めての体験がもたらす時間の流れ」の中に、そのヒントは隠されているかもしれません。

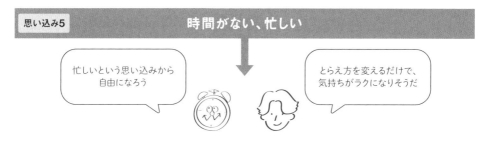

時間の悩みにお答えします！ 1

時間のとらえ方が違う同僚・後輩にイラッとする

同僚・後輩の時間のとらえ方と自分の時間のとらえ方にズレがあります。約束の時間に遅れないために余裕をもった行動を心がけている自分にとって、彼らは少々ルーズに感じ、ときにイラッとすることもあります。最終的に間に合うのですが、企画書は締め切りギリギリ、会議も直前に席に着く。彼らに時間のマナーを教えたほうがいいものでしょうか。また、自分のイライラをどう解消すればいいでしょう？（30代・会社員・男性）

宇宙物理学者
二間瀬敏史教授

僕の場合は4年生や大学院生と1対1、あるいはごく少人数での付き合いがあります。「ゼミの直前に欠席の連絡が入る」とか「なぜゼミの準備もしないで来れるのか」とか、「もうちょっと頑張ったら」とかいろいろ思うところはありますが、基本的には人は思い通りにはならないと考えているので、気長に待つようにしています。気長に待っていると、彼ら彼女らは着実に成長します。それを見るのも楽しみです。若い世代の成長に何か楽しみを見つければいいのでは?

タイムコーディネーター
吉武麻子さん

会社員の方から、とてもよく聞く悩みです。その同僚や後輩がもし自分の時間感覚に危機感を感じているのならぜひ時間のマナー（P.108）を教えてあげてください。逆に、危機感を感じていないのであれば、何も手を差し伸べないのがよいでしょう。時間マナーだけをただ教えても、本人が必要性を感じていなければ、右から左に流してしまうので、あなたが余計にイライラしてしまうだけです。本人が自分自身で問題に直面し、それをなんとかしようと思わなければ直らないので、相手の成長を助けるためにも、途中で手を出さない、見守るというスタンスが大切なときもあるととらえましょう。

本書のイラストレーター
オフィスシバチャン・
柴田昌達さん

ルーズなのはその人の性格だと思うので、無理に変える必要はないと思います。会議の場合なら30分前に「相談がある」などの理由をつけて30分前に会議室に呼んでしまうのはどうでしょうか?　そのほかのことでも締め切りや待ち合わせを、本当の予定より少し前に設定するなどの対策をとってみてください。ルーズな人と付き合う場合は自分もゆったりした気持ちで、お茶でもしながら彼らを待つよう心がけることをオススメします。これで、イライラも解消されると思います。

Chapter 1

時間の秘密

宇宙の誕生とともに始まった時間。
「なぜ時間は流れるのか」「時間と宇宙の深い関係」など、
時間の不思議に迫ります。

脳で感じる時間

時計がなくても時間を知覚・予測できるわけ

脳にそなわる時計で時間感覚をつかんでいる

「そろそろ目的地に到着するはずだ」「卒業してもう3年か……」と、日常生活において、私たちはさまざまな時間の予測や知覚をしています。こうした時間を計るメカニズムには諸説がありますが、1つは、脳の神経細胞によって時間経過を感じているという説です。ミリ秒単位の短い時間帯では小脳が働き、10数秒単位では大脳新皮質と大脳基底核をつなぐ神経回路が働いていると考えられています。数分や数時間、数日というやや長めの時間感覚に関わるとされているのが、楔前部《けつぜんぶ》や後部帯状回です。また、出来事の順番など時系列の理解は海馬が関わっていると考えられています。

脳全体のネットワークの中で時間は知覚される

時間感覚には脳全体が関わっていますが、知覚される「時間の長さ」によって、使われる脳の部位は異なります。

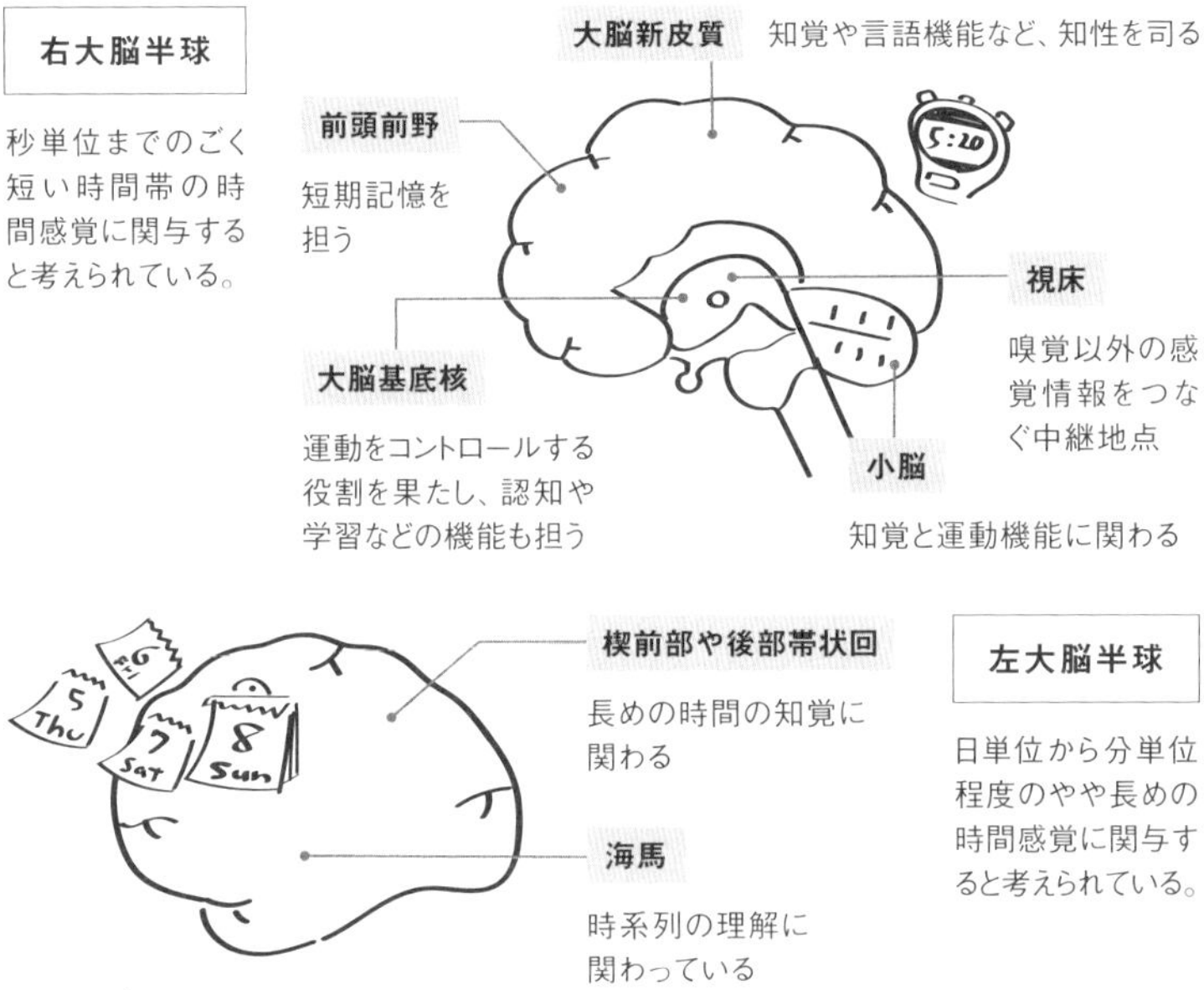

右大脳半球
秒単位までのごく短い時間帯の時間感覚に関与すると考えられている。
大脳新皮質
知覚や言語機能など、知性を司る
前頭前野
短期記憶を担う
視床
嗅覚以外の感覚情報をつなぐ中継地点
大脳基底核
運動をコントロールする役割を果たし、認知や学習などの機能も担う
小脳
知覚と運動機能に関わる
5:20
楔前部や後部帯状回
長めの時間の知覚に関わる
左大脳半球
日単位から分単位程度のやや長めの時間感覚に関与すると考えられている。
海馬
時系列の理解に関わっている
5 Thu
6 Fri
7 Sat
8 Sun

1日 / 1時間 / 1分 / 1秒

左脳	楔前部	後部帯状回	海馬
右脳	視床 ― 大脳・大脳基底核ループ		
右脳	小脳		

知覚される「時間の長さ」によって使われる脳の部位が異なる。十数年などより長い記憶の場合は、さらに別の部位も関わってくる。

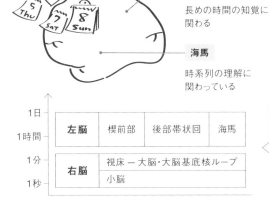

社会的制約の中で意識する時間

人が時間を意識し、時間に追われるようになったのは、18世紀イギリスで起きた産業革命以降だといわれています。現代社会ではさらに時間を意識する場面が増え、人びとは日々、時間を気にしながら暮らしています。

仕　事

出発時間に間に合うように起床する	始業時間に遅れないように電車に乗る	休憩時間内に昼食をとる
約束の時間に到着する	締め切りに間に合うようにスケジュールを組む	定時に仕事を終わらせる
決められた会議に出席する	納期を確認する	生産性を高める

たくさんの
社会的制約の中で、
時間を知覚・予測する
感覚が培われて
きたのかもしれない

家　庭

朝食作りから逆算して起床する	1日の予定に合わせて家事を終わらせる	子どもの送り迎え
毎日の食事作り	持ち帰った仕事に取り組む	子どもの寝かしつけ
毎月の支払いの把握	園や学校の提出物の確認	就寝時間から逆算して食事や入浴をする

これだけ物事に
追われていると、
時間を
気にせざるを
得ないね

私たちが感じている今は「過去」!?

脳内で「視覚・聴覚・触覚・味覚・嗅覚」すなわち五感の情報を処理するのには時間がかかります。このため、今、私たちの目の前に広がる光景は、わずかに過去の出来事なのです。脳でさまざまな情報処理ののち、意識にのぼるには約0.1秒かかります。この文章を読んでいるのも、実はあなたが意識するより0.1秒前というわけです。

2 地球の自転に関係している？ 生物と体内時計

1日のリズムを生み出す体内時計

　地球上のありとあらゆる生物は、地球の自転に合わせた専用の〝時計〟、体内時計を体内にもっていて、睡眠周期や行動に大きな影響をおよぼしています。動物が夜行性であるか昼行性であるかも、植物がいつ花を開くかも、すべて体内時計で制御されています。

　現代社会では昼夜が逆転した生活をする人もいますが、朝起きて夜寝るという生活のリズムは、私たち人間の体に深く染み付いています。完全に外の世界から遮断された時計のない部屋で過ごすという実験では、時計がないのにもかかわらず、ほぼ24時間の周期で規則正しく寝起きすることが観測されました。

人が朝起きて夜眠くなるのは体内時計があるから

日が昇ると血圧と体温が上昇して体の働きが活発になり、夜になると睡眠ホルモンが出て眠くなるというように、体内時計によって一定の行動パターンが繰り返されます。

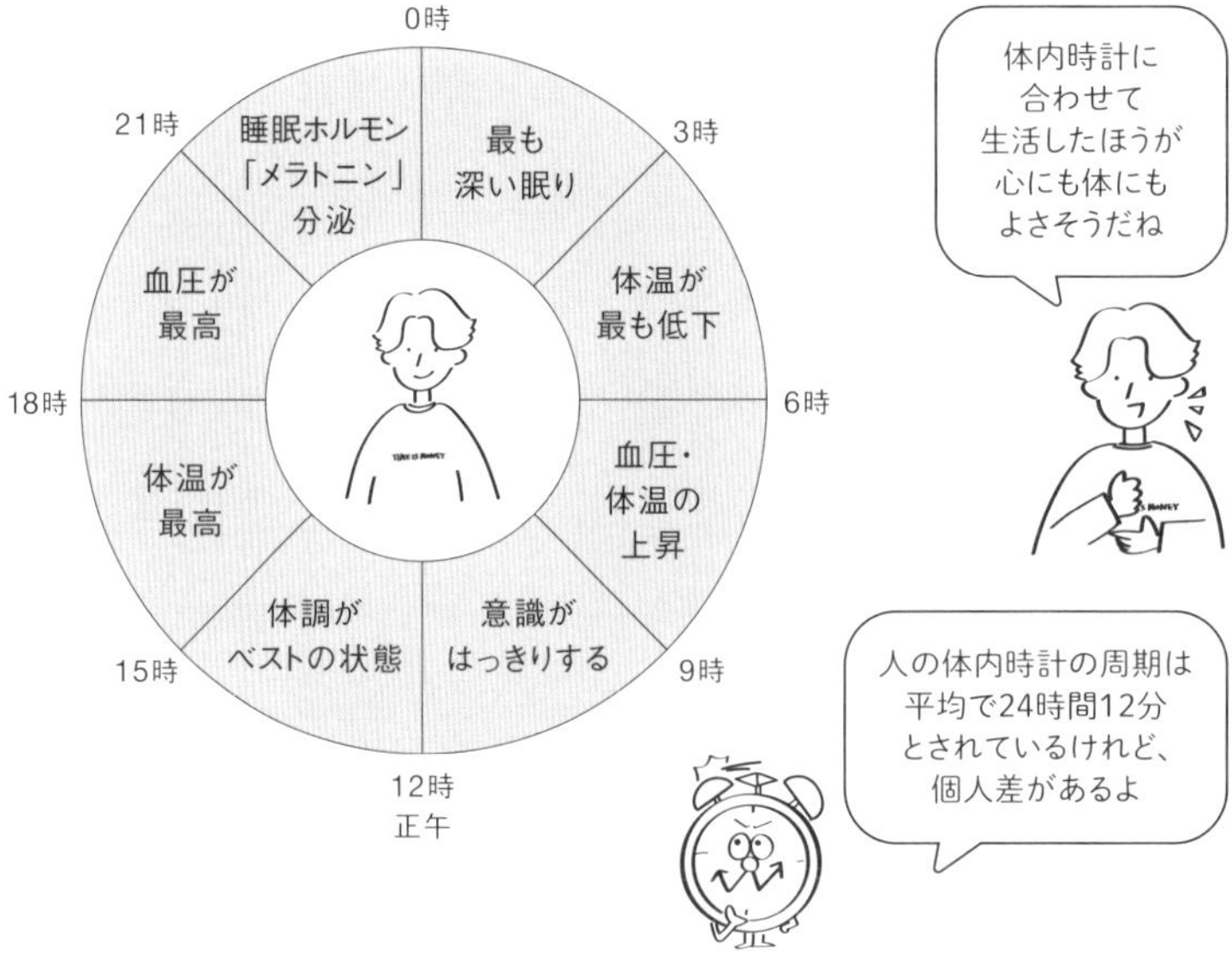
0時
3時
6時
9時
12時
正午
15時
18時
21時
最も
深い眠り
体温が
最も低下
血圧・
体温の
上昇
意識が
はっきりする
体調が
ベストの状態
体温が
最高
血圧が
最高
睡眠ホルモン
「メラトニン」
分泌
体内時計に
合わせて
生活したほうが
心にも体にも
よさそうだね
人の体内時計の周期は
平均で24時間12分
とされているけれど、
個人差があるよ

体内時計と遺伝子

体内時計の実体は、長い間謎に包まれていました。ところが1971年、概日リズムの乱れたショウジョウバエを複数調べたところ、体内時計には遺伝子（「Period」と名付けられる）が関わっていることが明らかになりました。さらに体内時計の正体は、このPeriod遺伝子が作り出す24時間周期の振動だということがわかったのです。

3

古代の人びとの時間

古代の人はどうやって時間を把握した？

古代の人は天体の動きから時間を計った

古代の人びとは、太陽、月、星の天体の動きによって時間を計っていました。太陽は沈んでもまた昇り、満月も約１カ月後にはふたたび顔を出すというように太陽や月の満ち欠けは非常に正確な周期で起こるため、日常生活を送る上で十分でした。また、日食も日単位程度で正確に予言されていました。日食がおよそ18年と11日（約６５８５日）周期に起こる「サロス周期」については、古くバビロニア時代、紀元前600年頃までには知られていました。このように、天体の動きを時間の基準にしていた古代の人びとにとって、時間とは、めぐりめぐってまたもとに返り、それが繰り返されるものでした。

古代エジプト人の1年の始まり

古代エジプトの人びとにとって、ナイル川の氾濫の時期や種まきの最適な時期を予見することはとても重要でした。その時期を知るカギを握っていたのがシリウスです。

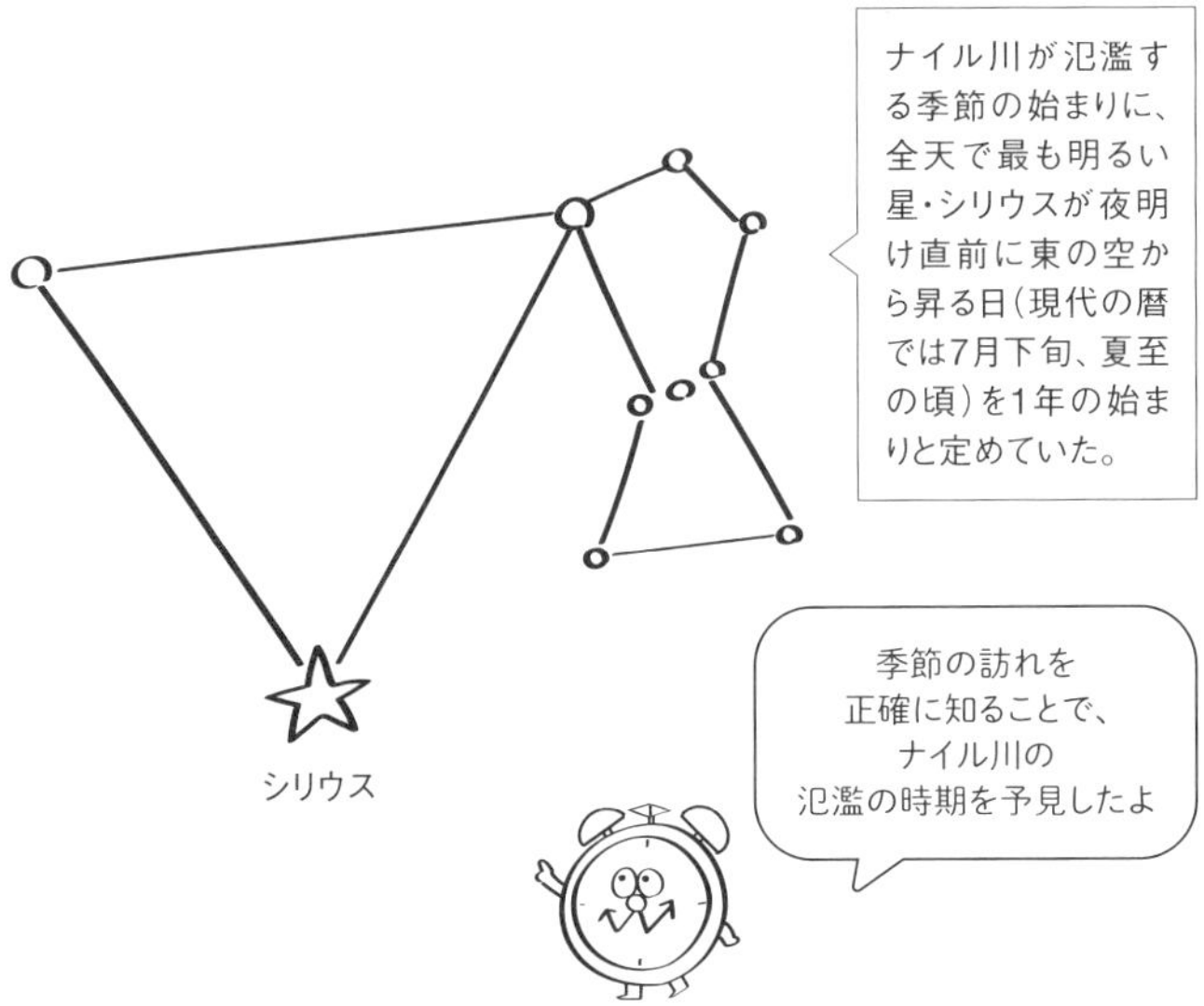
ナイル川が氾濫する季節の始まりに、全天で最も明るい星・シリウスが夜明け直前に東の空から昇る日（現代の暦では7月下旬、夏至の頃）を1年の始まりと定めていた。
シリウス
季節の訪れを正確に知ることで、ナイル川の氾濫の時期を予見したよ

1日が24時間なのはなぜ？

古代エジプトの人びとは、1日を昼と夜、それぞれ12時間に分けました。時間の分割に12進法が採用された理由は、獲物や農作物を分割しやすく、指で数えやすいためだといわれています。ところが昼と夜を12分割すると、夏は日が長く、冬は短いというように季節によって差が生じます。そこで、昼夜を分けず24分割する方法がとられたのです。

時間の進化は止まらない

時間はどうやって計るのか

時計の正確さは どこまで追究できるのか

紀元前４０００年頃、人類最古の日時計が誕生して以来、水時計、ローソクやランプを用いた燃焼時計、砂時計と、人類は時間を計るためにさまざまな時計を発明してきました。

13世紀後半に発明された世界初の機械式時計は、１日あたり30分ほどずれたといわれています。その後、１９２７年に開発されたクオーツ時計で誤差は１日に10秒ほどになり、分や秒の単位が浸透。その後さらに高精度なセシウム原子時計が登場します。２００１年、セシウム原子時計の１０００倍の精度である光格子時計が発明され、わずか数センチの高低差でも重力による時間の流れの違いを観測できるまでになりました。

時計の進化

機械式時計が生まれてから約800年の間に、「1日に30分の誤差」は、「300億年に1秒の誤差」程度にまで精度を高めました。

13世紀頃	最初の機械式時計が教会などに置かれ始める	1日に30分の誤差
16世紀前半	振り子時計の誕生	1日に5分の誤差
17世紀	オランダの数学者であり物理学者のクリスティアーン・ホイヘンス(1629-1695)がこれまでで最も正確な振り子時計を発明	1日に10秒の誤差
1927年	カナダの技術者ウォーレン・マリソン(1896-1980)らによって水晶(クオーツ)時計を発明	1カ月に15秒の誤差
1955年	イギリスの物理学者ルイ・エッセン(1908-1997)らがセシウム原子時計を発明	300年に1秒の誤差
2001年	東京大学の香取秀俊教授が光格子時計を提案(2003年実証)	約300億年に1秒の誤差

宇宙で一番正確な時計

宇宙に中性子でできた中性子星という特殊な星があります。この中性子星が放出しているパルス状の電波はパルサーとして観測されますが、その中に30万年に一度しか狂わない、非常に周期が安定的なものがあります。かつてパルサーの正体が不明だった頃は、宇宙からあまりに正確な周期の電波が届くので、地球外知的生命体による通信電波と思われたほどでした。

5

一瞬ってどれくらいの時間？

人が認識できる最も短い時間とは

まばたきよりも短い アト秒とは

一瞬とは、まばたきをするほどのわずかな時間を指します。一度のまばたきは、時間にして約0.3秒ほどといわれていますが、一瞬よりも遥かに短い時間の単位が「アト秒」です。1アト秒は10^{-18}秒であり、100京分の1秒。数字で見るだけでは直観で理解できない、途方もなく短い時間です。

原子の中で電子が中心の原子核を1周する時間は100アト秒ほどです。アト秒の精度が実現されると、原子の中の電子の運動の詳細がわかり、さまざまな化学反応の仕組みや制御する方法への研究につながります。

1アト秒はどれくらいの時間？

アト秒の短さは、地球の46億年の歴史を1秒に置き換えるとわかりやすいかもしれません。46億年のうちのたった0.15秒が、1秒のうちの1アト秒なのです。

1アト秒を地球の歴史に置き換えてみると……

地球の歴史46億年

$$\frac{1\text{アト秒}}{1\text{秒}} = \frac{0.15\text{秒}}{46\text{億年}}$$

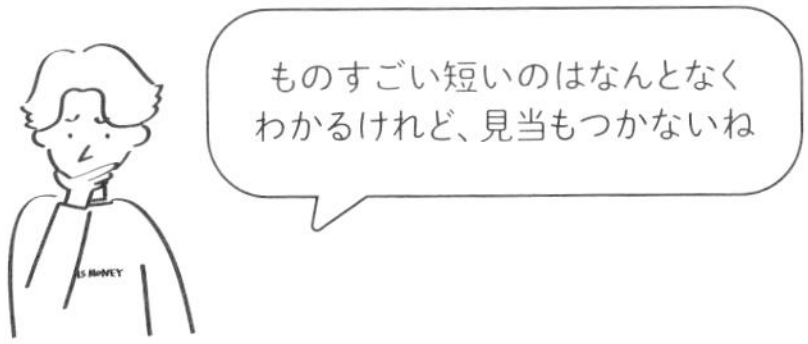
ものすごい短いのはなんとなく
わかるけれど、見当もつかないね

一番長い時間はどれくらい？

宇宙で最も長い年月は、宇宙が生まれてからの時間、138億年です。この先宇宙に終わりがあるのか、永遠に終わらないのかはまだわかりませんが、宇宙が永遠に続くとしたら、“小さな星の寿命”が、現時点でわかっている最も長い時間といえます。小さな星は水素を燃やして安定的な状態にいる時間が1兆年ほど続くからです。

6 人類は時間の概念をどうとらえてきたか
科学者、哲学者の考える時間の概念

時間の謎を追い求めてきた科学者、哲学者たち

「時間とは何か」という2500年来の謎にいち早く挑んだのが、紀元前4世紀の古代ギリシアの哲学者アリストテレスです。アリストテレスにとって時間とは、運動や変化が起きて初めて認識できるものでした。

時は流れ、17世紀に万有引力の法則で有名なアイザック・ニュートンが現れます。最初に時間の流れ方を問題にしたニュートンは「空間と時間は何ものにも影響されず、無限の過去から無限の未来まで変化せずに存在するものである」と定義。さらに「時間は空間のどこでも同じ速さで流れる」とし、このような空間と時間を、それぞれ「絶対空間」「絶対時間」と呼びました。

相対性理論以前の時間の概念

アインシュタインが相対性理論で時間の概念を大きく変える以前、科学者、哲学者たちは時間とどう向き合い、どうとらえていたのでしょうか。

飛ぶ矢のパラドックス

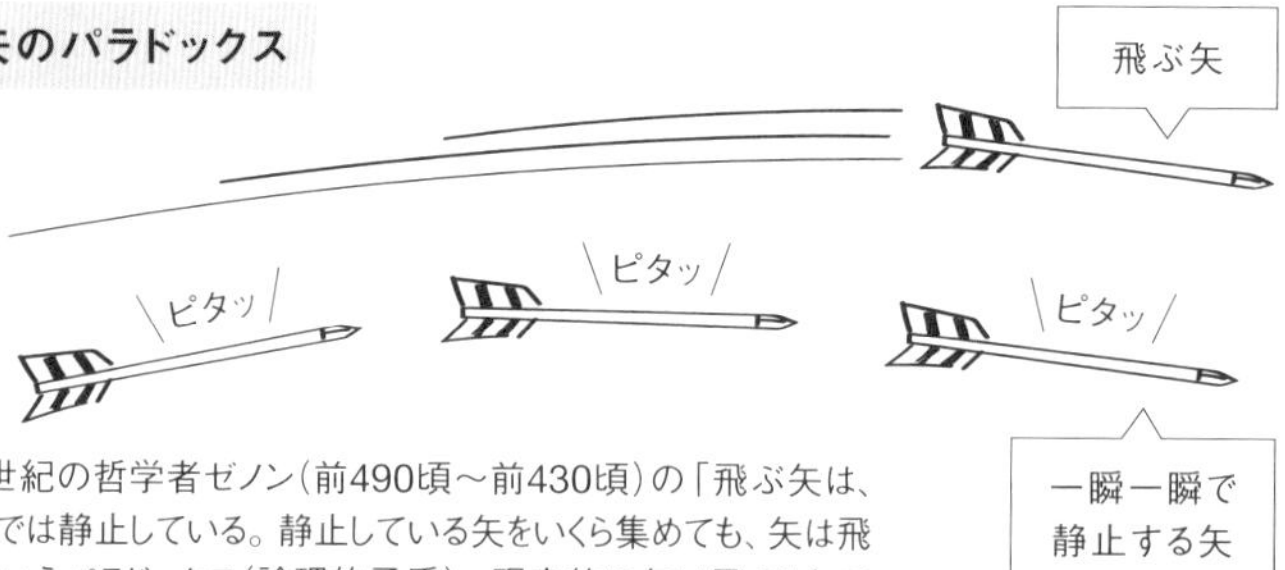

飛ぶ矢
ピタッ
ピタッ
ピタッ
一瞬一瞬で静止する矢

紀元前5世紀の哲学者ゼノン（前490頃～前430頃）の「飛ぶ矢は、一瞬一瞬では静止している。静止している矢をいくら集めても、矢は飛ばない」というパラドックス（論理的矛盾）。現実的に矢は飛ぶが、このパラドックスを考えていくと、「時間とは何か」という問題に行き着く。

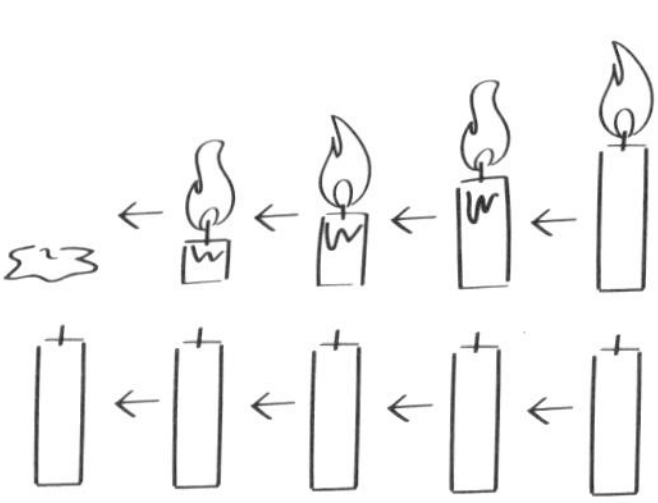

アリストテレスの時間

ろうそくに火をつけると、ろうそくの長さの変化から時間の経過を認識できるが、ろうそくに火をつけなければ時間の流れを確かめる手段はない。「時間は運動や変化が起きて初めて認識できるものであり、運動や変化がなければ時間もない」と論じた。

アリストテレス
（前384-前322）

ニュートンの絶対時間

物体があろうとなかろうと、運動していようとしていまいと、宇宙のすべてが等しく時を刻み続ける。仮に宇宙にあるすべての時計がなくなってしまったとしても、依然としてそこに時間は流れると考えた。

アイザック・ニュートン

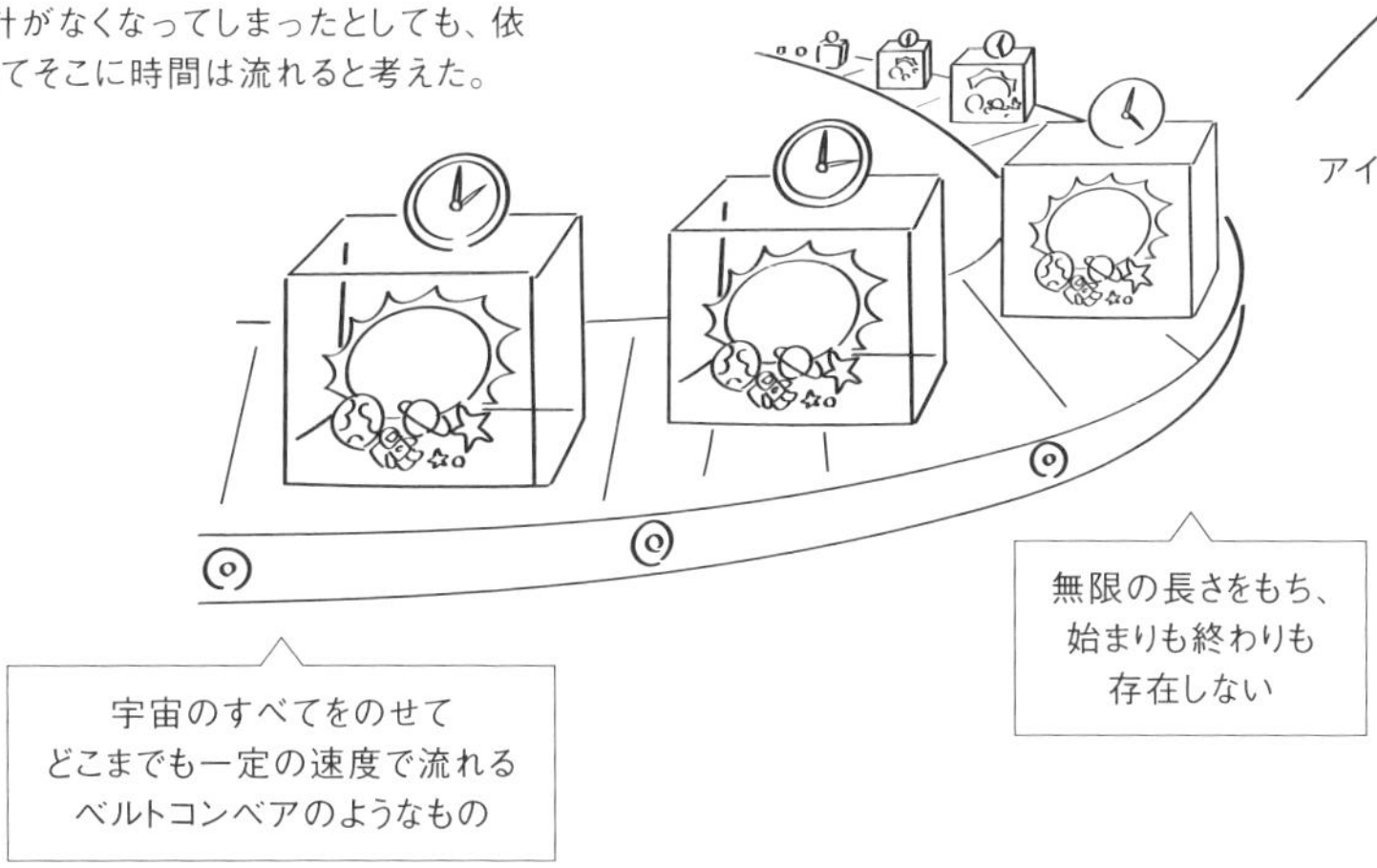
無限の長さをもち、
始まりも終わりも
存在しない
宇宙のすべてをのせて
どこまでも一定の速度で流れる
ベルトコンベアのようなもの

宇宙にあるすべての時計がなくなる → 依然としてそこに時間は流れる

すべての物質がなくなり、ただの空虚な空間になる → それでも時間は流れ続ける

「絶対時間」の概念は
定着し、人びとの
常識となっていくよ
ニュートンは
「自然科学の父」と
よばれているね

時間は物質があるから存在する?

ニュートンの絶対時間への最も有名な批判は、19世紀の物理学者マッハによるもの。マッハは「世の中のあらゆる時計がなくなっても時間は流れるが、物質が存在しなければ、単に時間が流れないだけでなく、時間そのものが存在しない」と論じました。この考え方に、アインシュタインは大きな影響を受け、のちに相対性理論を作りあげたのです。

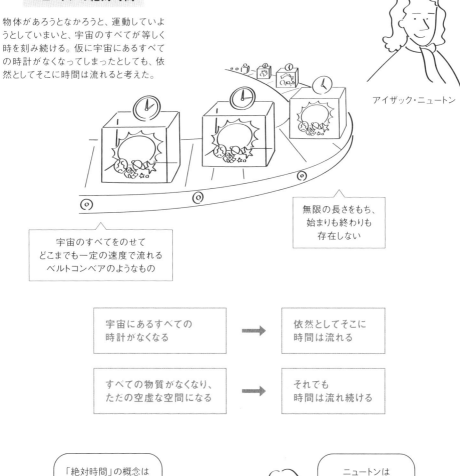

時間の概念の革命

7 宇宙一やさしい相対性理論の話

時間は一定ではなく伸び縮みする

1905年、ドイツの特許庁の職員だった26歳のアインシュタインは、「特殊相対性理論」を発表しました。観測者の運動状態が時間や空間と密接に関係していると考えないと、ある種の物理現象は説明できないという考えから、アインシュタインは速く動くほど時間の流れが遅くなったり空間が縮んだりすることに気づいたのです。こうして、宇宙のすべてが等しく時を刻むとするニュートンの絶対時間は否定されました。さらに10年後、重力も時間の流れを遅くしたり空間を縮めたりするという「一般相対性理論」に発展させました。この2つの相対性理論は、私たちの時間の概念に大変革をもたらしました。

「絶対的な時間はない」＝「同時性の破綻」

ある人にとって同時に起こった2つのことが、別の人には同時に起こらないなど、観測者（運動速度）によって結論が異なることは「絶対的な時間はない」といえます。

観測者によって異なる“同時”

電車の中に、光源と光の検出器があったとする。電車の中の人から見ると、2つの検出器に光が当たるタイミングは同時だが、同じ現象を電車の外にいる人が見ると、タイミングは一致しない。

1. 電車の中の人からは、光は等距離に検出器に同時に当たるように見える

光が同時に検出器に当たる
電車の中の人にとって
電車は静止している

2. 電車の外にいる人からは、光は前方の検出器に遅れて当たるように見える

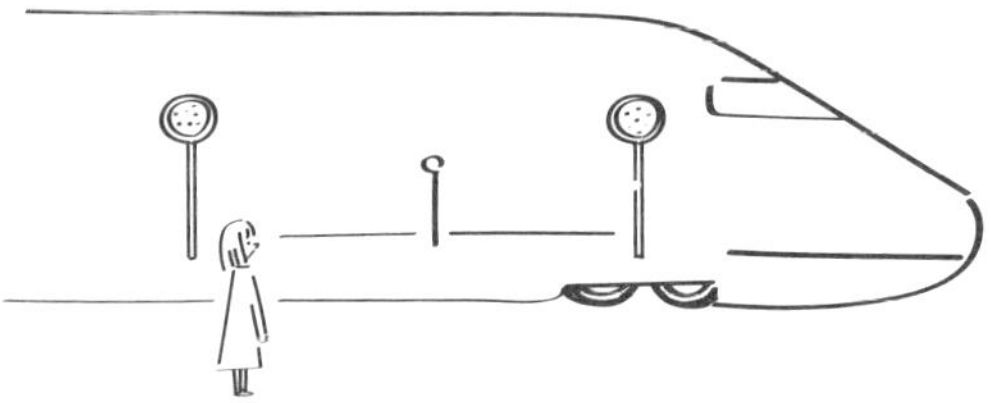

特殊相対性理論は“同時”の常識もくつがえした

2つの相対性理論の違い

「止まっている人から見ると、動いている人の時間はゆっくりと進む」としたのが「特殊相対性理論」。一方、「重力が強いところでは、重力が弱いところに比べて時間は速く進む」としたのが「一般相対性理論」です。

特殊相対性理論

観測者の運動状態の
時間との関係を決めている

運動するものの時間は遅れる

↓

ジェット機に積まれた時計Ⓒは高速で飛ぶことによる特殊相対性理論の効果と、高いところを飛ぶことによる一般相対性理論の効果の両方が働く。これらを相殺すると、地上で静止している人の時計Ⓑと比べてジェット機に積まれた時計はゆっくり進む。

一般相対性理論

重力と時間の関係を
決めている

高いところほど時間は速く進む

↓

一般相対性理論の効果により、高いところに置かれた時計は低いところに置かれた時計と比べると速く進む。エベレスト山頂に置かれた時計Ⓓが海抜0メートルに置かれた時計Ⓐよりも速く進むのは、このためである。

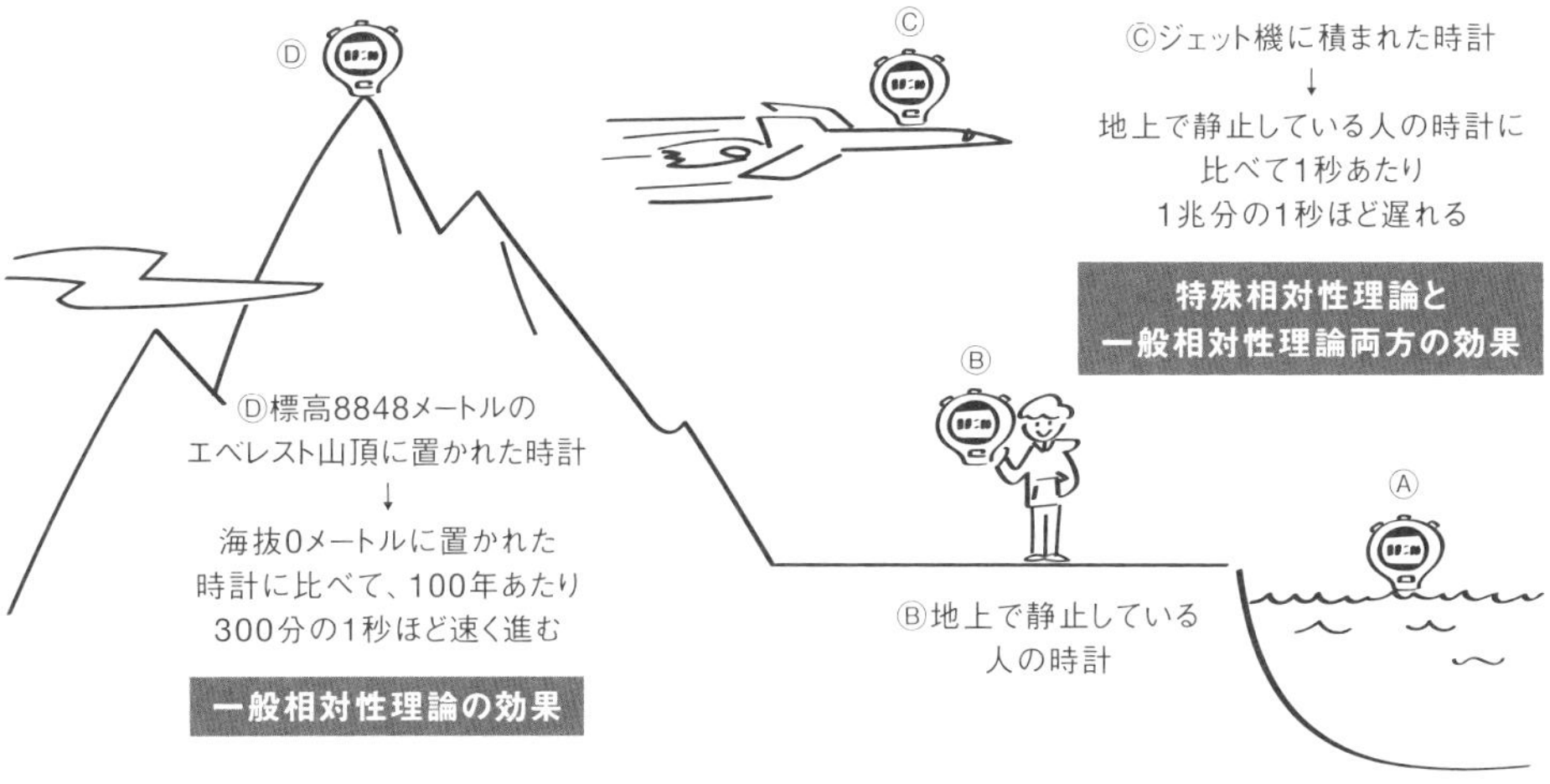
Ⓓ
Ⓒ
Ⓒジェット機に積まれた時計
↓
地上で静止している人の時計に
比べて1秒あたり
1兆分の1秒ほど遅れる
特殊相対性理論と
一般相対性理論両方の効果
Ⓑ
Ⓓ標高8848メートルの
エベレスト山頂に置かれた時計
↓
海抜0メートルに置かれた
時計に比べて、100年あたり
300分の1秒ほど速く進む
一般相対性理論の効果
Ⓐ
Ⓑ地上で静止している
人の時計
Ⓐ海抜0メートルに
置かれた時計

高速で進むほど時間が遅れる証拠—素粒子の寿命が延びる—

宇宙空間を飛び交う、超高エネルギーの素粒子「宇宙線」が地球の大気にぶつかると、「ミューオン」という素粒子が生まれます。ミューオンは本来、短時間で壊れてしまうため、地上に到達できないはずですが、実際には地表で大量のミューオンが見つかっています。これは、ミューオンが高速に近い速さで飛ぶために時間の流れが遅くなり、寿命が約200倍に延びたため起こった現象です。

時間は過去から未来への一方通行？
私たちが過去と未来を区別できる理由

どうあがいても私たちは昨日に戻れない

時間がこれほどまでに尊いのは、どうあがいても私たちは過去には戻れず、時間を逆戻しすることはできないからです。そして、私たちが時間の流れを感じられるのも、この、過去から現在、未来へと一方向に決まって変えられない時間の流れ＝「時間の矢」が関係しています。

宇宙の現象には大きく分けて「可逆現象」と「非可逆現象」があります。ある現象が起こったとき、その逆の現象が起こって元の状態に戻ることができるものが可逆現象で、決して元に戻らない現象が非可逆現象です。非可逆現象があるからこそ、私たちは過去と未来の明らかな違いを感じ取ることができるのです。

非可逆現象によって生まれる時間の矢

平らな床に置いたボールが、何も手を加えないのに自然に動き出すことはありえません。したがって、ボールが転がる様子は非可逆現象です。

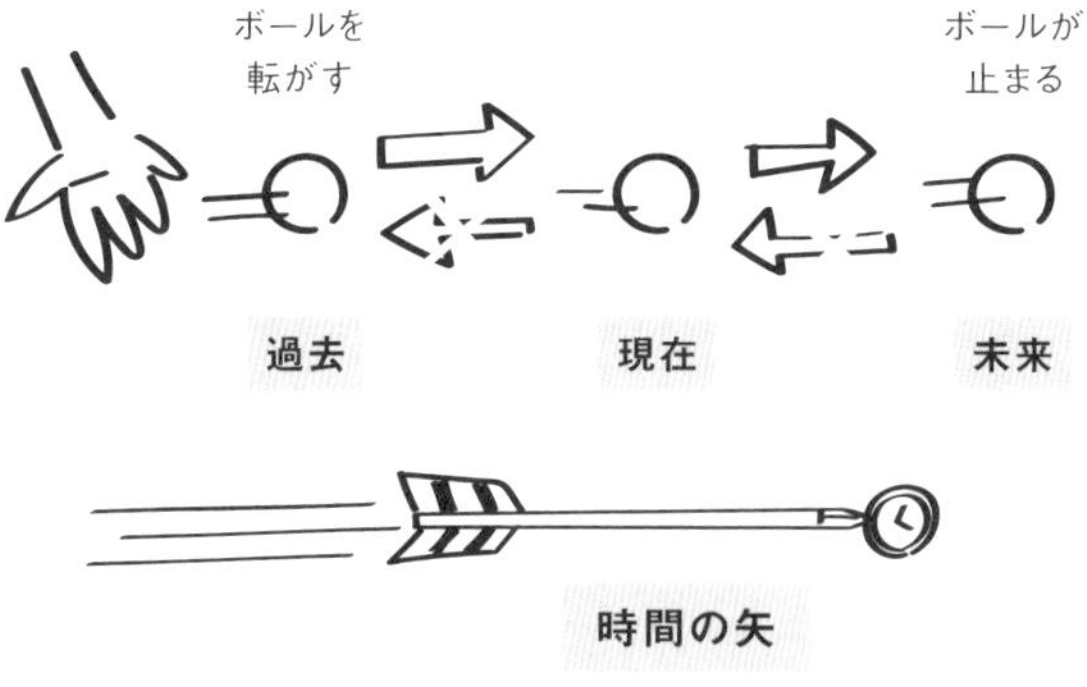
ボールを
転がす
ボールが
止まる
過去
現在
未来
時間の矢

||

「過去→現在→未来」という、一方向に決まって変えられない流れのこと。

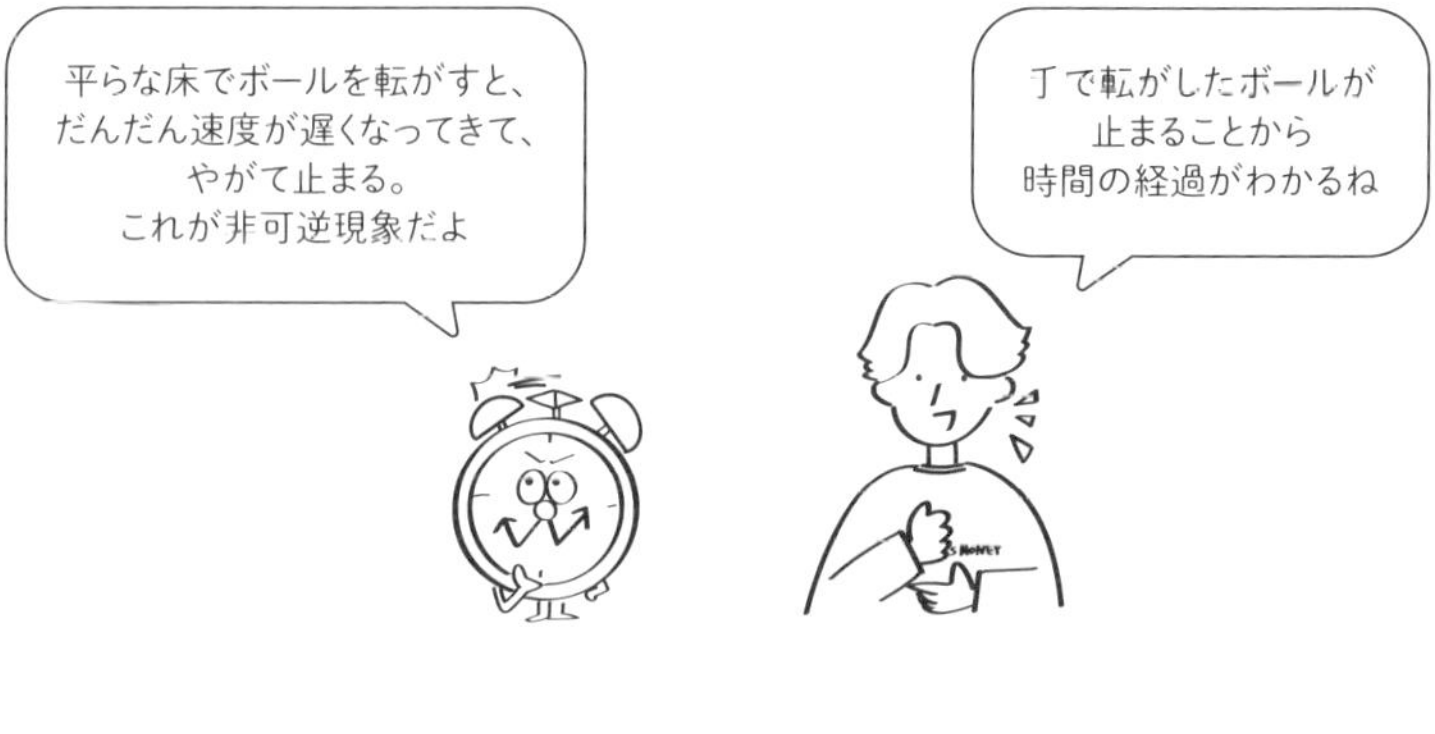
平らな床でボールを転がすと、だんだん速度が遅くなってきて、やがて止まる。これが非可逆現象だよ
丁で転がしたボールが止まることから時間の経過がわかるね

さまざまな時間の矢

この宇宙には、いくつもの時間の矢が存在します。ここではさまざまな時間の矢とともに「時間が過去から未来に流れる」という非可逆現象について見ていきましょう。

熱力学的時間の矢

熱いお湯を放っておくと冷めていき、ついにはまわりの空気の温度と同じになります。このように熱の移動を伴う現象は、元に戻らない非可逆現象です。

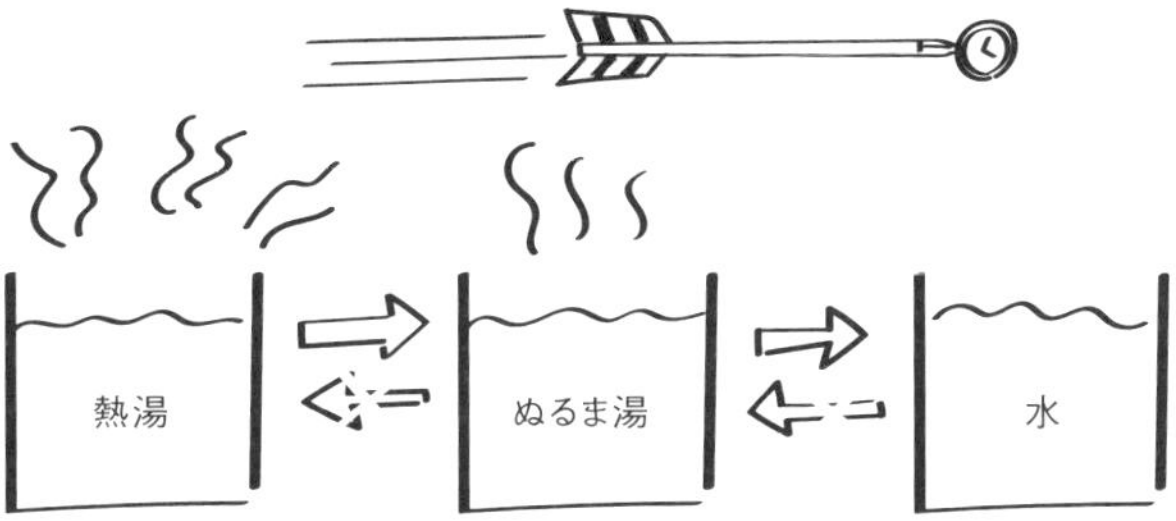
熱湯
ぬるま湯
水

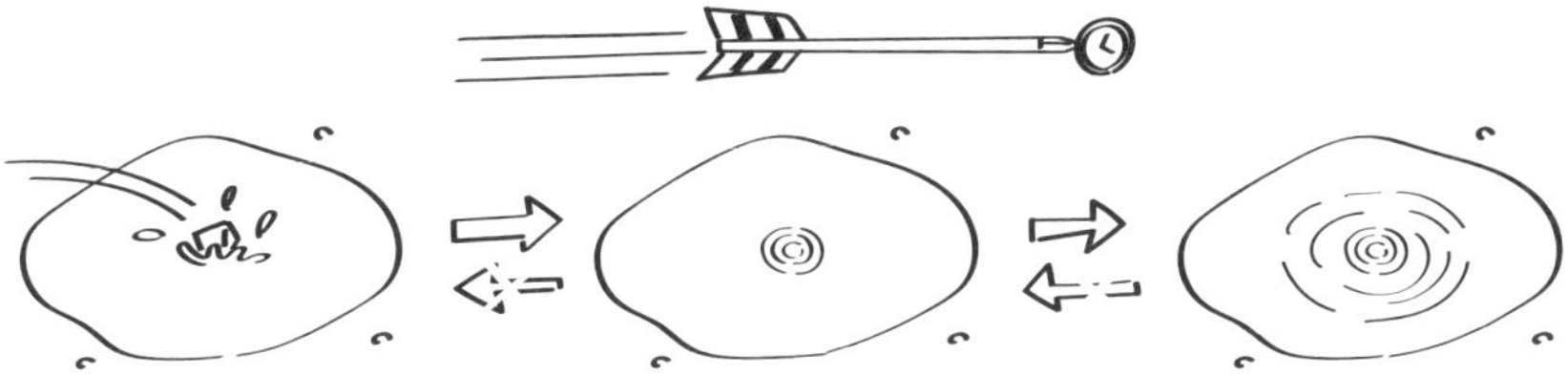

波の時間の矢

池の真ん中に石を投げ入れると、石が入った場所から波が立ち、その波は岸に向かって広がります。

進化の時間の矢

「元に戻らない変化」ですから、進化も代表的な非可逆現象です。生物の進化以外にも宇宙の進化、地球の進化、社会の進化もすべて「進化の時間の矢」と考えることができます。

未来の
自分
過去の
自分
現在の
自分

意識の時間の矢

私たちに最も身近な時間の矢が、私たちの意識の中にある時間の流れです。記憶が積み重なるにつれて、だんだんと時間の流れを意識するようになっていきます。

9

なぜ時間が流れることがわかるのかを解明するカギ

時間の矢が現れるのはいつ？

原子や分子レベルでは過去と未来の区別はつかない

私たちが過去と未来を区別できるのは、決して元には戻らない「非可逆現象」があるためであり、このような過去から未来への一方向の時間の流れが「時間の矢」と呼ばれることは、32ページで説明した通りです。ところが原子や分子1個1個の運動レベルで見ると、時間に決まった向きはなく、過去と未来の区別がつかない「可逆現象」であることがわかっています。この謎に挑んだのが、19世紀の物理学者ルートヴィッヒ・ボルツマンです。ボルツマンは、非可逆現象が起こるのは、莫大な数の原子や分子が関わるためだと考え、「エントロピー」という概念をとらえました。

原子や分子単体では時間の矢は存在しない

莫大な数の原子や分子が集まった物質の運動では、明らかに過去と未来の区別ができるのに、原子や分子1個1個の世界では時間の矢は存在しません。

2つの原子がぶつかる様子

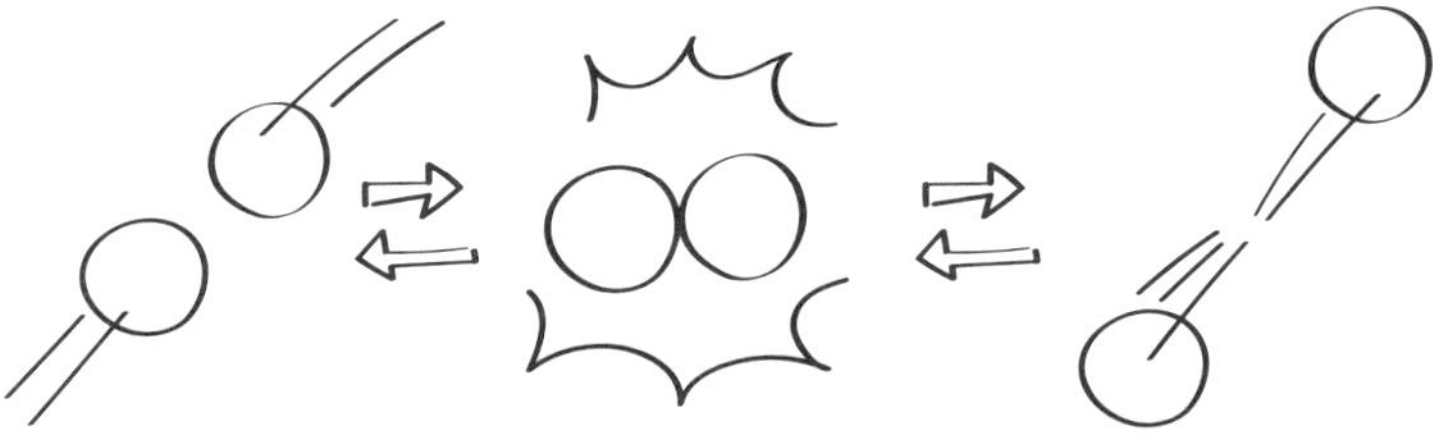

2つの原子の衝突を2つのビリヤードの正面衝突に置き換えてみる。2つのビリヤードボールが衝突して跳ね返る様子をビデオに撮って逆回しに再生すると、順回しの映像とまったく同じになる。つまり、「可逆現象」だといえる。

2つの原子がぶつかる現象は可逆現象で、過去と現在の区別はつかないんだ
なぜ原子や分子の集合体である物質の運動になると過去と未来の区別がつくようになるのかな？

粒子の散らばり具合が時間の流れに関係している

ミルクの混ざっていないコーヒーとミルクの混ざったコーヒーがあります。それぞれのコーヒーやミルクの粒子の個数に差はありませんが、ミルクの「粒子の散らばり具合」には違いがあります。

コーヒーとミルクで考える“エントロピー”って!?

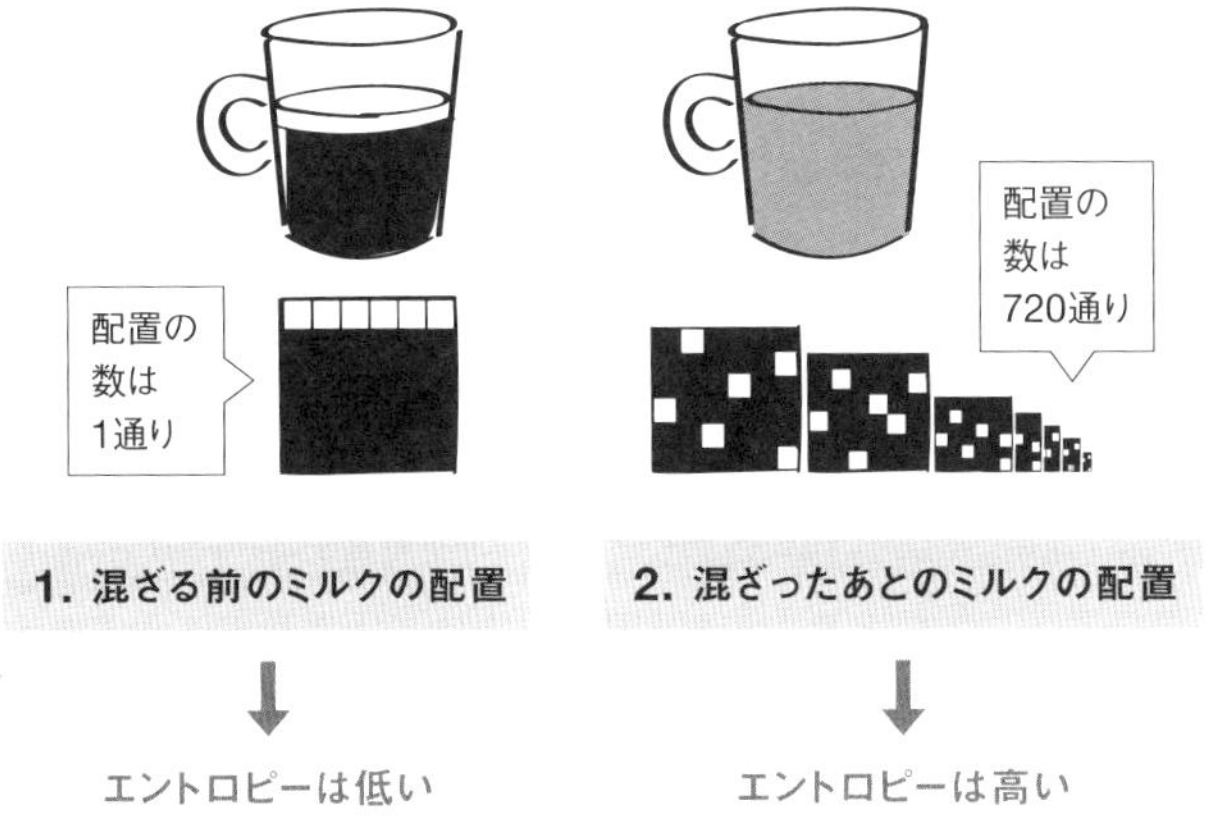
配置の数は1通り
配置の数は720通り
1. 混ざる前のミルクの配置
エントロピーは低い
2. 混ざったあとのミルクの配置
エントロピーは高い

時間の矢をもたらす物理法則の謎に挑んだオーストリア生まれの物理学者ボルツマンは、粒子の散らばり具合を「エントロピー」という数値に置き換えて表すことを提案しました。ボルツマンの定義によれば、粒子の配置が整っていると「エントロピーは低い」、粒子の配置が散らばっていると「エントロピーは高い」と計算されます。

ボルツマンは、
エントロピーこそが時間の矢の
原因ではないかと考えたよ

コインの実験でわかる「時間の矢」が現れる瞬間

1. コイン1枚の場合
時間の矢は現れない

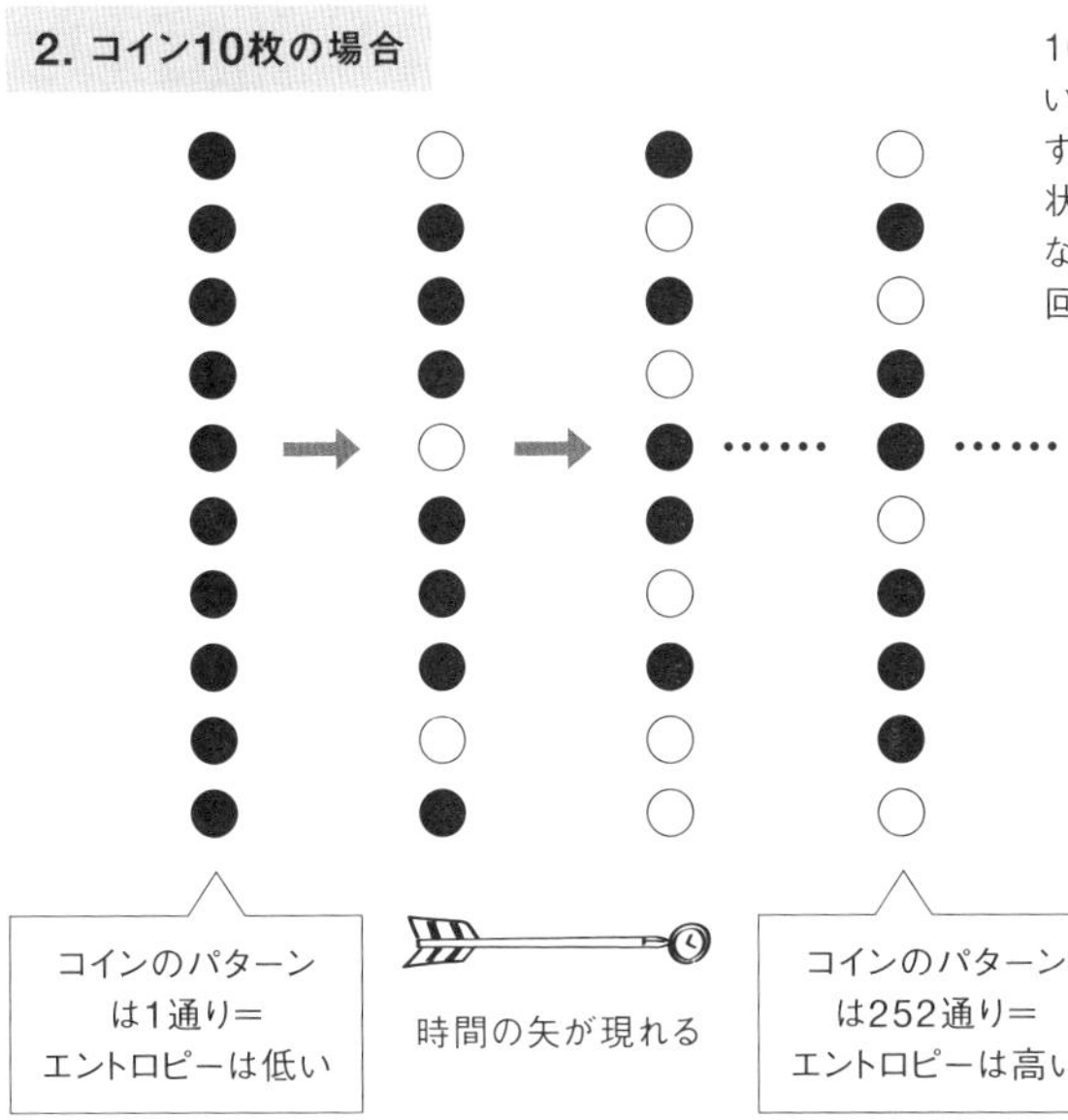
2. コイン10枚の場合
コインのパターンは1通り＝エントロピーは低い
時間の矢が現れる
コインのパターンは252通り＝エントロピーは高い

10枚のコインを表向きに置いたテーブルをたたいて、コインをランダムにひっくり返します。10枚すべてが表のコインは秩序だった低エントロピー状態です。時間とともにコインは「表6枚裏4枚」など、乱雑な高エントロピー状態となり、これを逆回ししてながめたら明らかに不自然になります。

エントロピーは
時間とともに
増えていくんだね

その通り! エントロピー
が増えるとは、
時間の矢が現れる
ことを意味するよ

10

138億年前にさかのぼる最大の謎
宇宙の始まりが時間の始まり

全宇宙のすべてはミクロの1点だった!?

20世紀初めまで、人びとは「宇宙は不変で永遠のものである」と信じていました。あのアインシュタインでさえ、当初はそう考えていたのです。これをくつがえしたのが、アメリカの天文学者ハッブル（1889－1953）でした。ハッブルは遠くの銀河ほど、その距離に比例して私たちから速く遠ざかっていることを発見し、宇宙が時間とともに膨張していると提唱しました。宇宙が誕生直後から膨張しているなら、138億年の時間をさかのぼると、宇宙のすべてはミクロの1点に行き着きます。現在の標準的な宇宙論では、この点が宇宙の始まりであり、同時に時間の始まりだと考えられています。

昔の科学者たちが考える時間の始まり

1929年にハッブルによって宇宙が時間とともに膨張していることが立証される以前は、誰もが宇宙は不変であると信じていました。

時間に
始まりはない

アリストテレス

宇宙は永遠の
存在である

※ハッブルが、宇宙が時間とともに膨張していることの証拠をつかんだため、のちにこの考えを撤回する。

アインシュタイン

宇宙の始まりには諸説ある

宇宙の始まりがどんな様子であったか、確定したことはまだよくわかっていません。宇宙の始まりにおける時間と空間のあり方については、さまざまな説があります。

【説1】宇宙は「無」から生まれた

時間も空間も物質もない無の状態で、ミクロな宇宙ができては消えていたが、その中のいくつかがマクロな宇宙にまで膨張。その中の1つが私たちの宇宙という説。

【説2】私たちの宇宙の前に別の宇宙があった

私たちのいる宇宙の前に別の宇宙があった。その宇宙がミクロなサイズにまで縮み、そして跳ね返り、再び膨張を始めた（プレビッグバン）のが私たちの宇宙という説。

【説3】宇宙は最初11次元だった

宇宙は最初11次元だったが、余分な次元が縮んで私たちの宇宙だけが残ったという説。

【説4】11次元時空の中に私たちの宇宙がある

11次元時空の中に3次元的な構造がいくつもあり、それぞれが宇宙になっていて、その1つが私たちの宇宙という説。

宇宙の生まれ方は「特殊」である理由

宇宙は一様で等方な空間という状態で始まりました。これは、イギリスの数理物理学者ペンローズ（1931〜）の計算によると、天文学的な確率といわれています。宇宙の初期はそれほど「特殊」な状態でした。

■ 宇宙の始まりとさまざまな時間の矢の関係

宇宙の初期状態 → **宇宙論的時間の矢**

適切な膨張速度で膨張
ブラックホールのない一様で等方な空間

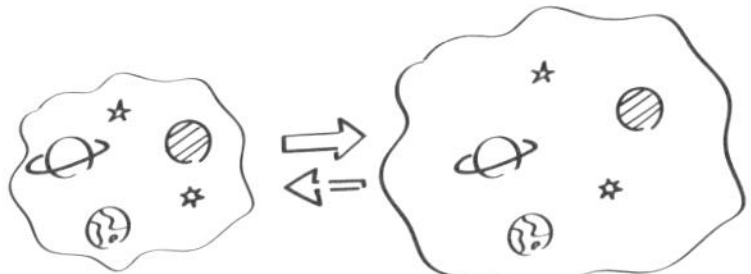

現在の宇宙の膨張速度が速すぎず遅すぎず、適切な速さがあり、しかも宇宙の寿命が十分に長かったために、銀河などの構造をもつ現在の宇宙が作られた。

「宇宙論的時間の矢」は、宇宙が膨張していく方向を示します。もし宇宙が収縮を始めれば、時間の矢は現在の方向とは反転します。

宇宙の初期に起こった核融合反応が途中で終わった → **熱力学的時間の矢**（P.33）

↓

波の時間の矢（P.33）

宇宙の核融合反応が途中で終わり、鉄の原子核を作るまで進まなかったことで水素が残り、星が生まれ、生命の誕生や進化の原因につながった。核融合反応が途中で終わった理由も、宇宙の膨張速度が適切であったことが関係している。

→ **進化の時間の矢**（P.33）

特別な状態から始まった
宇宙の始まりそのものが
あらゆる種類の時間の流れの
原因と考えられるんだ

生命の誕生は奇跡だといわれている
けれど、宇宙の誕生そのものも
奇跡としかいいようがないね

あらゆる現象は宇宙の始まりの現象に行き着く

すべての現象は、最初にどういう状態が用意されていたかで、その後の状態が決まります。上の図でもわかるように、「適切な速さの宇宙膨張」が、すべての時間の矢の究極的な原因だと考えることができます。さらにいえば、宇宙が一様で等方という非常に特別な状態から、適切な速さで膨張を始めたこと、つまり宇宙の始まりそのものが、あらゆる種類の時間の流れの原因と考えられます。

時間に終わりはあるのか

19世紀に議論された宇宙の最後の姿

宇宙全体でも、時間の経過とともにエントロピー（35ページ参照）が増大していくと考えられます。極限までエントロピーが増えた宇宙の状態を「宇宙の熱的死」といいます。熱的死をむかえた宇宙は物質が一様に広がり、温度も一様で、時間の経過すら意味をもたず、宇宙の最後はこのような状態になるといわれました。しかし、これは重力を考慮していなかった19世紀の考え方で、現在は受け入れられていません。現在の宇宙は膨張の速度が速まっている状態で、どの程度この状態が続くか、続いたとして加速度はどれくらいかによって、宇宙の最後の様子は変わってきます。

熱的死をむかえた宇宙はどうなるの?

熱的死をむかえた宇宙では、星もブラックホールもなく、原子も構成要素の最小単位である素粒子へと分解されていくと考えられます。

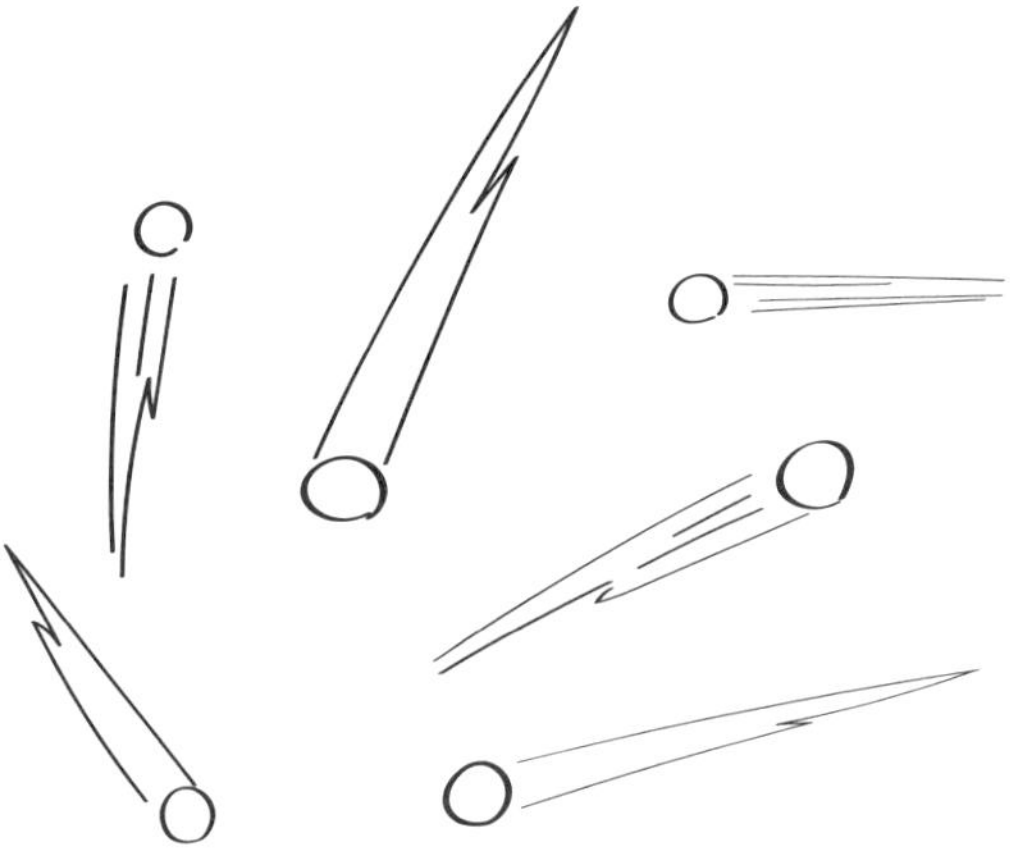

宇宙空間は暗く冷たい一様の世界に

熱的死をむかえた宇宙空間は、暗く冷たい一様の世界となり、目立った変化は何も起こりません。しかし、現在の物理学では、熱的死をむかえた宇宙であっても、相対性理論の「時空」は存在するといわれ、宇宙が終わらなければ時間も終わることはないと考えることができます。

重力を考慮すると、
宇宙の最後の姿は
暗く冷たい一様の世界とは
まったく違うものになるよ

2つに分けられる宇宙の未来

宇宙の未来は、このまま加速膨張が永遠に続くパターンと、加速膨張がいつか終わって収縮し、最後には宇宙が1点にまでつぶれてしまうパターンが考えられます。この状態を「ビッグクランチ」といいます。

宇宙は永遠に終わらない

宇宙の膨張は永遠に続く

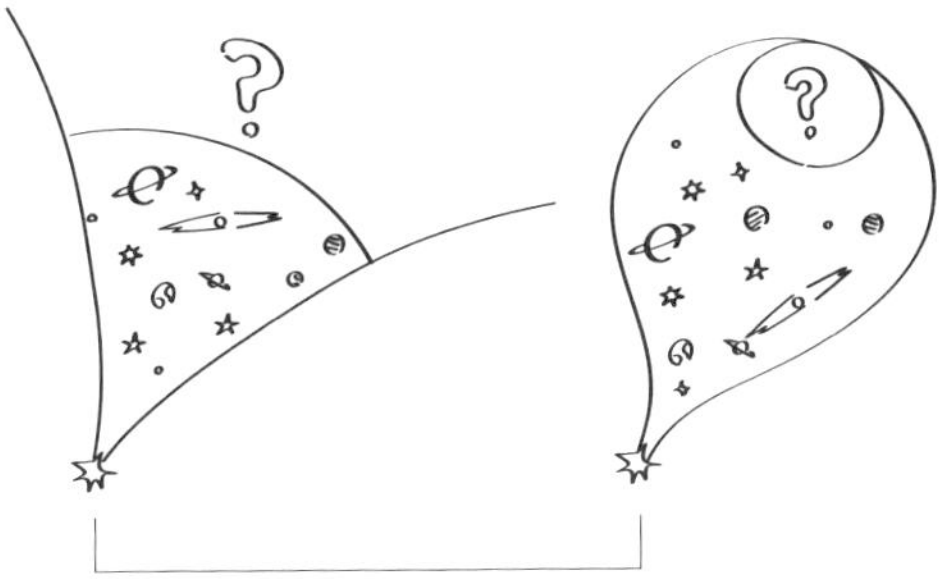

宇宙の始まり（時間の始まり）

宇宙はいつかは終わる

宇宙の膨張がいつの日か収縮に転じ、
風船がしぼむようにだんだんと小さくなり、
最終的に宇宙が1点まで
つぶれてしまう（ビッグクランチ）

ビッグクランチはビッグバンを逆回しにしたようなもので、何が起こるかわかっていないよ。実際には1点に縮まる前に、時間・空間・物質が一体になって、その原材料のような状態になるといわれているよ

現在の宇宙は膨張の速度がどんどん速くなっている状態

現在、宇宙の膨張は「一定の速度で加速している」という観測が多く、もしそうであれば銀河同士はどんどん離れていき、いずれは観測される限り、宇宙は私たちの銀河系だけという状態になるでしょう。

宇宙がこのまま膨張を続けるかどうかはダークエネルギーによる

宇宙の膨張の速度がどんどん速まり、重力よりも膨張のほうが速くなると、宇宙のすべての物理構造が引き裂かれる「ビッグリップ」という状態を引き起こします。そのカギを握るのが「ダークエネルギー」です。

ダークエネルギーとは？

宇宙の膨張の加速を後押しする正体不明の何かのこと。直接観測できないため「ダークエネルギー」と呼ばれています。ダークエネルギーの性質を理論的・観測的に明らかにするのが現在の宇宙論の研究の最先端になっています。

宇宙終焉のシナリオとして、ビックリップは2003年に公表されたよ

ダークエネルギーによって、宇宙の未来が決まるんだね

12 時空とは何か

空間と時間は一体である

運動状態の異なる観測者が、それぞれに異なる時間の進み方をもつとした特殊相対性理論によって、速く動くことで時間の進み方が遅くなるだけでなく、空間も縮むことが説明されました。これは、運動状態が異なる人それぞれが別々の時間と空間をもつのではなく、それらを一体にした「時空」という4次元的な広がりがあって、その中で各人の運動に合わせた時間と空間のはかり方があるというように考えます。たとえばノートに各人が適当に縦軸と横軸を書いて、メモリ付けをするようなもの。人によって縦軸と横軸が異なるように、時間と空間は、時空の中で各人が設定した座標のようなものです。

同じ場所であっても時刻によって状況が変わる

数学者ミンコフスキーは、時間と空間の深い結びつきが「4次元時空」と呼ばれる概念を導入することで、うまく表現できることに気がつきました。

ミンコフスキー空間の分割

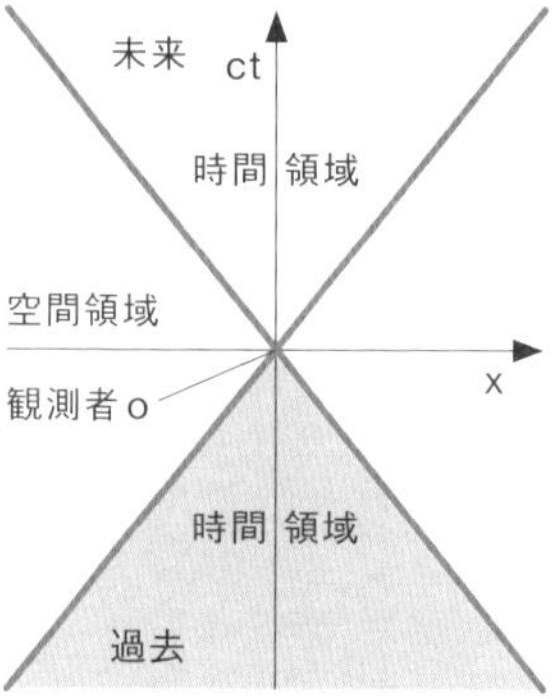
未来
ct
時間 領域
空間領域
x
観測者o
時間 領域
過去

運動する観測者によって時間の進み方と空間の尺度は異なる

1次元の時間と3次元の空間を合わせて考えるミンコフスキー空間は、横軸に場所（x）、縦軸に時間（ct）をとり、原点に観測者（o）を置いた図で表現できる。この図の通り、光速を表す太線によって、未来の時間領域、過去の時間領域、空間領域の3つに分割される。

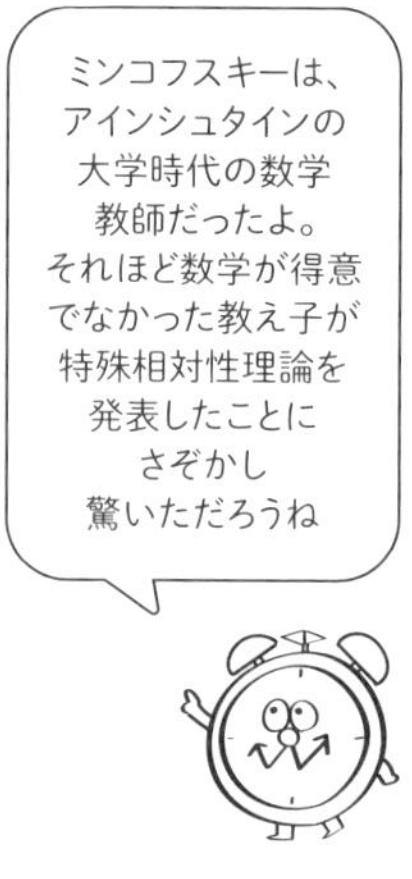
ミンコフスキーは、アインシュタインの大学時代の数学教師だったよ。それほど数学が得意でなかった教え子が特殊相対性理論を発表したことにさぞかし驚いただろうね

ブラックホールの中心は“時空の果て”？

現在の理論では、時空の果てともいえるブラックホールに吸い込まれた物質は、その中心である特異点から忽然と消えてしまうと考えられています。

ブラックホールの中心（特異点）

時空の果て、つまり特異点で消えた物質は一体どこに行くのかまだわかっていないよ

"時空が曲がる"とはどういうこと?

物体は、地球の中心に向かって落下します。そのために、違う場所から落下した2つの物体は、お互いの距離が少しずつ近づきます。アインシュタインは、これを「空間が曲がっているため」だと考えました。

重力の正体は「空間の曲がり」

空間が曲がることを想像してみよう

柔らかくて弾力のあるゴム膜を「空間」にたとえる。

上にボールを置くと、ゴム膜がへこみ表面が曲がる。

ボールを2つ置くと、2つのボールは表面の曲がりに沿って近づいてくっつく。

ものがあることによって空間が曲げられ、その空間の曲がりに沿ってものは動く。これが重力の正体である。物質が時空をどのように曲げるのかを表すのが「アインシュタイン方程式」である

一般相対性理論でわかった最も大切なこと

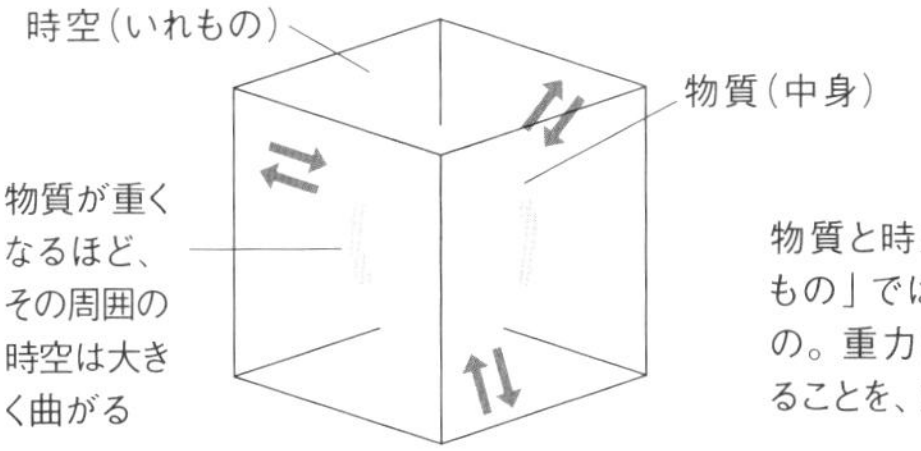
時空(いれもの)
物質(中身)
物質が重くなるほど、その周囲の時空は大きく曲がる

アインシュタイン方程式はとても難しいので、「時間と空間は一体であり、時空の曲がり具合は物質の状態によって左右される」ことだけでも知っておこう!

物質と時空は、中身といれものという「別々のもの」ではなく、お互いに影響しあう一体のもの。重力によって空間が曲がり、時間が遅れることを、重力によって「時空が曲がる」という

時空が曲がっていることはGPSが知っている

時空が曲がっている=一般相対性理論が正しいことを証明する身近な製品がカーナビやスマートフォンに入っているGPSです。GPSは「速く動くと、時間の進み方が遅くなる」という特殊相対性理論の効果も証明しています。

GPS衛星の時計を補正する

GPS衛星の時計を補正しなければ、自分が現在いる位置の計測は1日11kmも進んでしまうんだ

①GPS衛星は秒速約4kmで飛行→地上の時計より1日あたり100万分の7秒ゆっくり進む。

特殊相対性理論の証明

②GPS衛星は上空約2万kmにいる→地上の時計より1日あたり100万分の45秒速く進む。

一般相対性理論の証明

①②の影響を合算すると、GPSの時計は1日あたり100万分の38秒速く進むことになる。これを補正するためにGPS衛星の時計は1日あたり100万分の38秒ゆっくり進むように調整されている。

4機以上のGPS衛星からの電波を受信すると、現在位置(緯度、経度、高度)の測定が可能になる。

今いる場所がわかるのは、相対性理論のおかげなんだね

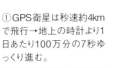

13

タイムトラベルは本当にできるの？
もしもタイムマシンがあったら

タイムマシン 実現の可能性は？

人類にとって究極の夢の1つといえる「タイムマシンの実現方法」は、物理学者が真剣に議論している話題です。実は、未来に行くことに原理的な困難はありません。特殊相対性理論により、光速の99%の速さの宇宙船に乗れば、時間の流れの速さは7分の1になります。1年間宇宙旅行に出て地球に戻れば、その間に地球では7年経っているので、6年先の未来の地球に行くことは可能です。そして過去の世界に行けるタイムマシンを作る方法もいくつか考えられています。その1つが、そこを通ると一瞬で遠く離れた場所に行ける、「ワームホール」を利用したタイムマシンです。

時空のトンネル「ワームホール」

ワームホールは「時空のトンネル」と呼ばれ、遠く離れた場所に通じ、一瞬のうちにどこへでも行ける『ドラえもん』の「どこでもドア」に似ています。

ワームホール

離れて存在する、空間に浮いた球状の2つの穴が空間を飛び越えてくっついている。

「worm hole」＝「虫食い穴」を意味する

いも虫にとって、りんごの表面を這うよりも、あけた穴を通り抜けたほうが反対側に短い時間でたどり着けることにたとえられる。

目には見えない超ミクロの世界には実際にワームホールがあるんだよ
TIME IS MONEY
電子顕微鏡でも見えない世界だね

人間が通行できるワームホールを作るには？

ワームホールを通って人間が瞬間移動するには、超ミクロのワームホールを巨大化し、すぐに消滅しないよう安定化させる必要があります。そのために必要な材料は、「木星20個分の天体」。それを10個ずつに分けた2つのかたまりを半径30メートルほどの球体に圧縮すると、空間がへこみます。ここにマイナスのエネルギーを注入してつぶれないようにしながら2つのへこみ同士をうまくつなげると、空間に穴があき、人間が通行可能なワームホールができます。

未来のタイムトラベルは実際に起きている?

高速で進むほど時間が遅れる特殊相対性理論の証拠として、ミクロの粒子「ミューオン」の寿命の延びの観測について紹介しました（31ページ参照）。これは未来へのタイムトラベルが実際に起きている証しです。

素粒子「ミューオン」の寿命の延び

ミューオンは短時間で壊れてしまうので、本来地表に届くことはないはず

↓

ミューオンは寿命が200倍に延びたので、地表までたどり着くことができた

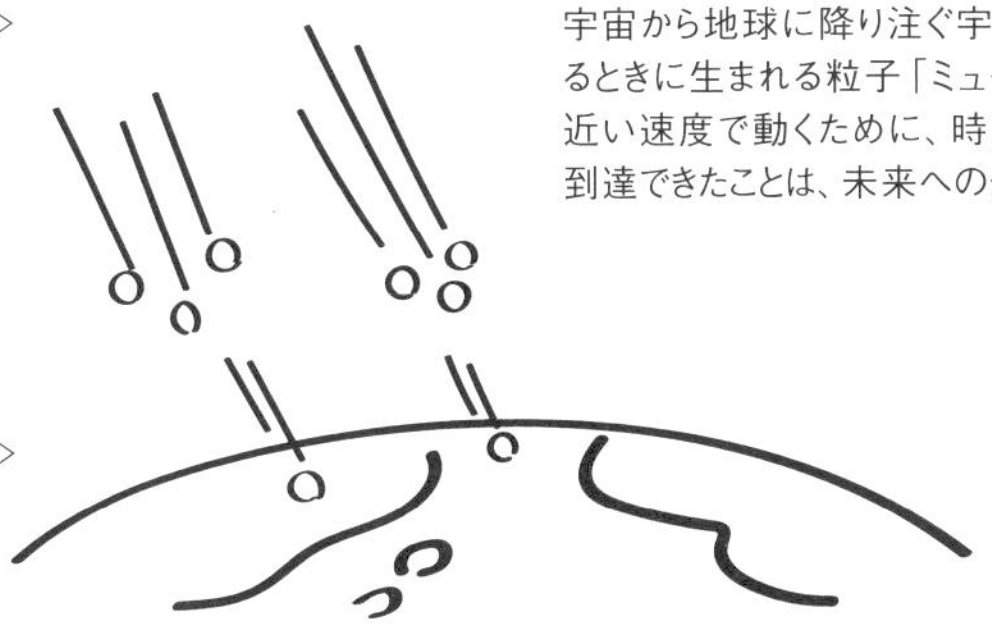

宇宙から地球に降り注ぐ宇宙線が地球の大気にぶつかるときに生まれる粒子「ミューオン」。ミューオンは光速に近い速度で動くために、時間の流れが遅くなり、地上に到達できたことは、未来へのタイムトラベルの実例といえる。

速く動けば
人間の寿命も延びるよ

浦島太郎の物語は科学的に証明できる

「浦島太郎」の竜宮城が、仮にほぼ光の速さで飛ぶ宇宙船だったとします。竜宮城が光速99.995％で飛んでいたとすると、竜宮城での3年間は地上では300年経っている計算になり、物語の科学的証明となります。

竜宮城が光の速度99.995％で飛行する超高速宇宙船だったら……

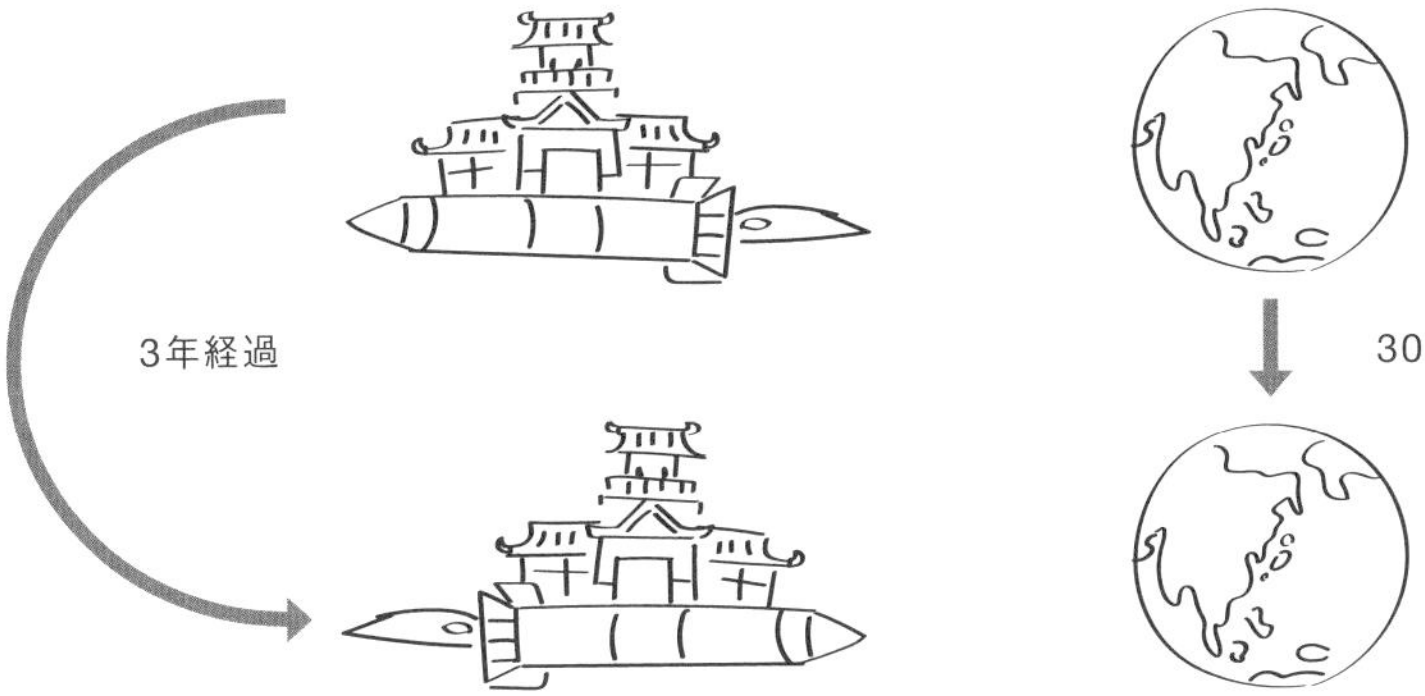
3年経過
300年経過

新幹線こそが身近なタイムマシン

時速300キロの新幹線で東京から博多まで移動すると、時間が10億分の1秒だけ遅れます。つまり、新幹線の外では時間が10億分の1秒ほど速く進むのです。従って博多で新幹線から降りれば、10億分の1秒だけ進んだ「未来」の世界に行けるといえます。

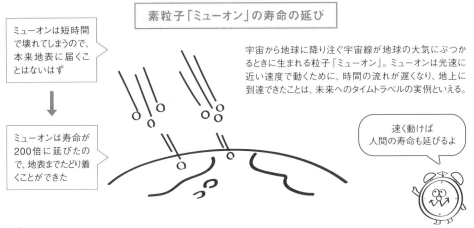

14

タイムパラドックスをどう回避する？

過去へのタイムトラベルは不可能なのか

遠い将来タイムトラベルは可能になるかもしれない

現在までのところ、タイムマシンの存在を否定する物理法則は発見されていません。タイムマシンを作る具体的な方法はワームホール（42ページ参照）を含めていくつか提案されていますが、どの方法も莫大な質量を自由に操るとか、特殊なエネルギーをもった物質を必要とするなどといったさまざまな過程があり、現実的とは受け取られていません。しかし、いずれの場合も遠い将来に可能になるかもしれませんし、銀河系のどこかに高等文明があって、その文明では作られているかもしれません。一方で、タイムマシンで過去に行けるようになった場合、おかしなことが起こる可能性があります。

過去へ戻れるタイムマシンにつきまとう論理的矛盾

タイムトラベルで常に問題になるのは、時間をさかのぼること。もし過去に戻って過去の歴史を変えてしまったら、深刻な問題が起こってしまうからです。

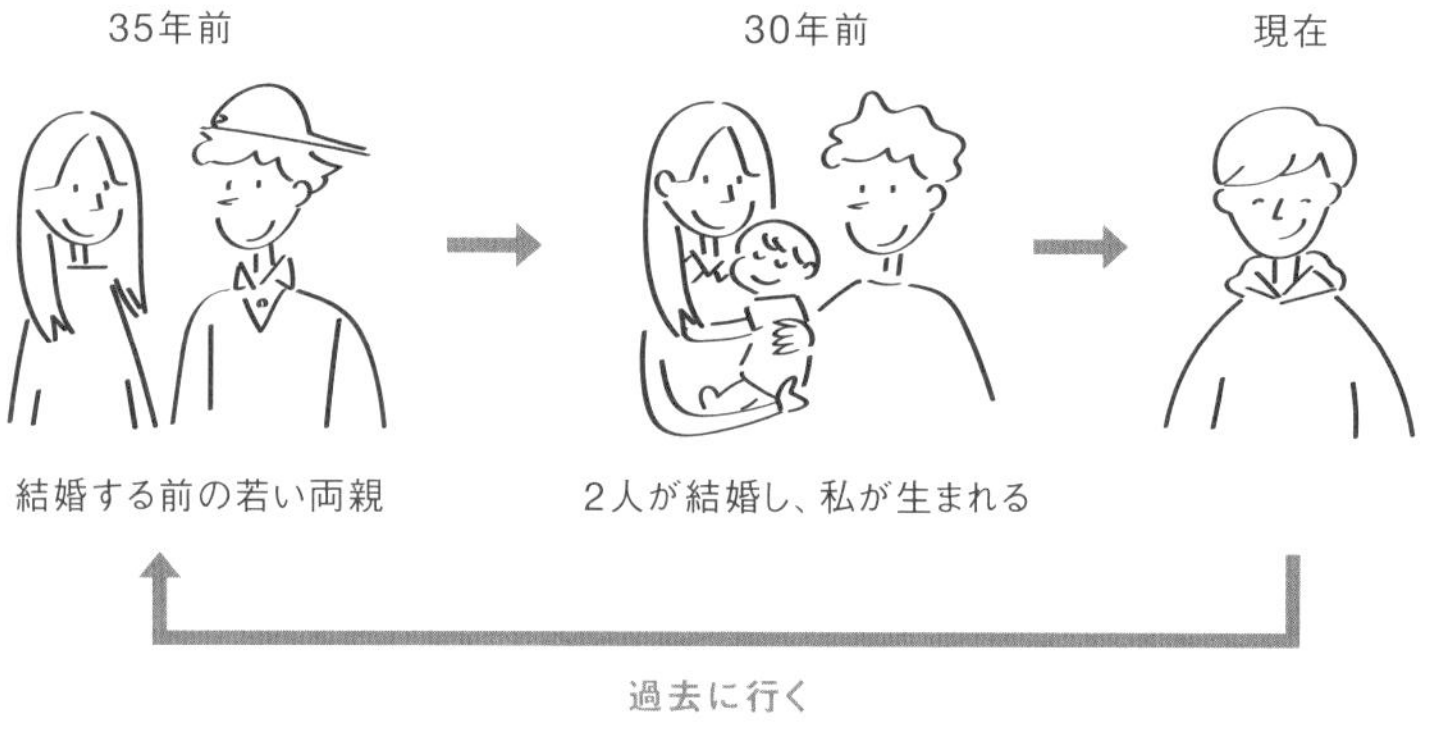
35年前
30年前
現在
結婚する前の若い両親
2人が結婚し、私が生まれる
過去に行く

自分が生まれる前に戻って、父親と母親が結婚するのを邪魔すると、自分が生まれなくなってしまいます。過去に戻れるタイムマシンは常にこうした論理的矛盾＝「パラドックス」がつきまといます。このため、大多数の研究者は、タイムトラベルは実現不可能と考えています。

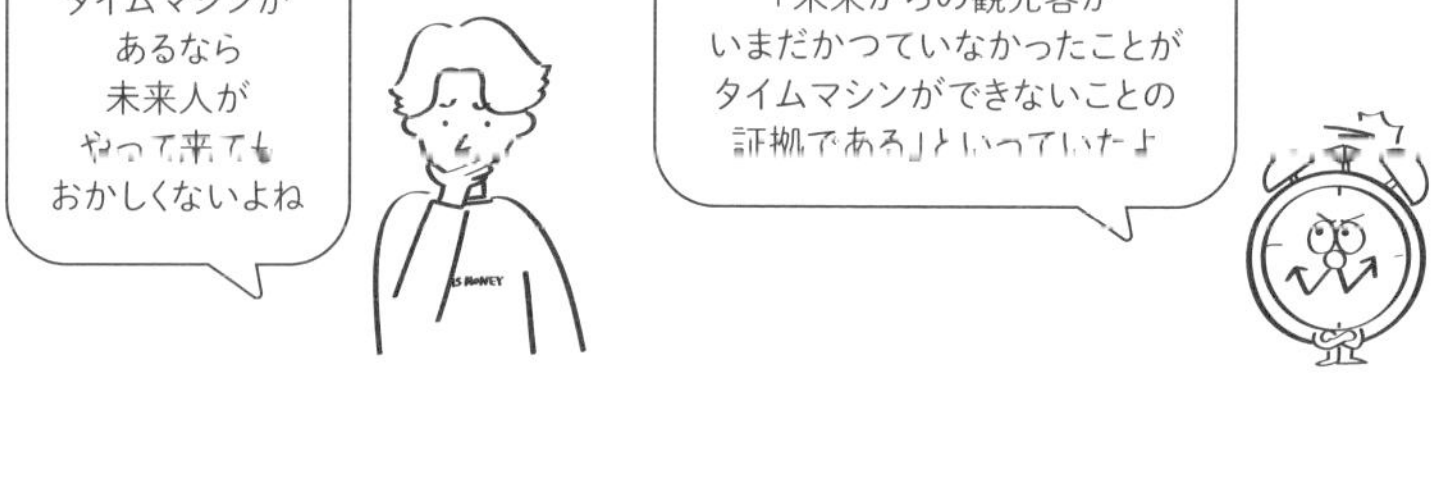
過去へ戻れるタイムマシンがあるなら未来人がやって来てもおかしくないよね
物理学者の故ホーキング博士も「未来からの観光客がいまだかつていなかったことがタイムマシンができないことの証拠である」といっていたよ

因果律の問題をどう解決する?

過去へのタイムトラベルが実現すると、「原因が過去、結果が未来」という因果律が破れてしまう可能性があります。因果律が破られないために、過去行きのタイムトラベルは不可能と考えるしかないのでしょうか。

因果律とは?

私たちの身の回りで起こる出来事はすべて「原因」が先にあり、「結果」が後にあります。つまり、原因は必ず過去にあって、結果は必ず未来にあるのです。この「原因と結果の順番」に関する原理を「因果律」といいます。

複数の世界があり、
私たちも複数存在して
いるという考えを
「多世界解釈」というよ

因果律が破られないためのパラドックス回避法

1 過去行きのタイムトラベルは不可能と考える

2 世界は、複数存在していると考える(多世界解釈)

多世界解釈による過去へのタイムトラベル

世界は可能性の数だけ枝分かれして、複数存在するという「多世界解釈」を利用すると、タイムパラドックスは回避できる。タイムマシンで過去に行っても、それは「別の世界の過去」と考える。

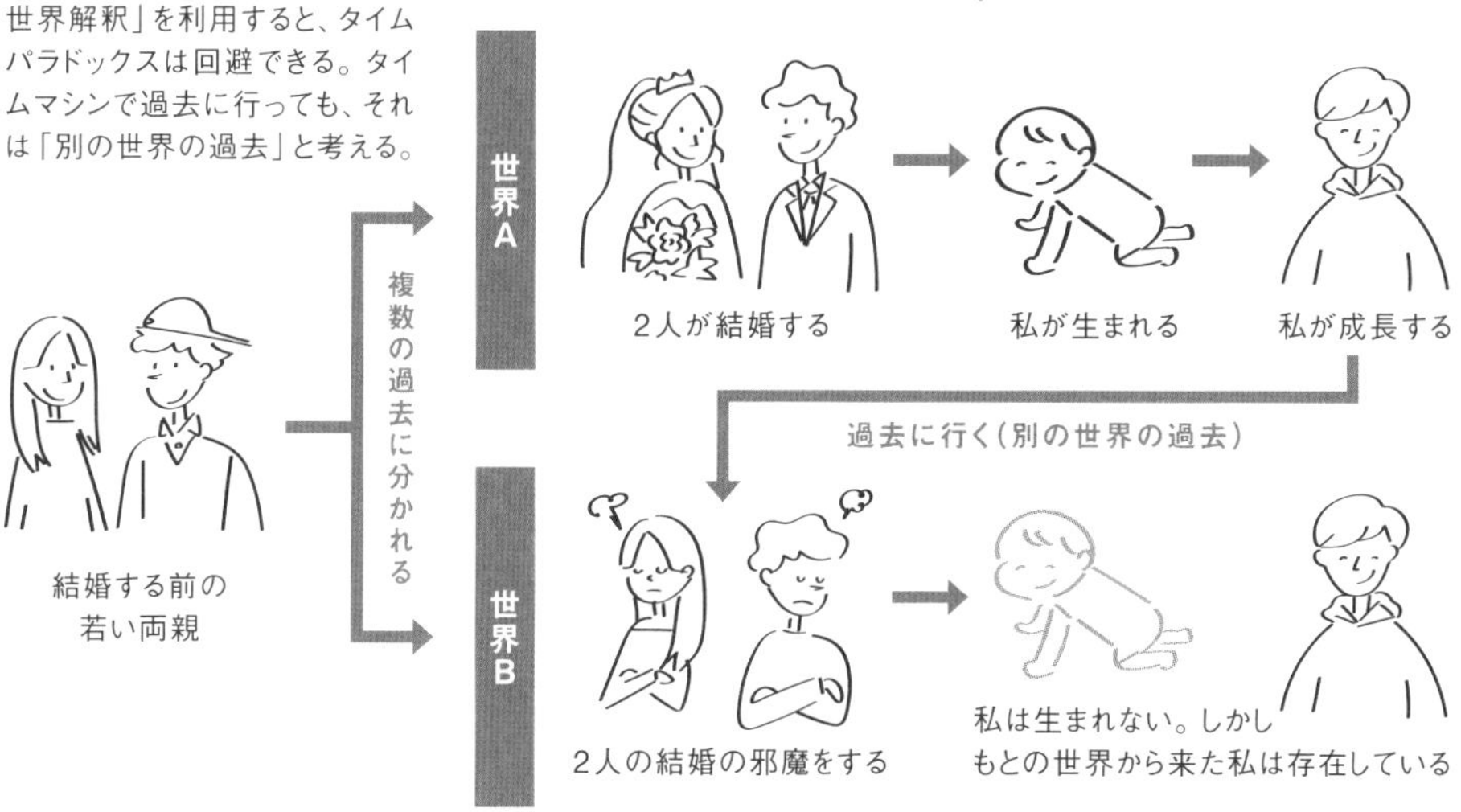
結婚する前の
若い両親
複数の過去に分かれる
世界A
2人が結婚する
私が生まれる
私が成長する
過去に行く(別の世界の過去)
世界B
2人の結婚の邪魔をする
私は生まれない。しかし
もとの世界から来た私は存在している

別の世界の過去を変えても、もとの世界に影響はない

別の世界にもう1人の自分がいて、
まったく別の人生を歩んでいる
としたらおもしろいね

SF映画などに出てくる
パラレルワールドのことだね
TIME IS MONEY

15

「まだ30分」と「もう30分」
大人と子どもの体感時間の違い

大人になるとなぜ時間が短く感じられるのか

「年を重ねるごとに1年が短く感じられるようになった」という人は少なくないでしょう。また、大人と子どもが同じ時間を過ごしていても、大人より子どもの体感時間のほうが長いと考えられています。19世紀のフランスの哲学者ポール・ジャネ（1823-1899）が発案した「ジャネーの法則」でも、「体感時間は、それまで生きてきた時間に反比例する」といわれています。

「もうこんな時間？」と時間が短く感じられる要素は、心理学の実験で探られています。たとえば慣れていることをしているときや日常の細かな部分に注意を向けなくなったとき、時間は短く感じられるようです。

体感時間は生きてきた時間に反比例する？

「ジャネーの法則」では、「年をとるほど、年齢に占める1年の比率がどんどん小さくなる＝時間の流れが速く感じる」としています。

10歳の1年間
30歳の1年間
1年の長さ ＝ 1/10
1年の長さ ＝ 1/30

30歳の人にとって1年の長さは人生の30分の1だとすると、
10歳の人にとっては人生の10分の1。
30歳の人にとっての1年間は、10歳の人にとっての3年間にあたる。

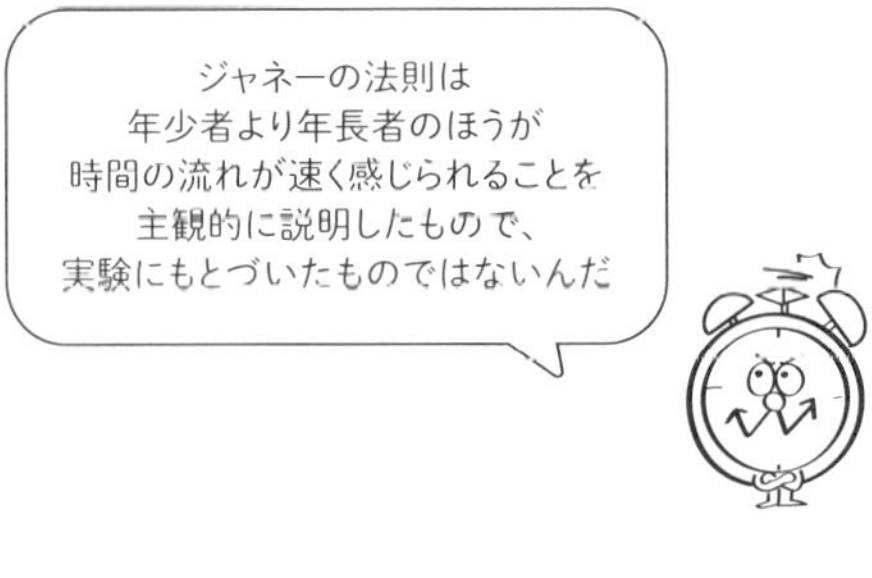

ジャネーの法則は
年少者より年長者のほうが
時間の流れが速く感じられることを
主観的に説明したもので、
実験にもとづいたものではないんだ

時間の流れが速く感じられる要素

子どもの頃のような体感時間を取り戻すことは可能なのでしょうか。時間の流れ方が速く感じられる要素を探ってみましょう。

1 新しい出来事を体験しにくくなったとき

やり慣れた仕事や家事など、日常的に行っている作業に取り組んでいるときは、時間が経つのが速く感じられます。一方で、子どもは新しい出来事を体験することが多く、これが体感時間に影響しているといわれています。

2 体の代謝が落ちているとき

千葉大学の一川誠教授によると、心で感じる時間には、体の代謝が影響しているといいます。代謝が落ちると心の時計の進み方が鈍り、時間が速く過ぎ去ると感じます。代謝のいい子どもは時間を遅く感じる説明もつきます。

3 楽しいことをしているとき

退屈な会議など何度でも時計を見たりして、同じ時間でも長く感じられることはありませんか。これは、時間の経過を気にしているから。一方で、楽しいときは時間経過に注意を向ける回数が減り、時間の流れが速く感じられます。

朝晩があっという間に過ぎるのは代謝が影響している?

一般的に体温が高い人ほど基礎代謝量が高いといわれています。代謝が落ちると心の時計の進み方が鈍るということから、体温が低い朝晩は時間の流れが速く感じられると考えられます。

人の体温は1日の中で変化します。朝は低く、夕方頃に上がってピークを迎え、夜にまた下がります。朝晩はあっという間に時間が過ぎるように感じるのは、代謝が影響しているからかもしれません。

時間の流れを遅くするポイント

- □ 新しいことにチャレンジする
- □ 運動するなど代謝を上げる
- □ 時間に注意を向ける
- □ 朝晩はゆったり過ごせるよう意識する

16

体重が重いほど寿命が長い動物の時間

時間のテンポは動物によって異なる

一般的に動物は、体が大きいほど長生きします。また、体が大きいほど心臓の鼓動は遅く、鼓動間隔（心周期）は長くなります。たとえば、私たち人間の心臓は1秒に1回鼓動しますが、ハツカネズミの心臓は0.1秒に1回、ゾウの心臓は3秒に1回鼓動します。ネズミの心臓はゾウと比べてとてもすばやく拍動し、2〜3年で寿命が尽きてしまいます。一方、ゾウはネズミの約18倍も呼吸間隔など生理的な時間が長く、70年以上生きます。ゾウはネズミよりゆったりとした時間の中を生きているといえます。ところが、一生で使うエネルギーは、体重当たりにすると、ネズミもゾウも同じなのです。

動物の大きさと心臓の鼓動

動物はその種類・体の大きさによらず、一呼吸する間に心臓は4〜5回打ち、心臓が約15億回打てば寿命になることがわかっています。

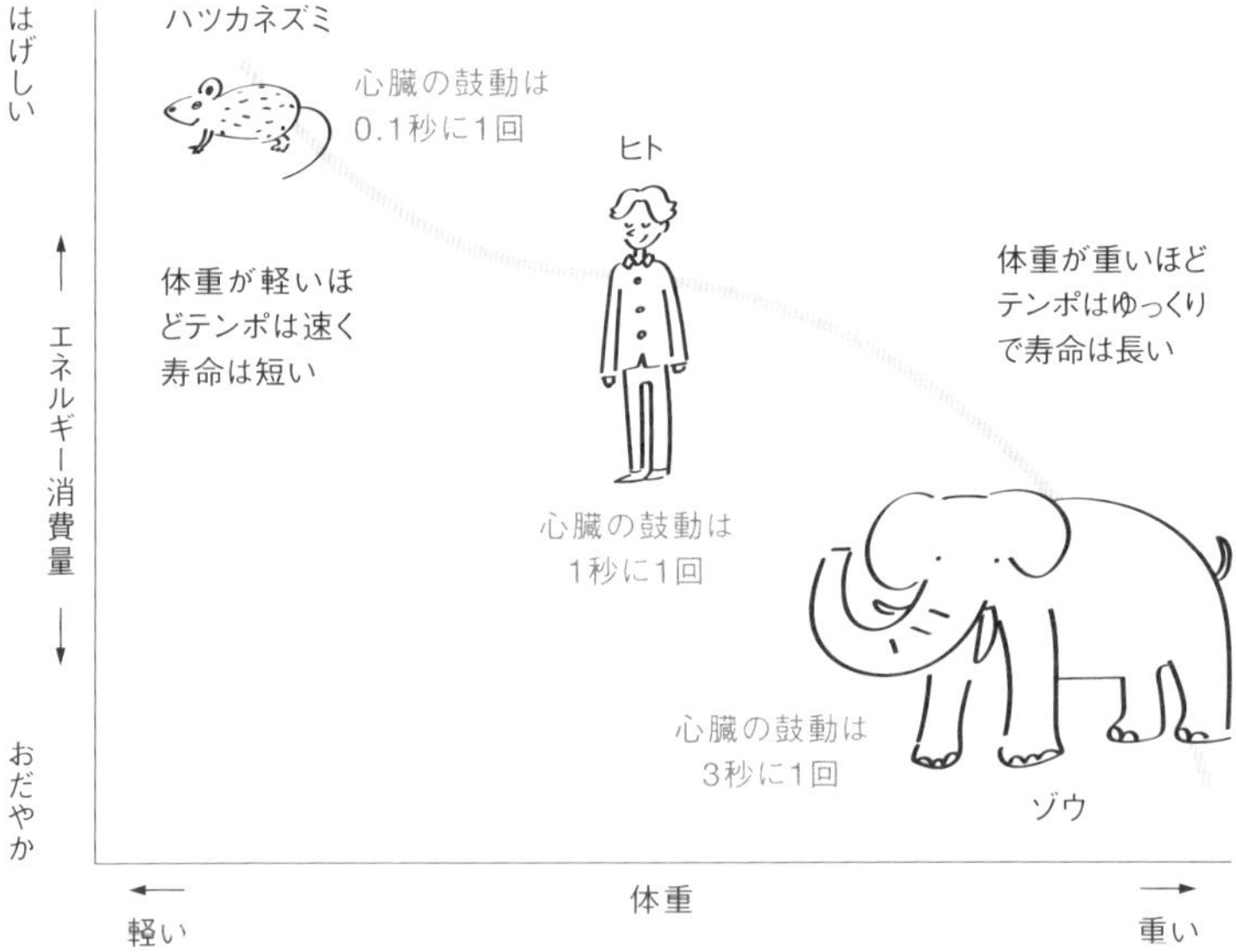

はげしい
エネルギー消費量
おだやか
ハツカネズミ
心臓の鼓動は
0.1秒に1回
ヒト
心臓の鼓動は
1秒に1回
ゾウ
心臓の鼓動は
3秒に1回
体重が軽いほどテンポは速く寿命は短い
体重が重いほどテンポはゆっくりで寿命は長い
体重
軽い
重い

ほとんどすべての哺乳類の寿命は、「体重の4分の1乗に比例する」ということがわかっているよ。4分の1乗とは、体重が16倍になれば時間は2倍になる、ということだよ。

体重が重くなればなるほど拍動は遅くなるため、一生で心臓が打つ回数（15億回）を打ち続ける時間が長くなります。なお、現代に生きる多くのヒトが15億回分よりも長く生きている理由は、医療や文化が発展したからだといえます。

動物が一生で使うエネルギー

心臓が1回打つ間に体内で使われるエネルギーは、どの動物でも1kg当たり1ジュールで同じ。そして、どの動物も、1kg当たり15億ジュールを使えば寿命がくるのです。

※ジュール…エネルギーの単位。1gの水の温度を1度上げるのに必要なエネルギーは4.8ジュール。

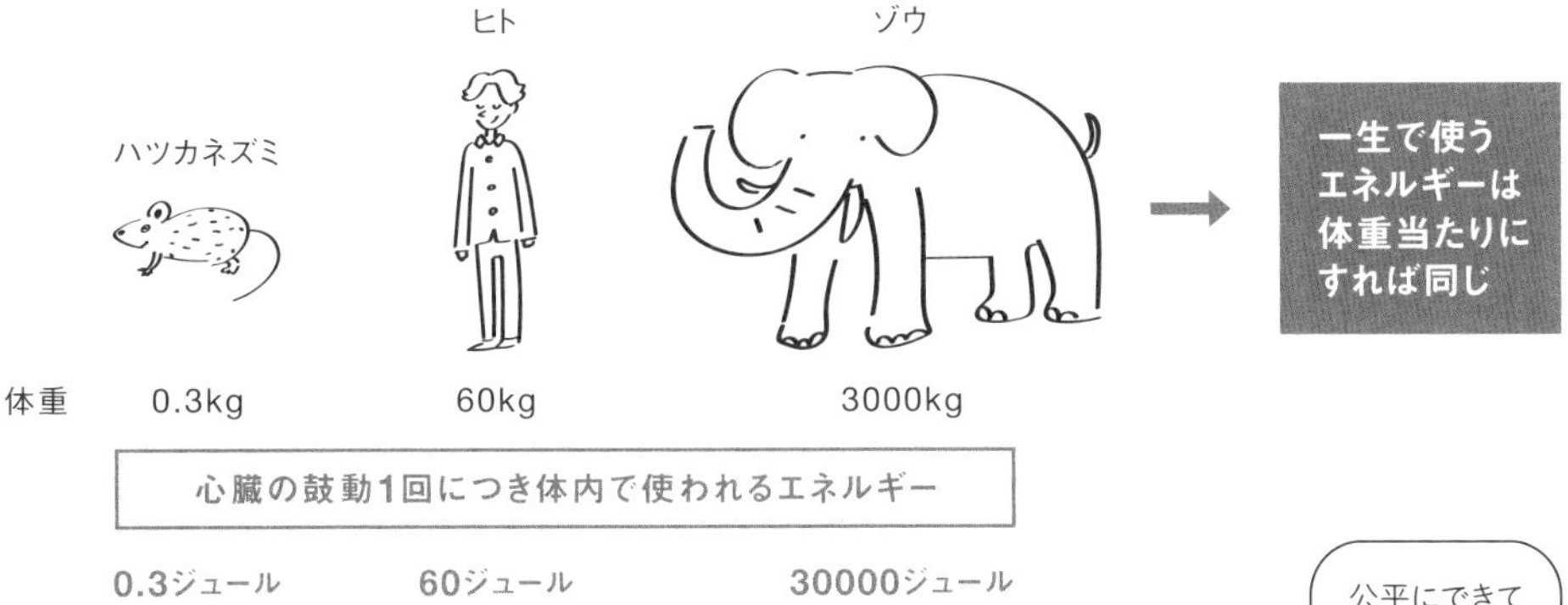

動物たちの睡眠時間

動物の睡眠時間には個体差があります。睡眠時間の長さは、哺乳類の場合、食性や体の大きさが関係しており、体が大きくなるほど睡眠時間は減る傾向にあるといわれています。

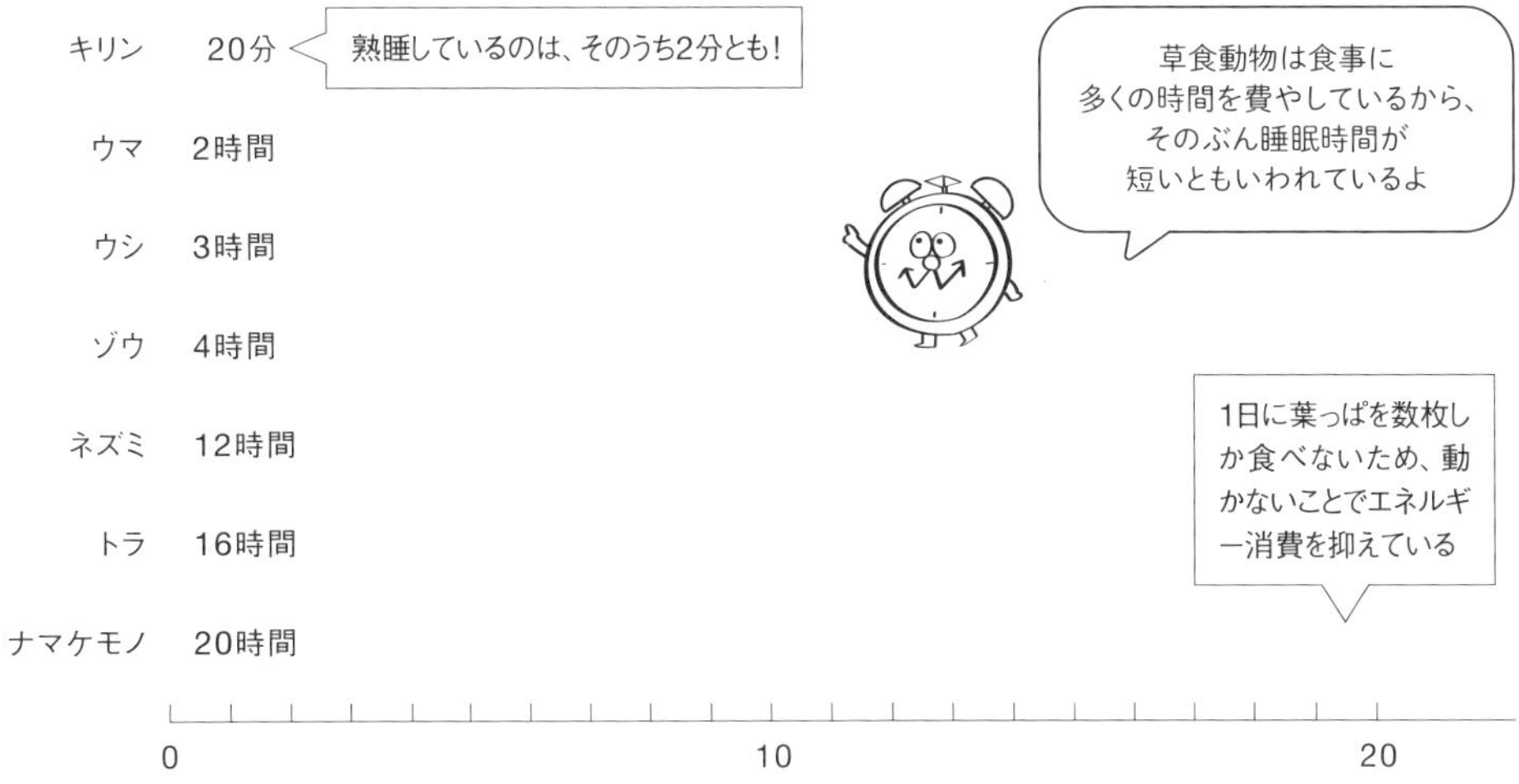

老いと時間

老化を防ぐことはできるの?

命のろうそく"テロメア"が長寿のカギ

2020年の日本人の平均寿命は男性が81・64歳、女性は87・74歳。男性は9年連続、女性は8年連続で過去最高を更新しています。現在のペースで延び続けると、人生100年時代を迎える日はそう遠くはなさそうですが、老化そのものを科学の力で止めることは可能なのでしょうか。

細胞の中にあるDNAは分裂のたびに複製されますが、染色体の一部「テロメア」は分裂のたびに数が減り、短くなります。テロメアは加齢だけでなくストレスや病気でも短くなる、"命のろうそく"とも呼ばれます。このテロメアの長さを保ったり、修復できたりすれば、老いを遅らせることができるかもしれません。

双子の宇宙飛行士による加齢変化の実験

宇宙に長期滞在したスコット飛行士と地上勤務したマーク飛行士。2015年から2年間、この双子の飛行士の免疫反応などを比較分析した実験が行われました。

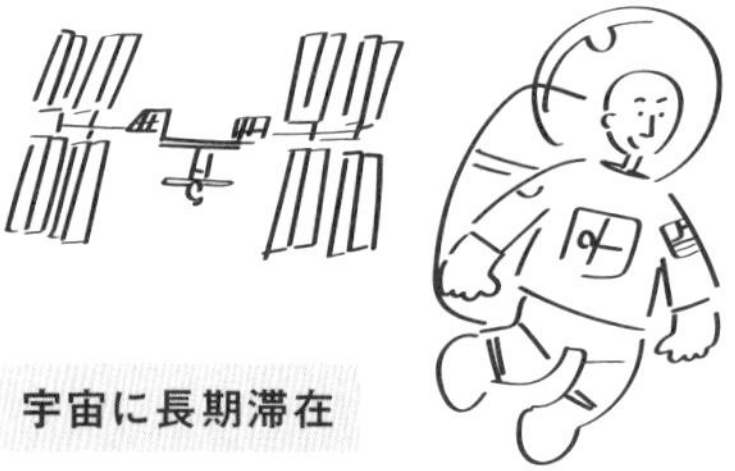

スコット・ケリーさん

宇宙に長期滞在

↓

- 宇宙滞在中にテロメアが長くなった
- テロメアは地球帰還後、縮んだ
- 半年後には、地上にいたマークさんとほぼ同じ長さに

↓

宇宙に行くと若返る?

NASAで地上勤務

マーク・ケリーさん

宇宙空間ではストレスがなかったのかな

双子の宇宙飛行士のこの実験はたった一例なので、そこから結論を出すのは難しいね

宇宙空間では本来老化が加速する

- 宇宙線によりDNAが損傷
- 重力の大きなものの近くにいるものほど時間は速く進む
- 筋肉や骨量の低下による骨粗鬆症や免疫不全が発生しやすくなる

老いを止める研究

加齢とともに蓄積し、臓器や血管などの機能を低下させる「老化細胞」。この老化細胞の生存に必須である「GLS1」という遺伝子の働きを阻害することで、老化に伴う体力の衰えや疾病が改善されることがわかりました。

細胞が老化する仕組み

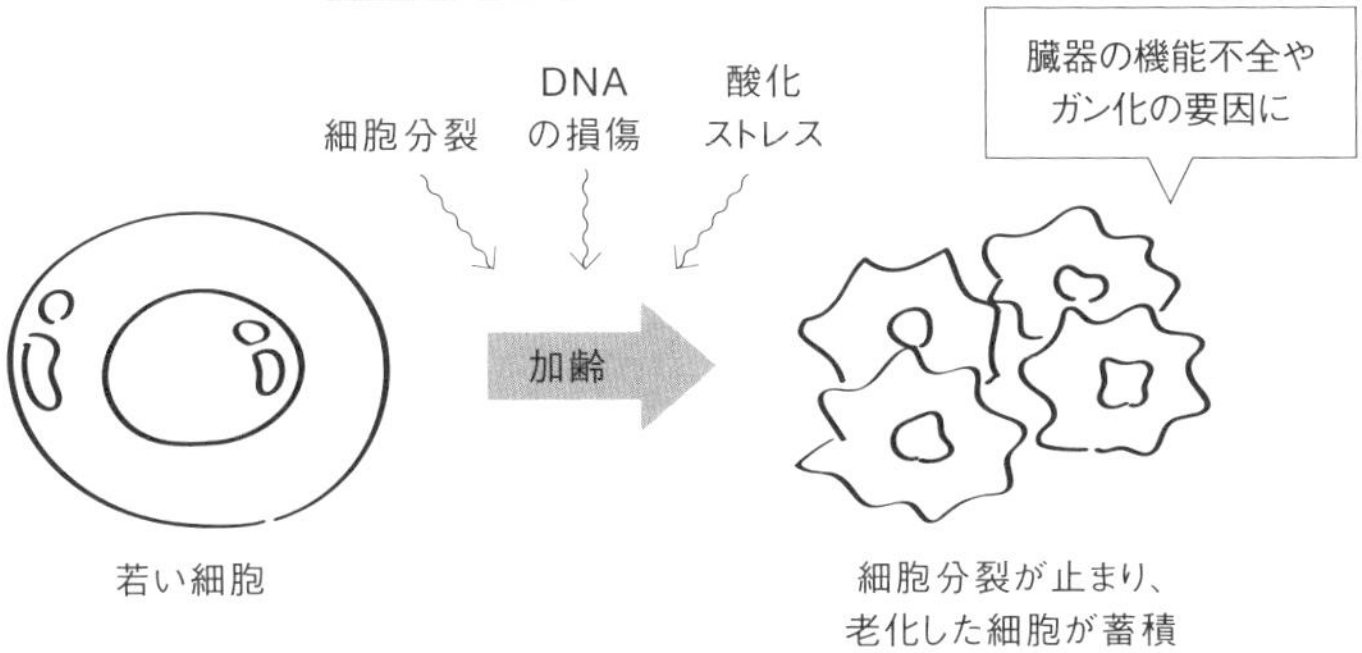
細胞分裂
DNAの損傷
酸化ストレス
臓器の機能不全やガン化の要因に
加齢
若い細胞
細胞分裂が止まり、老化した細胞が蓄積

約60兆個の細胞でできている人間の体。この細胞が加齢に伴い、細胞分裂が止まったまま生き残ったものが「老化細胞」。老化細胞は、繰り返し行われる細胞分裂、DNAの損傷のほか、生活習慣や病気の存在、ストレスなどが原因で起こる酸化ストレスによっても蓄積される。

東京大学医科学研究所などの研究チームが行っている老化のメカニズム研究。GLS1阻害剤によって老化細胞を除去したマウスは、動脈硬化などの生活習慣病や加齢による疾病改善のほか、およそほとんどの臓器で機能回復が見られました。GLS1阻害剤は、抗ガン剤としても注目されており、夢の新薬誕生が待ち望まれます。

「スマートナノマシン」で健康寿命が延びる？

電子顕微鏡でようやくぼんやり見える直径50ナノメートルの高分子でできたカプセル「スマートナノマシン」。細胞内の異常をピンポイントで治療することができ、実用化すれば健康寿命を延ばすことが可能になります。

1ナノメートル ＝ **10^{-9}メートル** ＝ **10億分の1メートル**

10億分の1メートルの世界って？

- 2カ所に同じ粒子が同時に存在する
- 粒子が壁を通り抜ける

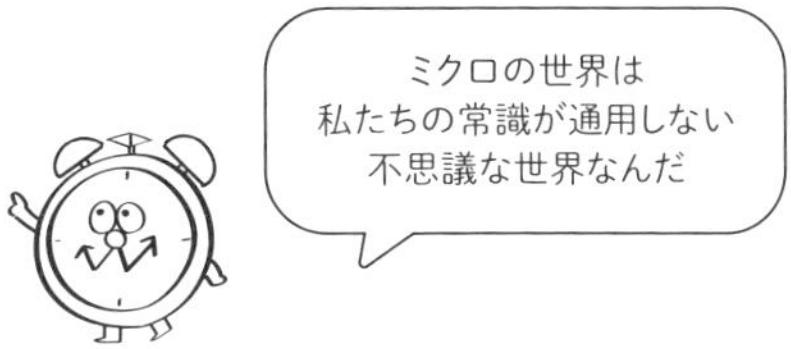
ミクロの世界は
私たちの常識が通用しない
不思議な世界なんだ

症状を診断し治療まで行うスマートナノマシン

スマートナノマシンを使って目指しているのが、「体内病院」の実現です。体内病院は、スマートナノマシンが体の中を循環して症状を診断し、深刻化する前に治療まで行います。実用化されればガンの早期治療などに大きな効果が期待できます。また、ガン細胞のみを攻撃する抗ガン剤搭載のスマートナノマシンは現在臨床試験中で、数年後には実用化できる見通しです。

時間の悩みにお答えします! 2

子どもの頃のような体感時間を取り戻すには?

年々、時間の流れが速く感じられるようになりました。子どもの頃のような体感時間を取り戻すために日常生活で意識すべきことがあれば知りたいです。

(30代・自営業・男性)

宇宙物理学者
二間瀬敏史教授

時間を意識すると、時間はゆっくり進むように感じられるという話があります。子どもは日々刺激的な生活を送っていて、明日を楽しみに生きています。子どものように好奇心と冒険心をもちながら過ごせると、時間の流れがゆっくりと感じられるようになるかもしれません。

タイムコーディネーター
吉武麻子さん

時間の進み方が速く感じたとしても、日々の生活に充実感を感じていれば、スピードは特に気にならないはずです。仕事に家事に育児に……と、常に目の前の「やらなければならないこと」をたくさん抱えて「本当にやりたいこと」ができない日々を過ごしている方は多くいらっしゃいます。後悔しない人生を送るためにも、あなたがやりたいこと、大切にしたい時間を優先的に組み込み、あなたがやらなくても問題ないことは手放すことを意識してみてください。

本書のイラストレーター
オフィスシバチャン・
柴田昌達さん

できるだけ予定を減らす。これに尽きると思います。大人はどうしてもスケジュールを埋めたがりますが、予定が多いと常に時間に追われます。時間に追われると、時計が速く進みます。子どもの体感時間が長いのは、いつも暇だからなのだと思います。時間のことは気にせず遊んでみてください。そして、時計は見ずに、外が暗くなったら家に帰るというのはどうでしょうか?

Chapter 2

仕事と時間術

仕事に追われる忙しい日々の中でも
時間は生み出せます。これまでの時間管理術に
とらわれない、新しい方法を提案します。

時間の不足感を手放すには？

どんなとき人は「時間がない」と感じるのか

時間の不足感がない人のほうが幸福度が高い

日々、時間に追われてあくせくしている人と、1日の中ですべきことを上手に時間配分してゆとりを生み出せる人がいます。人生の幸福度が高い人はどちらか問われたとき、多くの人が後者と答えることは、容易に想像ができます。

人生とは日常の小さな時間の積み重ねです。自分がどのような意識でその瞬間を生きるかで人生の価値は決まると言っても過言ではありません。ですから、時間の不足を感じながら毎日を過ごすのはとてももったいないことです。まずは「時間がない」「時間がある」とはどのような状態なのかを知り、自分はどちらの傾向にあるかチェックしましょう。

「時間がない」と言いがちな人の特徴

時間の不足感がある人にはどのような特徴があるのでしょうか。代表的なものを見ていきましょう。

■ 常に締め切りや仕事のノルマに追われている

毎日のように締め切りがあったり、仕事のノルマをこなしてもなお、次のノルマが待ち構えていたりする人です。作業時間がかかりすぎていることや、能力の許容範囲を超えたキャパオーバーになっていることが考えられます。

■ スケジュール帳に余白がない

スケジュール帳が常にいっぱいで、新たな予定を入れる隙がありません。純粋に忙しいだけでなく、物事の優先順位をつけられない人や、予定が埋まっていないと落ち着かないタイプの人が陥りがちです。

■ 行動的で活動量が多い

体力も気力も人一倍あり、行動力があって活動的な人は、空き時間をもたない傾向にあります。ちょっとしたスキマにも趣味や勉強の時間を入れ込むなど、余白の時間や休息の時間を作らず、常に動いています。

時間があるってどんな状態?

時間を自分の理想や予定した通りに使えている人は、時間の不足を感じずに過ごせているといえるでしょう。「時間がない」と感じている人からしたら、夢のような過ごし方と思えるかもしれません。

1日の仕事の流れが把握できている

出社してからの仕事の流れが優先順位や所要時間とともに把握できており、すぐに仕事に取りかかれます。

昨日やり残した仕事がない

To-Do-List

常に「今日のタスク」に取りかかれるため仕事の遅れが生じにくく、場合によっては前倒しすることも可能です。

昼休憩でリフレッシュできる

予定通りに仕事が進むので、休憩もきちんととれます。リフレッシュは仕事の効率アップにもつながります。

急な業務にも対応できる

OK

時間のある人の多くが時間的なゆとりをもつため、急な対応も自身の就業時間内に対応できます。

デスクまわりが片付いている

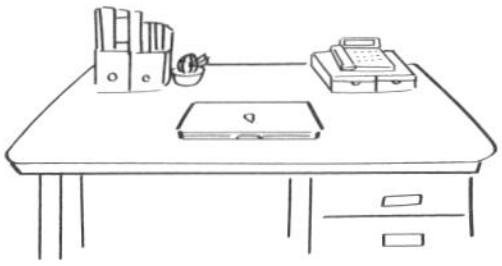

整理整頓されていると、ものを探すことがなく、作業もスムーズ。ムダな時間を使うことがなくなります。

定時で帰れる

計画通りに仕事が終わるので、残業や仕事を持ち帰ることなく、退社することができます。

自然と次の目標や仕事のアイデアが浮かぶ

リラックスしているときこそ、脳が活性化します。ひらめきを生むには、余白時間の確保が大切です。

新しいことにチャレンジしたくなる

時間があると、新しいことを始める余裕が生まれます。こうしたチャレンジが、人生の満足度につながります。

こんなふうに毎日を
過ごせたら、
ストレスも感じなさそうだね

2

〝時間がない〟の思い込みをはずす

どんなに忙しくても時間は生み出せる

作業にかかる時間を読めるようになろう

時間の不足感から解放されるために最も重要なことは、1つ1つの作業にどれだけの時間がかかるのかを予測することです。その仕事のプロフェッショナルともなれば、「大体これくらいで終わるだろう」というおよその読みでも時間通りにこなせるようになりますが、慣れない仕事の場合は特にしっかり予測することが大切です。かかる時間を予測したら、あとは行動に移し、計画通りに進んだかどうかをチェックします。計画通りに進まなかった場合は、次回の時間の予測に活かしていきましょう。これを繰り返すことで、正確に時間を読めるようになります。

時間が足りなくなったらどうなるの？

現代人の多くがマルチタスクを抱えています。それぞれのタスクにかかる時間を読み違えたり、そもそも時間を予測しないと、時間はどんどん足りなくなってしまいます。

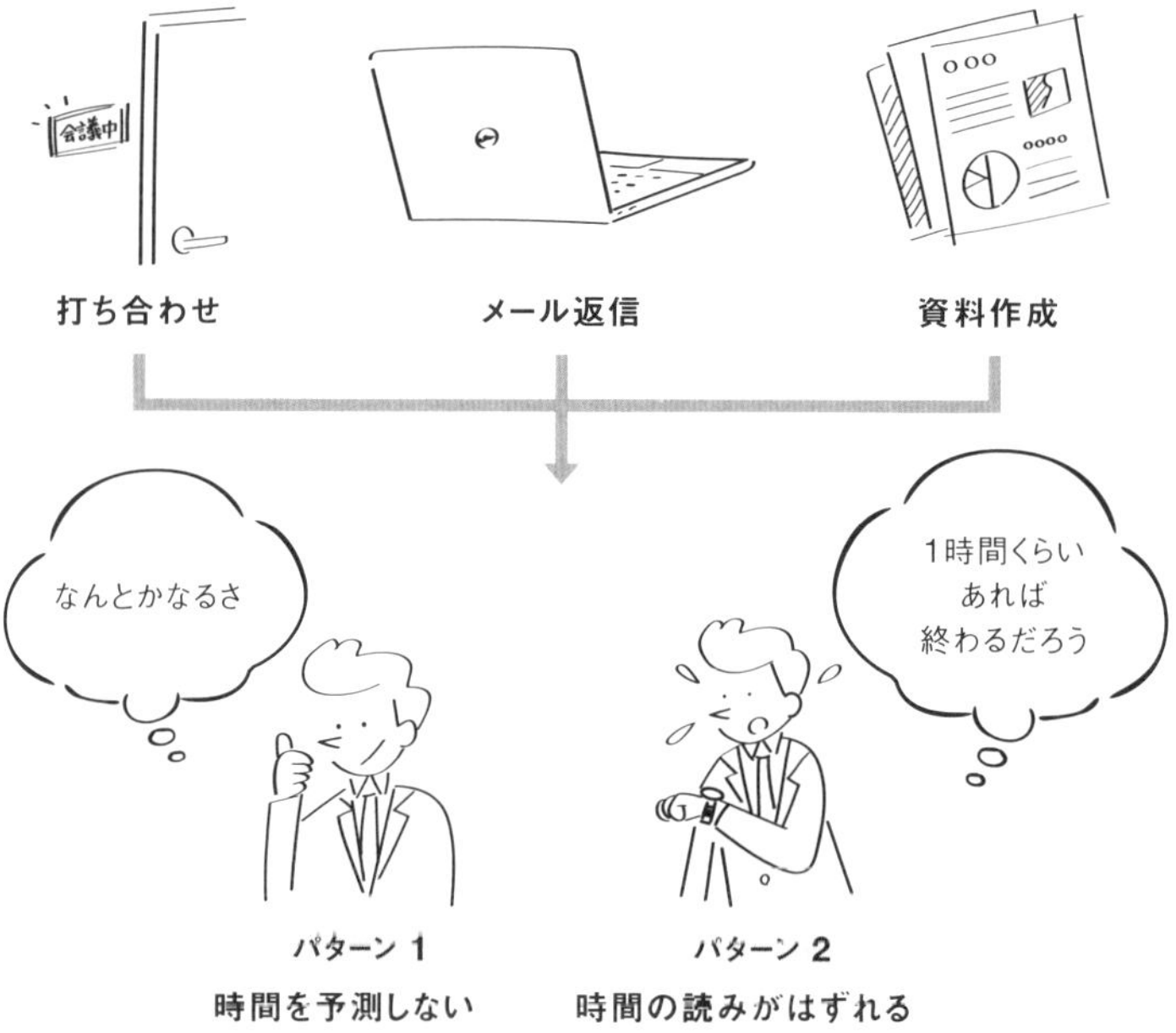
会議中
打ち合わせ
メール返信
資料作成
なんとかなるさ
1時間くらい
あれば
終わるだろう
パターン 1
時間を予測しない
パターン 2
時間の読みがはずれる

- スケジュールがどんどん後ろ倒しに
- 新しいタスクが追加される
- やってもやっても終わらない

作業にかかる時間の読み方

タスクを「かかる時間が予測できるもの」と「予測できないもの」に分けます。デスクに向かえる時間（例では3時間）から予測可能な時間を引き、残りの時間に予測不可能なタスクを割り当てていきます。

かかる時間が予測できるもの予測できないものとに分ける

予測可能

- メール返信
- A案件の打ち合わせ
- 議事録作成

予測不可能

- 資料作成
- B案件のオンラインミーティング
- C案件のリサーチ

予測不可能なものはかけられる時間を割り当てる

・メール返信	15分
・A案件の打ち合わせ	30分
・議事録作成	30分
合計	**1時間15分**

・資料作成	45分
・B案件のオンラインミーティング	30分
・C案件のリサーチ	30分
合計	**1時間45分**

デスクに向かえるのは3時間

かけられる時間
3時間−1時間15分
＝1時間45分

予測不可能な仕事は「かけられる時間」を算出していく

PDCAで正確に時間を読めるようになる

最初から正確に作業時間を読むことは簡単ではありません。予測と行動と振り返りを繰り返すことで、実際にかかる時間がわかってきます。また、自分が仕事にかけられる時間の限界を知ることで、オーバーワークを防げます。

Plan 計画

- かかる時間が予測できるもの、予測できないものに振り分ける
- 予測不可能なものは「かけられる時間」を割り当てる

Do 行動

- 割り当てた時間を意識しながら実務を行う

Check 確認

- 計画通りに進んでいるかチェックする

Action 振り返り

- 行動の結果から改善点を探る
- 自分が仕事にかけられる時間の限界を知る

トライアル＆エラーを繰り返し、何にどれくらいかかるのかをつかんでいくことが大事だね
TIME IS MONEY

3

時間管理術の多くは超人向け？

仕事の効率化

強い意志と徹底した管理能力が求められる方法

限られた時間の中でタスクをやりきるために、人びとはこれまで、さまざまな時間管理（タイムマネジメント）術を模索してきました。中でも作業のプロセスからムダを省いていく「仕事の効率化」は、生産性が高い人の多くが実践する方法といえます。一方で、「仕事の効率化」はいうほど簡単ではありません。なぜなら、すべての業務とプロセスから効率化すべきタスクを洗い出し、削る部分を明確にして実行に移すという一連の流れを成し遂げるには、強い意志と管理能力が求められるからです。また片付けても別の仕事がやってくるという連鎖に陥りがちで、根本解決とならないこともあります。

仕事の効率化とは？

ムダな業務を省いて生産性を高めた結果、新たな余剰時間を生み出せたら、仕事の効率化は成功したといえます。

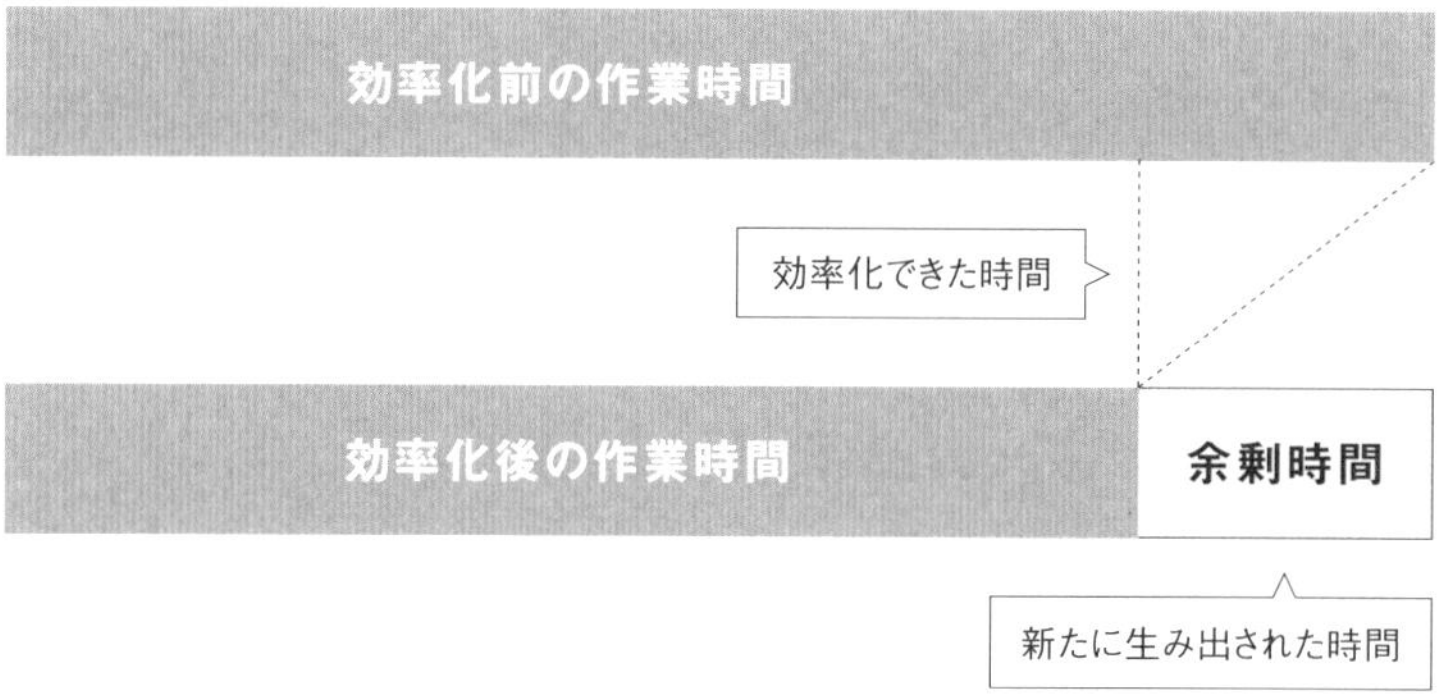

効率化前の作業時間
効率化できた時間
効率化後の作業時間
余剰時間
新たに生み出された時間

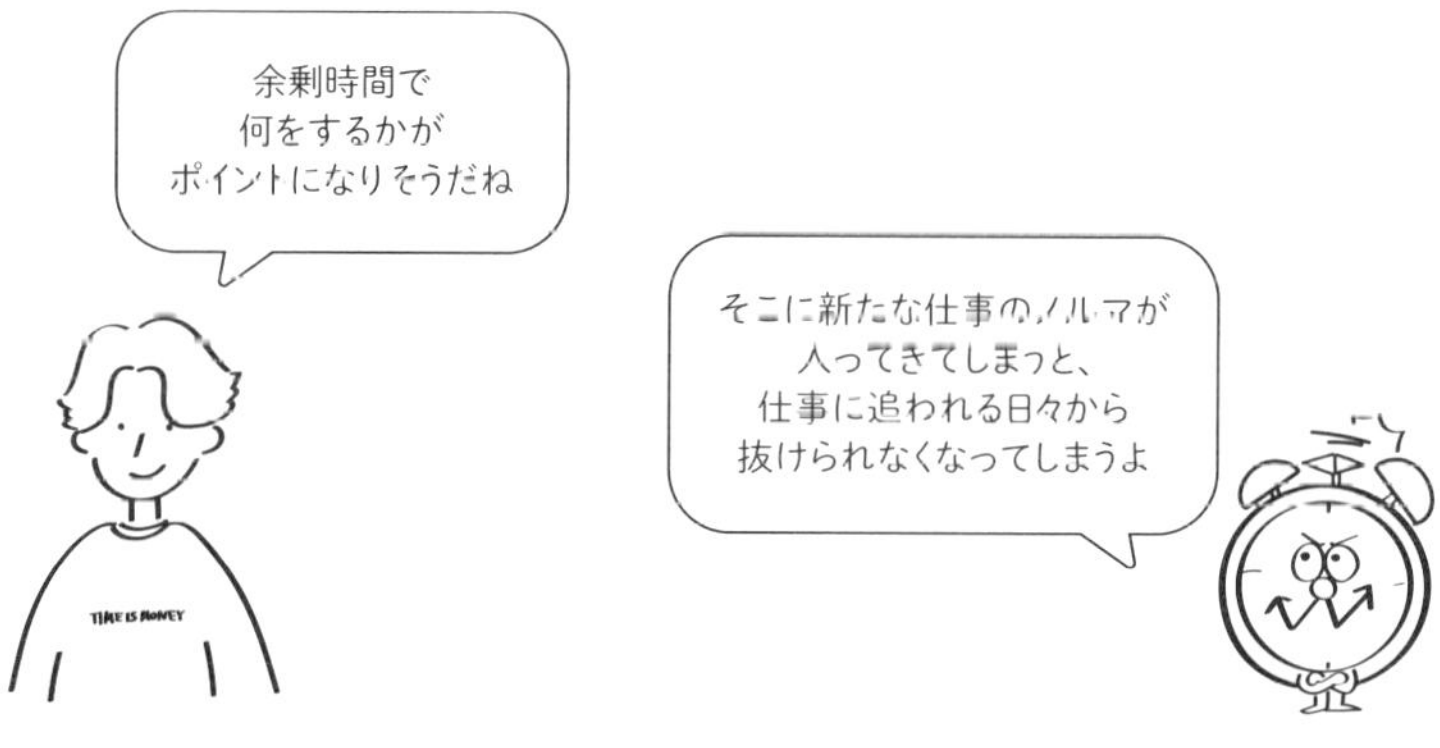

余剰時間で何をするかがポイントになりそうだね
そこに新たな仕事のノルマが入ってきてしまうと、仕事に追われる日々から抜けられなくなってしまうよ
TIME IS MONEY

仕事のムダを認識することが効率化への一歩

普段の業務の中で省きやすいムダからメスを入れることが仕事の効率化への第一歩です。探し物や仕事の差し戻しなどのムダは比較的省きやすいといえるでしょう。

仕事のムダとは?

- **探し物**
- **仕事の差し戻し**
- **集中力を欠いた中での作業**
- **雑談や脱線の多い会議**

通常の作業のムダを
省くだけでも変わるよ

ムダを省くために効率的なこと

- **デスクまわり・パソコンの整理整頓**
  ものもデータも、必要なときに使える状態に。
- **作業ミスを減らす**
  提出前に入念なチェックを行う。
- **仕事の中断を少なくする**
  継続して仕事に打ち込める集中タイムを作る。
- **ムダな慣習をやめる**
  情報共有にはビジネスチャットを活用する。

仕事効率化のメリット・デメリット

メリット

- 作業スピードが上がり、残業時間が減る
- 生産性のアップによるコスト削減で利益率が上昇する
- 労働時間の短縮や利益率アップによる給与・福利厚生の向上に伴い、満足度や勤労意欲が高まる

デメリット

- 効率を求めるあまり、「仕事を楽しむ」「成長する」という目的から大きくはずれてしまう可能性がある
- 目の前の作業を淡々とこなすだけになってしまうと、能力を活かせなかったり新しいことに挑戦しにくくなったりする

あらゆることを
効率化してしまうと
弊害もあるよ

一見ムダに感じることでも、
コミュニケーションや
成長のためには
大切だったりするんだね

4

忙しい現代人向けの時間管理術
スキマ時間活用

業務量を減らせない人や多忙な人向きの方法

「スキマ時間」とは、電車の待ち時間や乗車時間、次のアポイントまでの時間など、予定と予定の間に生じた短い空き時間を意味します。5分ほどのわずかな時間であっても、積もり積もれば膨大な時間になるため、スキマ時間の活用は忙しい現代人にぴったりの時間管理術として注目を集めてきました。スキマ時間を賢く活用するために欠かせないのが、スキマ時間ができたときに何をするかを事前に決めておくことです。このとき「1分」「5分」「10分」と、時間の長さに応じて、できる仕事を定めておきましょう。リスト化しておくと、いざというときにスムーズに行動に移せます。

スキマ時間活用で効率を上げる

スキマ時間には人を待つ時間のように自然発生的なものもありますが、意識的に作り出すことも可能です。下記のようにさまざまな場面で5～15分のスキマ時間を捻出すれば、合計25～30分の作業時間が生まれます。

スキマ時間の作り方

**10～15分の
スキマ時間を捻出**

2本早い電車に乗る

約束の時間より早く目的地に到着することで、待ち時間をスキマ時間にあてることができます。

**5分の
スキマ時間を捻出**

電話で済ませる

メールで伝えるよりも話したほうが早い場合があります。内容によって、そのつど選択するといいでしょう。

**10分の
スキマ時間を捻出**

**打ち合わせを
10分早く切り上げる**

事前に資料を共有しておいたり、終了時刻を確認したりすることで、打ち合わせ時間を短縮できます。

合計25～30分のスキマ時間に

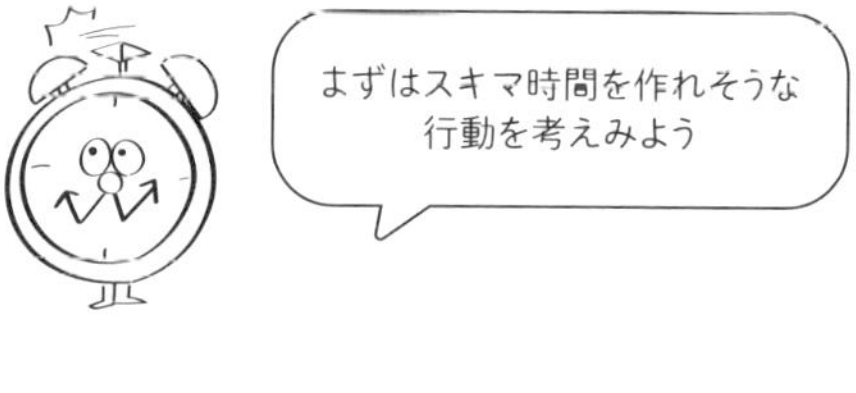
まずはスキマ時間を作れそうな
行動を考えみよう

スキマ時間にできる仕事を振り分けていく

「5分では何もできない」と時間をもて余すのは、もったいないこと。1分であっても、できることはあるものです。時間ごとにできる作業をチェックしましょう。

スキマ時間に何をする!?

1分でできること

- スケジュールの確認
- タスクのチェック
- メールやビジネスチャットのチェック
- 電車の乗り換え検索
- 深呼吸やストレッチ

5分でできること

- 資料の目通し
- ビジネスチャットの返信
- 作業の進捗状況を確認
- スマホでニュースのチェックや情報収集
- デスクまわりの整理整頓

10分でできること

- メールの返信
- 電話での問い合わせ
- 資料の細かなチェック
- 日報や報告書の作成
- パソコン内のファイルの整理

スキマ時間活用のメリット・デメリット

メリット

- 時間をもて余すことなく有効に使える
- 短時間で済むと思うと心理的なハードルが下がる
- 集中力を発揮できる
- 時間に対する意識が変わる
- 時間を有意義に使えることで充実感を得られる

デメリット

- 脳が休まる時間がない
- 常にタスクがある状態になり、時間に追われている感覚をもつ
- 自由に発想する時間がなくなる
- 気分転換ができない
- 休憩時間が減り、オーバーワークになる

時間を有効に使えるのは
わかるけれど、
休む暇がないのはイヤだな
心理的ハードルを下げることや
集中力アップなど、
スキマ時間活用のメリットは
大きいね

5 その時間、自分のために使えている!? 会社員にオススメの時間管理術

優先順位のつけ方と予定ブロックがカギ

会社員の業務は自分に課せられた仕事以外にも、ミーティングや電話対応、来客対応など、多岐にわたります。これらをしっかり成果を出しながら就業時間内に終わらせることが求められます。そのために、すべきことをリストアップして、優先順位をつけてから着手しましょう。優先順位は、「緊急性」と「重要度」を軸に決め、緊急性と重要度が最も高い仕事を優先させます。優先順位を定めたら、それぞれの業務の所要時間と締め切りを把握した上で取りかかりましょう。また、緊急性の高い仕事を集中的に行うためにあらかじめ、ほかの約束を入れず予定をブロックすることも効果的です。

優先順位を決める軸

下の図で優先順位がわかります。最も優先順位が高いのが①、番号が大きくなるほど優先順位が低くなります。

	緊急性が高い	緊急性が低い
重要度が高い	・締め切りが迫った仕事 ・顧客へのクレーム対応 ・事故対応 ・突発的な人員の不足 ・災害への対処 など ①	・新規業務の開発 ・品質向上の取り組み ・新規顧客や取引先との関係作り ・リスク対策 など ②
重要度が低い	・重要でない会議や打ち合わせ ・重要でない電話やメール ・突然の来客対応 など ③	・うわさ話などの暇つぶし ・何もしない移動時間や待ち時間 ・雑談の多い会議 など ④

予定をすべて書き出し、①～④を割り当てる

予定を書き出したら、上の図を参考に①～④を割り当てます。なお、必ずしも①～④の順番通りに作業すべきということではありません。急いで対応すべきことと、先に取り組んだほうが効果が出ることを見極めながら作業の手順を決める必要があります。

① □ プレゼン資料作成
② □ クライアントにメール
② □ 次回プロジェクトのアイデア出し
③ □ 報告書作成

所要時間と締め切りを把握する

作業の手順を決める上で、所要時間と締め切りを考慮することは欠かせません。優先順位、所要時間、締め切りを洗い出したところで、スケジュールに落とし込んでいきましょう。

優先順位	ToDo リスト	所要時間	締め切り
1	**お礼状作成**	15分	今日中
2	**プレゼン資料作成**	2時間	今日中
3	**プロジェクトAのリサーチ**	6時間	明日中
4	**精算書作成**	4時間	今週中
5	**A社への提案資料作成**	30分	10/15
6	**社内報告書作成**	1時間	10/20
7	**B社への提案資料作成**	45分	10月中

優先順位と締め切りが
わかっていれば、効率よく
仕事を進められるよ

予定をブロックする

1日のうちに集中して仕事に向かえる状態をどれだけ作れるかが、生産性向上のカギになります。決してほかの約束は入れない「自分時間」を設定し、自身の業務にあてることが大切です。

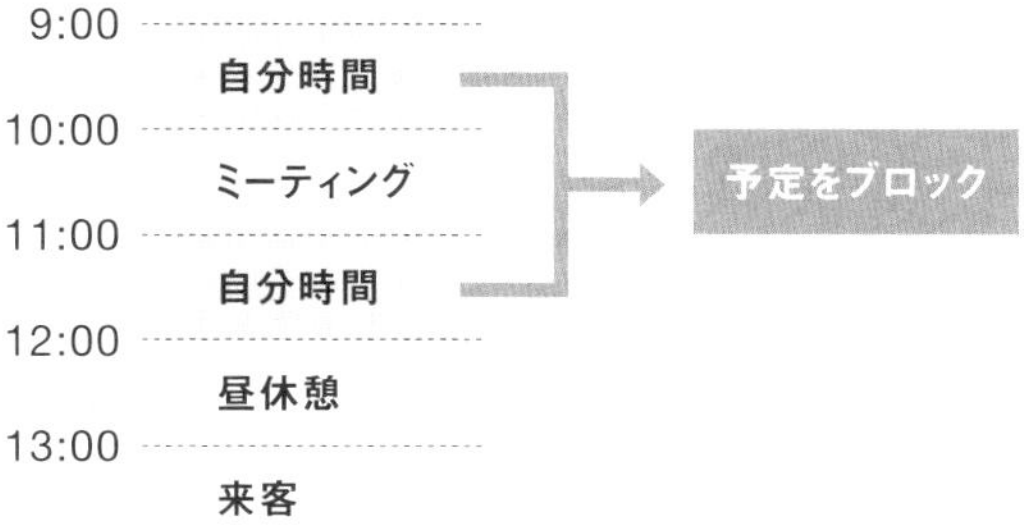
9:00
自分時間
10:00
ミーティング
11:00
自分時間
12:00
昼休憩
13:00
来客
予定をブロック

「自分時間」は
緊急性のあるものの
対応や集中タイムに
あてよう！

予定をブロックするときのコツ

❶ 確保した「自分時間」は意識的に使う

せっかく予定をブロックしても、有意義に使えなくては意味がありません。「優先順位の高い企画書作成に集中する」など、あらかじめ「自分時間」で行うことを決めておきましょう。

❷ 1日のうち1、2時間から始めよう

予定をすべてブロックしてしまうと、そのほかの業務に支障をきたします。そこで、最初は1日のうち1〜2時間のブロックから始め、様子を見ながら増減していくのがポイントです。

❸ 予定を聞かれたときの断り方を決めておく

その時間は空いているか問われたときのために、「急ぎの仕事があるので別日にしてもらえるかな」など、いくつか断り方のパターンをもっておくと、あわてません。

6

「気づいたらもうこんな時間！」とならないように フリーランスにオススメの時間管理術

休憩時間と労働時間 どちらも長引かせないために

会社や団体などに所属せずフリーランスで働く人の時間管理の難しさは、「仕事をする時間や場所を自由に決められる」というところにあります。これはフリーランスで働く大きなメリットといえますが、そこに甘んじていると、余裕があったはずなのにいつの間にか締め切りに追われているという状態になりかねません。そこで、左ページのように働く時間・分量・流れを具体的に決め、実行します。予定通りにいかなかったものはそのつど修正し、デフォルトとなるスケジュールを組み立てます。こうしてマイルールを決めることで、休みすぎやキャパオーバーを防ぎ、心地よい働き方が定まります。

気づくと時間がなくなっている2つのパターン

フリーランスの人が時間に追われるようになる生活パターンの一例です。能力の範囲を超えて仕事を請けすぎることや時間管理のルーズさがネックになります。

ライターAさんの場合

- 単純に仕事量が多い
- 常にマルチタスクを抱えている
- 納期に余裕がない
- 前の仕事が終わらないうちに次の仕事が始まる
- 締め切りが重なっている

コンサルタントBさんの場合

- 休憩時間が多い
- 始業時間が日によって異なる
- 集中力が続きにくい
- プライベートと仕事の線引きがない
- クライアントのスケジュール優先なので予定を立てにくい

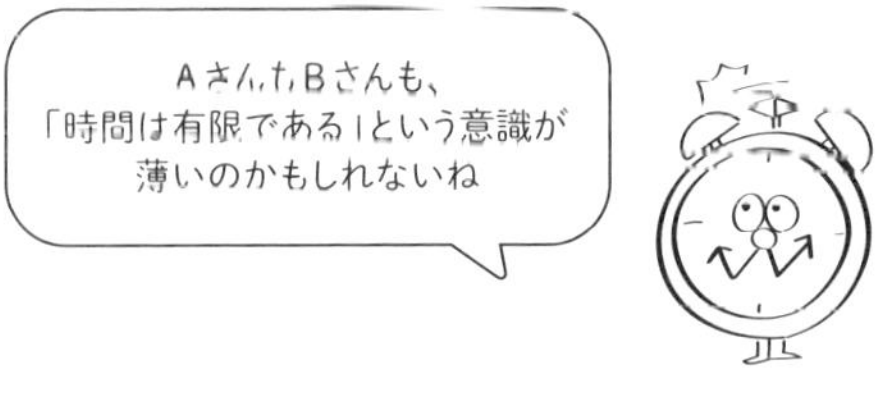
Aさんも Bさんも、
「時間は有限である」という意識が
薄いのかもしれないね

デフォルトとなるスケジュールを組み立てる

まず、起床してから就寝するまでの1日のタイムスケジュールを書き出します。続いて、実際はどうであったかを書き出し、反省点や修正点を検証します。実行と反省を3日ほど繰り返すと、デフォルトのスケジュールが見えてきます。

ライターAさんの場合

計画	実際
6:00 起床、散歩	7:00 起床、散歩
7:00 朝食準備、朝食	7:45 朝食準備、朝食
7:45 片付け、掃除	8:15 片付け
8:30 メールチェック	8:30 メールチェック
9:00 レイアウト作成	9:00 レイアウト作成
10:00 オンライン取材	10:00 オンライン取材
11:00 レイアウト作成	11:00 レイアウト作成
12:30 昼食準備、昼食	12:30 昼食準備、昼食
13:30 原稿執筆	14:30 原稿執筆
16:30 原稿を書き終える	19:30 原稿を書き終える
⋮	⋮
23:00 就寝	25:00 就寝

反省点・修正点

- 1時間遅れて起床。散歩の時間が減り、掃除ができなかった
- 昼食のあとのコーヒータイムにSNSチェックをしてしまい、仕事に戻る時間が遅れた
- 計画では原稿執筆3時間のところ、5時間かかってしまった

どれだけの時間を作業に使えるかも見えてくるからキャパオーバーも防げるよ
スケジュールを習慣化できれば、何げなく過ごしていた時間がなくなりそうだね

集中タイムもルーティンに組み込もう

午前と午後で1時間ずつ集中タイムを設定する

集中が切れやすい環境を変えることが大切です。デフォルトのスケジュールに必ず、1日2時間、できれば午前と午後に集中タイムを設け、作業に打ち込みましょう。

スマホの電源オフ。パソコンのメールも開かない

LINEやSNSの通知が来るたびにスマホを手に取ると、そこで集中力が途切れてしまいます。集中タイムは一切の通信から遮断された環境に身を置きます。

集中タイムに行う仕事は2つまでに絞る

作業が多く、仕事が切り替わるタイミングで断続的に集中が途切れてしまうのは生産的とは言えません。集中タイムに行う仕事は2つまでとし、集中が持続する環境を保ちます。

7

時間管理の土台

タスクを期限ごとに棚卸しする

長期目標を具体的にすると目標達成率が上がる

目標を達成する上で最も重要なことは、適切に目標を設定し、やるべきことを明確にして行動に移していくことです。まずは1年～5年のスパンで目指す、時間をかけても成し遂げたい「長期目標」を設定します。続いて1週間～1カ月程度で達成できる「短期目標」のタスクに落とし込みます。最後に、目標達成に向けたモチベーションを維持し、長期目標のステップとなる「中期目標」を決めます。このように、長期目標を起点にしてタスクの棚卸しをすることで、目先の仕事に追われていつまでたっても大きな目標を実現できない事態を防ぎます。長期目標は具体的にするのが目標達成のカギです。

目標を長期・中期・短期に分ける

目標全体の行動の動機となる長期目標を起点に、目標全体を「長期・中期・短期」に分けて設定します。中期目標は変更や修正が可能です。

長期目標　1年～5年の長い時間をかけて目指す目標

- プロジェクトAの立ち上げ
- プロジェクトAの収益化
- 新規部署でプロジェクトスタート

中期目標　長期目標のステップとなる変更や修正が可能な目標

- プレゼンに向けた資料作り
- プロジェクトAの企画立案
- 新規部署立ち上げメンバーを揃える

短期目標　1週間～1カ月程度で達成できる目標

- プロジェクトAのアイデア出し
- 顧客打ち合わせ
- リサーチ

目標設定の順番は、
長期→短期→中期だよ

長期目標実現に向けた短期目標を書き出す

長期目標を定めたら、そのために必要なタスクを書き出します。その中から1週間～1カ月程度で達成できるものをピックアップし、短期目標とします。

長期目標

プロジェクトAの立ち上げ

短期目標

- □ 顧客との打ち合わせを重ね、要望をまとめる
- □ 来月中旬までにリサーチを終える
- □ 他部署とミーティングを行う
- □ 企画案のたたき台を作成する
- □ 予算会議に向けた資料の準備を始める

短期目標に
入らないものが自動的に
中期目標になるよ。
最初にクリアすべき
短期目標の難易度は
やや低めに
設定しておこう

短期目標の達成度に合わせて、中期目標を設定する

達成度が60%未満の場合

短期目標の達成度が60%未満の場合は、中期目標の難易度を下げたり、期限を延ばしたりするなど調整しましょう。

達成度が60%以上の場合

短期目標を60%以上達成できた場合は、中期目標や長期目標が適正なものであるというサイン。その調子で進めていきましょう。

長期目標の設定変更が必要なとき

究極の目標ともいえる長期目標ですが、ときには設定変更が必要になってくる場合もあります。期限を延ばすことになったとしても、実現するために必要な変更ととらえましょう。

- 短期目標が当初の予定よりもはかどらなかった場合
- 中期目標の難易度を下げても達成の可能性が低いとき
- 中期目標の期限を延ばしたとき
- 目標到達の意欲が失われたとき
- たどり着きたい結果が変わったとき

目標到達の意欲が
失われたときは
キャパオーバーのサイン。
長期目標の設定を
ゆるめることが大事なんだ

8 作業の流れや進捗状況を把握

ガントチャートで仕事を見える化する

タスクの可視化に ガントチャートを活用しよう

ガントチャートとは、アメリカの経営コンサルタント、ヘンリー・ガントによって考案された、プロジェクト管理や生産管理に用いられる工程表です。全体のスケジュールや作業の進捗状況がわかるので、チーム単位で動くプロジェクトでの情報共有にも役立ちます。ガントチャートの最大のメリットは、どのタスクを優先して取り組むべきかが一目瞭然な点です。締め切りも含めたプロジェクトの全体像がつかめるので、作業の取りこぼしもありません。

個人のタスク管理でガントチャートを使う場合には、左ページのように3カ月間のプランニングから始めてみましょう。

作業の全体像がつかめるガントチャート

横軸には日時（時間）、縦軸にはタスクやメンバーを配置し、作業開始日と完了日を帯で表します。エクセルで自作するほか、ガントチャートアプリを使う人も多くいます。

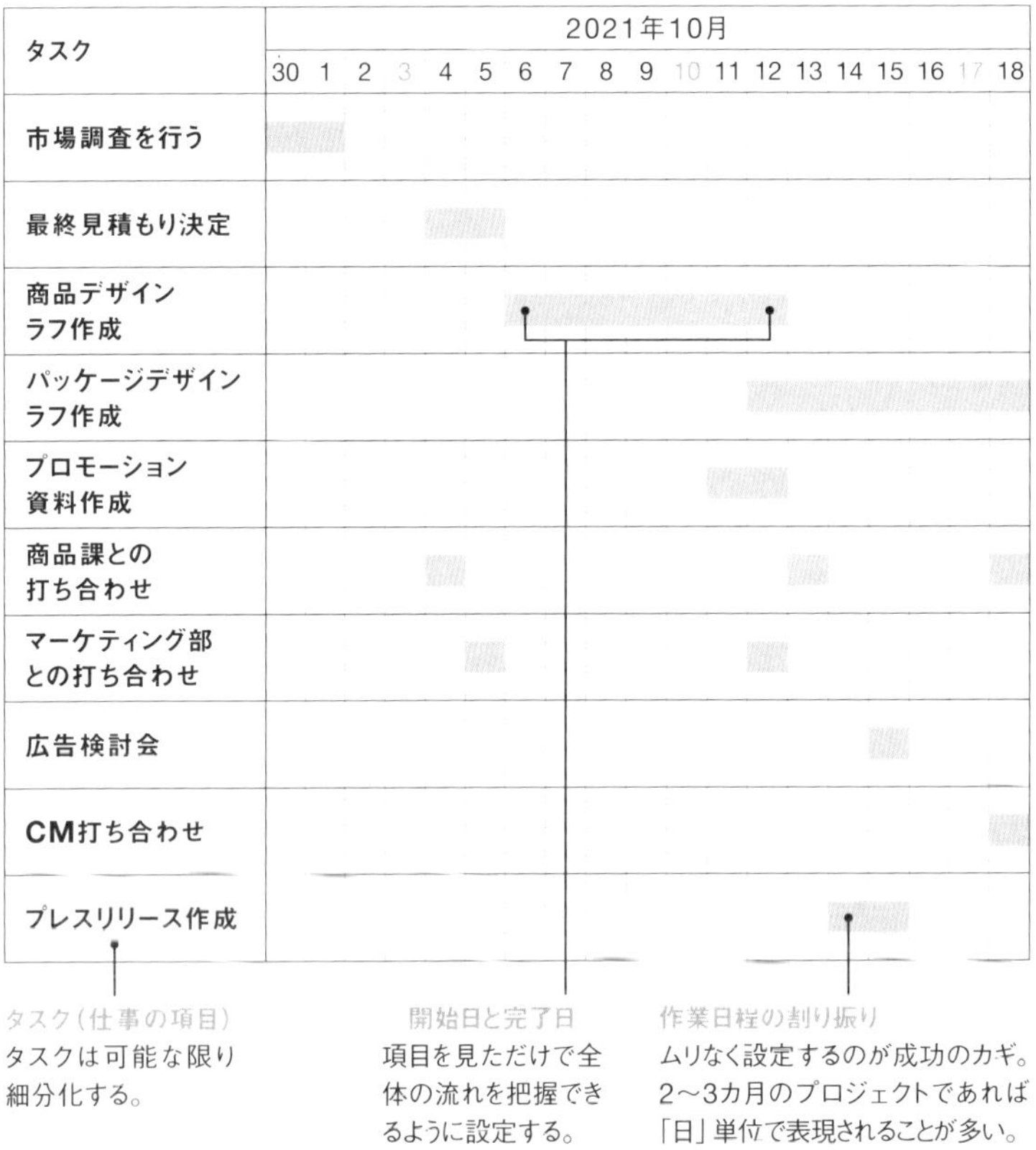

タスク
2021年10月
30 1 2 3 4 5 6 7 8 9 10 11 12 13 14 15 16 17 18
市場調査を行う
最終見積もり決定
商品デザイン ラフ作成
パッケージデザイン ラフ作成
プロモーション 資料作成
商品課との 打ち合わせ
マーケティング部 との打ち合わせ
広告検討会
CM打ち合わせ
プレスリリース作成
タスク（仕事の項目）
タスクは可能な限り細分化する。
開始日と完了日
項目を見ただけで全体の流れを把握できるように設定する。
作業日程の割り振り
ムリなく設定するのが成功のカギ。2～3カ月のプロジェクトであれば「日」単位で表現されることが多い。

「3カ月ガントチャート」を使ってみよう！

中長期視点でスケジュール調整する力をつけるために、現在より少し先から3カ月の期間をガントチャートでプランニングしてみましょう。これを使うことで、重要だけど緊急性のない未来のタスクに着手することができます。

プロジェクト	月			月			月		
	上旬	中旬	下旬	上旬	中旬	下旬	上旬	中旬	下旬

タイムコーディネート手帳「3ヵ月プロジェクトシート」より作成

❶ 進めたいプロジェクトを書き込む

❷ どのようなスケジュールで進めるのか1カ月を〔上旬/中旬/下旬〕に分けてタスクや目標を書き出す

「3カ月ガントチャート」を使いこなすコツ

- **進めたいプロジェクトを、制限を設けず自由に書き出してみる**
- **目先のタスクだけでなく達成したい目標も書く**

全体像を把握したら、
1週間ごとのタスクに
落とし込むよ。
P.70～73もあわせて
読んでおこう

ガントチャートで解消できる時間管理の悩み

Before

- 常にタスクに追われ、何から手をつけていいのか混乱している
- 進捗状況の見当がつかず、焦っている
- 優先順位がわからず、タスクに追われている

→

After

- 作業の全体像と段取りがわかり、頭の中がクリアになる
- 常に進捗を把握でき、焦りがなくなる
- 次にすべきことがわかり、余裕をもって作業に取り組める

時間に追われないための基本

「6・3・1」の法則で目標を立てる

6カ月・3カ月・1週間単位でチェックする

目の前に山積するタスクを片付けることばかりに注力していると、常に時間に追われる状況から抜け出せません。また、いつかやりたいと思っていることをする時間を確保できず、実現がどんどん先延ばしになってしまうでしょう。

そこで、世界的ベストセラー『7つの習慣』で紹介されている「時間管理のマトリックス」でいう「緊急ではない、重要なこと」に取りかかることが重要です。先にスケジュールを押さえ、緊急なタスクになる前に取り組むことで、目標を叶えていくことや、時間に追われず、大事なことを取りこぼさず進めていくことができるようになります。

「緊急性が低く、重要度が高いこと」に取り組む

62ページで紹介した図の「緊急性が低く、重要度も高いこと」をほうっておくと、やがて「緊急性が高く、重要度も高いこと」になってしまいます。そこで、緊急性の低いうちにスケジュールに組み込み、着手していくことが大切です。

緊急性が低く
重要度が高い

ほうっておくと →

緊急性が高く
重要度が高い

6カ月・3カ月・1週間単位で棚卸しする手順

1. **6カ月目標を決める。**
(P.71参照)

→ 6カ月目標

2. **6カ月目標を2つのプロジェクトに分解する。**
(P.72参照)

→ プロジェクト1　プロジェクト2 ＝ 3カ月目標(大タスク)

3. **2つに分けたプロジェクトを、それぞれ1カ月を3つの期間(上旬・中旬・下旬)に分けた中タスクに分解する。**
(P.73参照)

中タスク
プロジェクト1：上旬のタスク　中旬のタスク　下旬のタスク
プロジェクト2：上旬のタスク　中旬のタスク　下旬のタスク

4. **中タスクをそれぞれ1週間単位で行う小タスクに分解し、スケジュールに落とし込む。**
(P.73参照)

小タスク
タスク　タスク　タスク　タスク　タスク　タスク　タスク
↓
1週間のスケジュールに組み込む

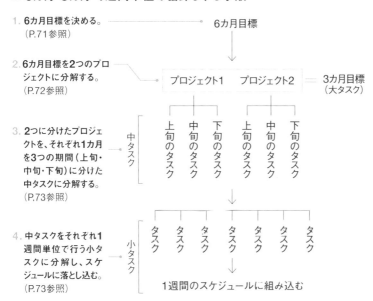

6カ月目標：6カ月後に実現したい目標を立てる

1年後の目標設定は明確に思い描くことが難しかったり、思い描いても目標自体に軌道修正が必要だったりして達成できないことが多いものです。6カ月後であれば、ある程度具体的な目標を立てやすくなります。

6ヵ月後

達成!

ぼんやりとした夢ではなく、現実的な目標を想定しやすいからこそ、達成へのハードルが下がる

目標

6カ月目標の立て方と達成するためのポイント

まずは6カ月後に実現したいことを想像してみましょう。以前から思い描いていたけれど、忙しかったりタイミングが合わなかったりして先延ばしにしている目標を設定してもいいでしょう。

目標の立て方のポイント

① 近い将来、どうありたいかをまずは自由に想像する。
② 6カ月で足りるのかを確認
③ なかなか着手できずにいる目標についても考えてみる。

6カ月目標の例

「売上120%増」

達成するためのポイント

達成が難しそうな場合は、目標をもう少し分解してみよう。

目標
- 目標A　新規顧客を獲得する
- 目標B　従来の営業活動を見直す
- 目標C　商品単価を検討する

「ストレッチ目標」といって、
少しがんばれば手が届く
目標設定が達成のカギだよ

「近い将来どうありたいか」「先延ばしにしてきたことはないか」を基準に目標設定する

3カ月目標：ゴールを見据えたプロジェクト”の構築

6カ月目標を3カ月間で達成を目指すプロジェクトに分解します。分解の方法は、最初の3カ月で行うことと次の3カ月で行うことで分けてもいいし、1つの目標を2つのプロジェクトに分解するのでもOK。

6カ月後 ← **3カ月** ←

達成！

ゴールまでに必要なタスクを想定しやすくスケジュールに組み込みやすい期間

3カ月目標の立て方と達成するためのポイント

3カ月目標は、6カ月目標よりも具体的にしていきます。たとえば売上目標を決めるなど、できるだけ詳細にして設定するのがポイントです。

目標の立て方のポイント

① ざっくりとした6カ月目標を具体的な目標にする。

② 明確な数字や企画の内容など、できるだけ詳細なものを設定する。

③ 1つの目標を2つのプロジェクトに分解するのが難しければ、取り組む期間で分ける。取り組む期間で分ける。

3カ月目標の例

6カ月目標が「新規顧客を獲得する」だとしたら、3カ月目標は、これを達成するために必要な「ターゲットの選定とリサーチ」「プロモーション実施計画を立てる」に分解します。

達成するためのポイント

分解した2つのプロジェクトは、具体的な行動を示すようにする。

目　標

- 最初の3カ月でやること
- 次の3カ月でやること

6カ月目標をより具体的な行動に落とし込んでいく

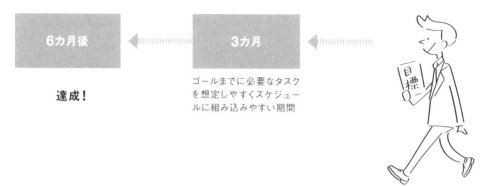

1週間目標：実際にタスクをスケジューリング

3カ月で行うプロジェクトを1カ月を3つに分けた上旬・中旬・下旬（中タスク）に分解し、そこから細かくタスク出しと所要時間の見積もりを行い、1週間単位に落とし込んで、実際のスケジュールに組み込みます。

6カ月後 ← **1週間** ←

達成！

突発的な事態にも対応でき、臨機応変にやるべきことを確実に進めることができる期間

目標

1週間タスクの組み立て方とチェックポイント

1週間タスクを達成するためには、タスクの所要時間を正確に見積もることが欠かせません。バッファ時間（84ページ参照）をもたせながら、ゆとりあるスケジュールを組み立てていきましょう。

タスクの出し方のポイント

① タスクの所要時間の見積もりは正確に。

② バッファ時間を組み込む。

③ P.69の「3カ月ガントチャート」を使う。

1週間タスクの例

「ターゲットの選定とリサーチ」

↓

「上旬：社内で意見交換を行う」

「中旬：想定ターゲットのリサーチ開始」

「下旬：ヒアリング結果をもとに提案書の作成」

↓

【上旬のある1週間】

「月曜：商品企画部・マーケティング部ヒアリング（所要時間：1.5時間）」

「火・水曜：資料作成（所要時間:2時間）」

「金曜：部内会議にて提案（所要時間：1時間）」

達成するためのポイント

上旬・中旬・下旬に分解するときにできるだけタスクを細かく出していくと、1週間のスケジュールに落とし込みやすくなる。

ここまできたら、
あとは実際にタスクに
取り組むのみ！

タスクの所要時間を正確に見積もる

10

今からできるタスク管理

3カ月先の未来のタスクを入れるのがカギ!

1週間の大きなタスクのうち1つは未来のタスクに

1週間のタスクを決めるとき、今すぐやるべきことから順番にスケジュールを押さえていく人がほとんどでしょう。しかし、緊急性の高いタスクばかりこなしていると、常に時間に追われてしまいます。そこで、緊急性が低いけれど重要なタスクが緊急なタスクになる前に、未来のタスクに前倒しで取り組むことが大切です。時間的余裕はあるけれど、1年後や半年後よりも具体的なプランが立てやすい3カ月先の大タスクを「3カ月ガントチャート」を使って中タスクに分解したら、1週間のタスクに細分化します。こうすると、1週間のタスクのうち、最低1つは未来のタスクを行うことになります。

未来のタスクを組み込むメリット

1週間のスケジュールに未来のタスクを組み込み、前倒しで取り組むことには多くのメリットがあります。

未来のタスクを入れない

- 緊急なタスクばかりで常に時間に追われている
- 新しいことに挑戦できない
- 目標達成率が下がる

→

未来のタスクを入れる

- 時間にゆとりが生まれる
- 急な仕事を引き受けるかどうか判断しやすくなる
- 目標達成率が上がる

今週のタスク

- タスク1
- タスク2
- タスク3

3カ月後のタスク

- タスクA
- タスクB
- タスクC

前倒し

未来のタスクは3カ月前倒しで行うから、ゆとりをもってじっくり取り組めそうだね

1週間のタスクを決めてみよう

3カ月先の未来のタスクをどのように1週間のタスクに落とし込んでいくかをチェックしていきましょう。

1. 「3カ月ガントチャート」(P.69)を使って3カ月の目標を書き込み、ひとまずざっくりと10日分ごとの中タスクに棚卸しする

「プロジェクト」には、大タスクを書こう

プロジェクト	月			月			月		
	上旬	中旬	下旬	上旬	中旬	下旬	上旬	中旬	下旬

【大タスクの例】

10月の目標
商品Aの開発スタート

→

10日分ごとの中タスク
10月上旬(10日間) リサーチ&プレゼン資料作成
中旬(10日間) 企画会議&デザイン打ち合わせ
下旬(10日間) プロトタイプ 制作&プロモーション準備

2. 10日分ごとの中タスクを細分化して1週間のウイークリーページに落とし込む

【9月中旬の中タスクを落とし込んだ例】

10月	
11(月)	企画会議
12(火)	デザイン打ち合わせ①
13(水)	デザインラフ作成
14(木)	デザイン打ち合わせ②
15(金)	
16(土) 17(日)	

→ 未来のタスク

未来のタスクに取り組む期間を確保しておくことは、急な仕事の依頼を受けるかどうかの判断材料にもなるね

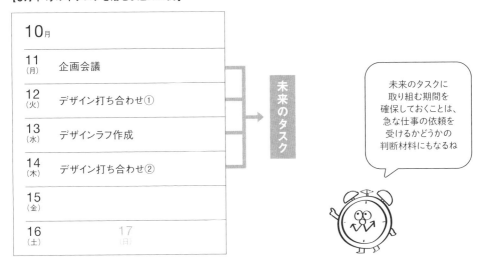

経験の積み重ねが大事

所要時間の見積もりが集中力を生む

見積もり時間を設定したら必ずログをとろう

タスク管理をする上で重要なことの1つに、所要時間の見積もりがあります。時間の見積もりが甘かった場合、その後の予定がどんどん後ろに押してしまい、結果的に時間に追われる状況を作りかねないからです。

ところが、所要時間を正確に見積もる方法は、経験しかないというのも事実。経験を重ねることで、より正確に時間を読めるようになります。

まずは、見積もり時間を設定し、実行するときに必ずログを取りましょう。この「結果時間」を、次に見積もり時間を設定するときに役立てます。これを少なくとも3回は繰り返すと、所要時間を正確に見積もれるようになります。

タスクと一緒に見積もり時間を書き出す

タスク出しの際、見積もり時間を設定していきます。初めての仕事や苦手な業務は、多めに見積もっておくことが大切です。

優先順位	タスク	見積もり時間
①	○○○○○○○○	1時間
②	○○○○○○○○	3時間
③	○○○○○○○○	30分
④	○○○○○○○○	30分
⑤	○○○○○○○○	2時間
⑥	○○○○○○○○	45分
⑦	○○○○○○○○	1時間

POINT

初めてやる仕事には、見積もり時間の3倍のバッファ時間(時間的なゆとり)を組み込んでおく

POINT

まずは設定した見積もり時間内で、クオリティは気にせずに最後までやりきる

時間が足りずクオリティがいまひとつだった場合は、次に見積もり時間を立てるときに、その分も考慮しよう

次に見積もりを設定するときに「結果時間」を役立てる

時間を見積もる経験が磨かれるのが、ここからです。それぞれのタスクの結果時間から、不足した時間をチェックしましょう。思っている以上に、「このくらいいでできるだろう」と時間を甘く見積もっていることに気づくはず。

見積もり時間内に終わらなかった場合

STEP 1 次回見積もり時間を設定する際に、不足した時間分を組み込む

STEP 2 見積もり時間内に終わるよう作業に向かう

STEP 3 作業が終わったら、「結果時間」をチェックする

POINT

2回目・3回目は、タイマーを用意するなど、より見積もり時間を意識してみよう

見積もり時間内に終わらなかったら、
STEP 1～3までを3回繰り返すことで
時間を読めるようになってくるはず！

見積もり時間を設定するメリット

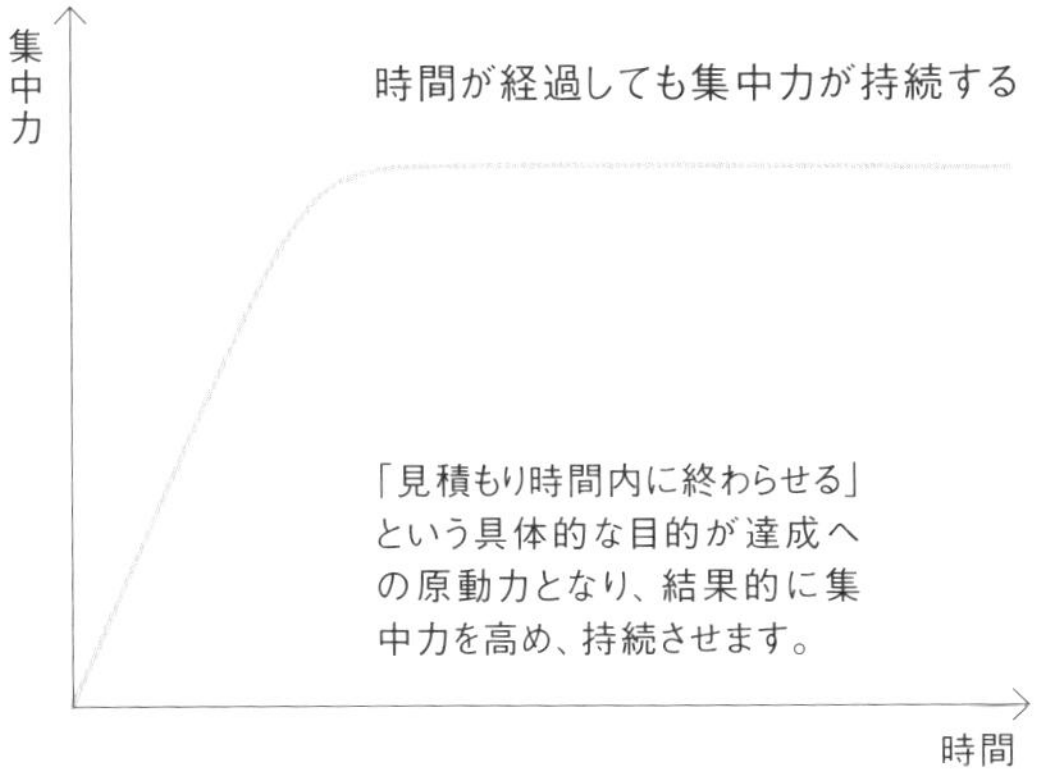
集中力
時間が経過しても集中力が持続する
「見積もり時間内に終わらせる」という具体的な目的が達成への原動力となり、結果的に集中力を高め、持続させます。
時間

見積もり時間内に
終わらせようという思いが
集中力につながるというワケか

見積もり時間を意識して作業することで、高い集中力が続く

12

期限を設定することが大事

ToDoリストより大事なタスク管理

タスク管理で目標達成率も上がる

そもそも「タスク」とはなんでしょう。「ＴｏＤｏ」との違いはあるのでしょうか。

「ＴｏＤｏ」は期限を設定しない、いつかやらねばならない業務であるのに対して、「タスク」には決められた期限があり、それまでにやらねばならない業務を指します。ＴｏＤｏは期限を設けていないため、優先度の高い業務から作業したり、リストの順番に沿って作業したりすることができます。一方タスクは、「何時まで」「何日まで」というように締め切りをスケジュールに組み込むため、必ずそれまでに終わらせようという強い意志が働き、その結果、目標達成率が上がるといえるでしょう。

締め切りがあると効率も行動も加速

締め切りがあることで気が引き締まり、そこに向かってがんばろうという思いも強まります。締め切りがないと、進度は気分に左右されてしまう場合もありそうです。

締め切りがない　　**締め切りがある**

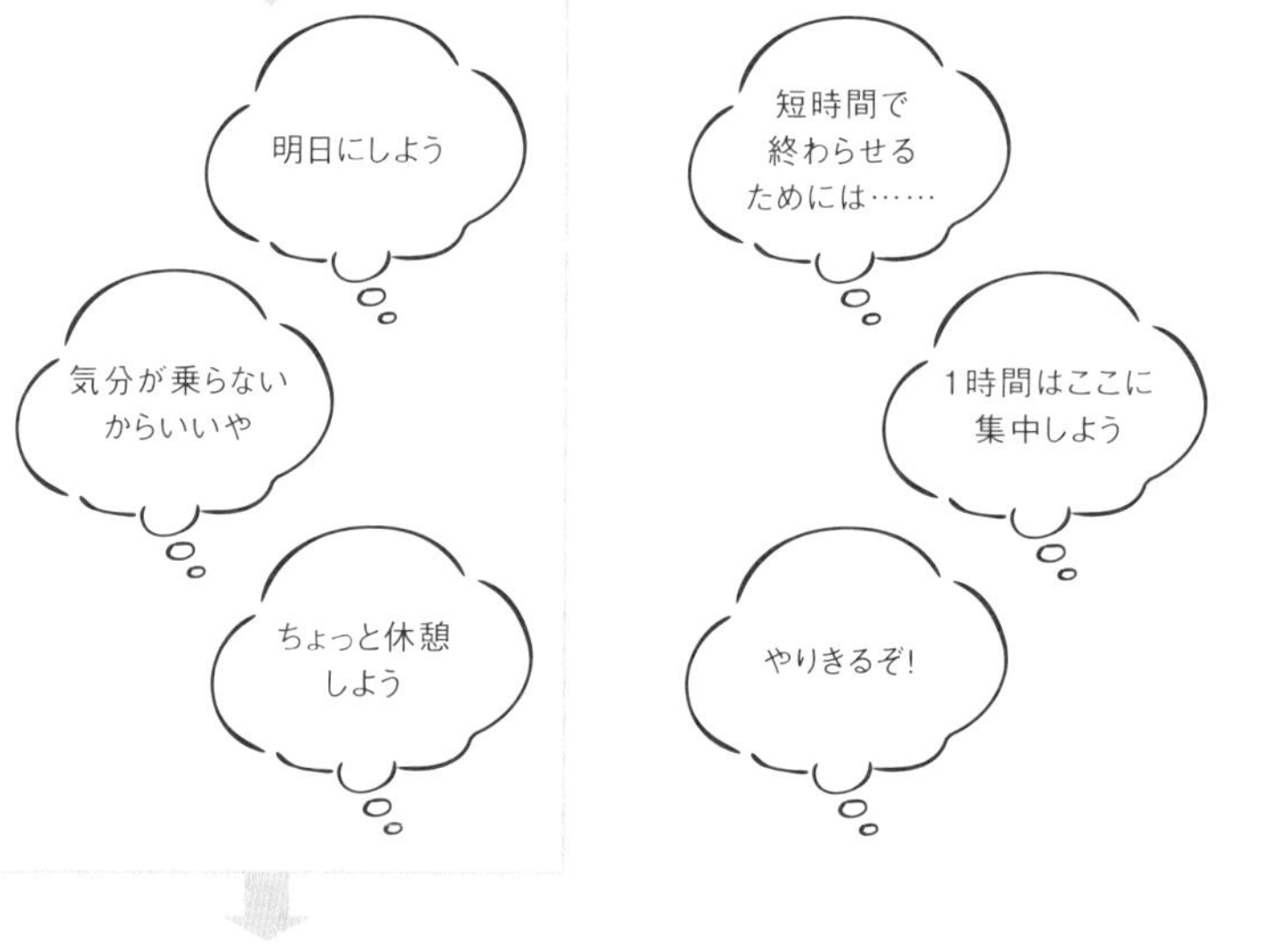
明日にしよう
気分が乗らないからいいや
ちょっと休憩しよう
短時間で終わらせるためには……
1時間はここに集中しよう
やりきるぞ!

締め切りがない
- 後回しにしてしまう
- 集中力が途切れてしまう
- そのうちに緊急性があり、重要度の高いタスクに追われがちになる

締め切りがある
- 締め切りに間に合うように仕事の手順ややり方を工夫する
- 集中力が上がり、効率もアップする
- なんとしても終わらせるという強い意志が生まれる

ToDoリストとタスク管理の違い

ToDoリストがやるべきことを書き出した一覧であるのに対し、タスク管理では、締め切りと実施日の記入欄も設けます。結果時間まで書き込めば、期限だけでなく、作業に要した時間も把握できます。

ToDoリスト

- ☐ オンライン展示会の概要を決める
- ☐ 出品商品を商品課と相談
- ☐ プレスリリースの作成
- ☐ 各社にリリースをメール
- ☐ 展示会の流れを確定／台本作成
- ☐ 当日の役割分担
- ☐ 撮影チームとの打ち合わせ
- ☐ 小道具準備

タスク管理

実施日・結果時間		締め切り
☑ 10/25(1h)	オンライン展示会の概要を決める	10/26
☑ 10/26(2h)	出品商品を商品課と相談	10/26
☑ 10/26(2.5h)	プレスリリースの作成	10/27
☑ 10/28(1.5h)	各社にリリースをメール	10/28
☐	展示会の流れを確定／台本作成	10/29
☐	当日の役割分担	11月上旬
☐	撮影チームとの打ち合わせ	11/5
☐	小道具準備	11月中

締め切りがない

やるべきことだけを書き出している状態がToDoリスト

一目で見ただけでは優先順位がわからないため、何から取りかかるかを改めて組み立てなければならず、時間のロスに。

締め切りがある

期限も、いつやるかも決まっているのがタスク管理

やるべきことと締め切りが明確なので、すぐに作業に取りかかれます。実施日欄があるので、作業の遅れまで把握できます。

ToDoリストとの上手な付き合い方

■ 頭の中を整理するだけならToDoリストがオススメ

「あれもしなきゃ」「これもしなきゃ」と頭の中を支配する複数のやるべきこと。一度ToDoリストにして書き出すことで、頭の中を整理することができます。

■ 中途半端なToDoはためらわずに捨てる

ToDoリストで作業内容を俯瞰して見ることで、やるべきことの取捨選択ができます。緊急性も重要度も低いToDoは、思い切ってリストからはずしてしまいましょう。

状況に合わせて
使いこなそう!

13

効果的な仕事の割り振りは？

1日の仕事を配分してみよう

いつ何をするかで仕事の成果も変わる

多くの場合、始業時間は9時から10時の間です。そこから昼食までの間は、人間の体内時計のメカニズムによると、覚醒度が最大に。集中力が高まるので、午前中に優先順位の最も高い仕事を終わらせるつもりで取り組むことが大切です。苦手なことや気分が乗らない仕事はつい後回しにしがちですが、集中力の高い時間に行うことで生産性が上がり、予想よりも早く片付くでしょう。仕事の配分は、1時間単位ではなく、15分単位で区切るのがベスト。これは、人間の集中力が1時間は続かないためです。15分、30分、45分で仕事を設計することで集中力を高め、効率よく作業しましょう。

1日の労働時間を細分化する

仕事の配分は1時間単位で設定するよりも「15分でメールを返信」「30分で入力作業」「45分で企画書作成」など、15分単位で仕事を配分したほうが、集中力を持続できる上に、より多くのタスクに取り組むことができます。

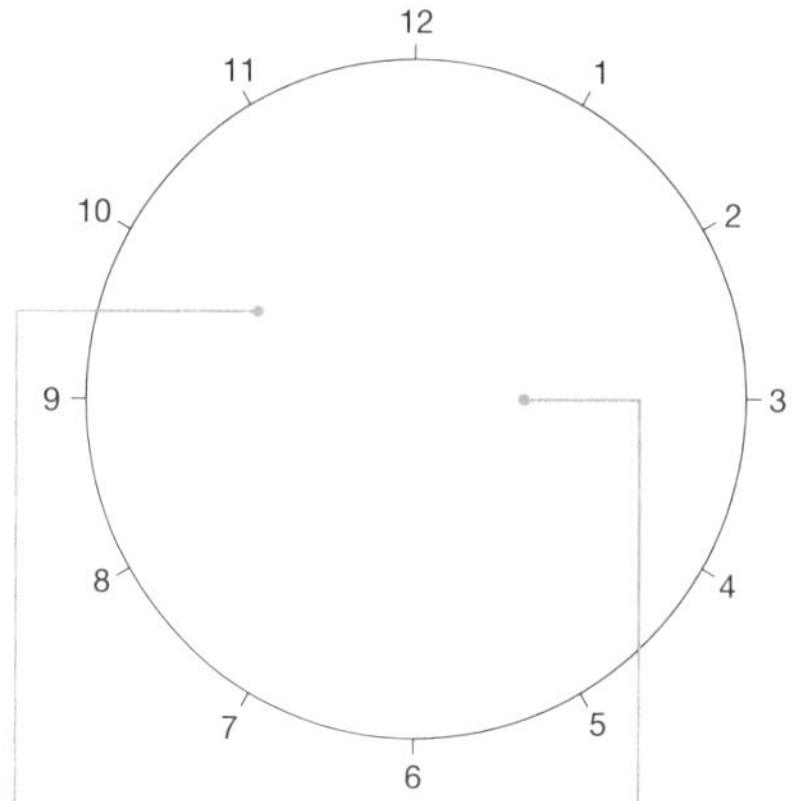
12
1
2
3
4
5
6
7
8
9
10
11

ダラダラと1時間
かけていた仕事を45分で
終えることができれば、
新たな時間を創出できるよ

午前中3時間	午後5時間
9時～12時	13時～18時
1時間×3	1時間×5
↓	↓
15分×2 30分×2 45分×2	15分×4 30分×2 45分×4

1時間で区切ると、午前3つ、午後5つのタスクしか終わらない

15分単位で区切ると、より多くのタスクに取り組める

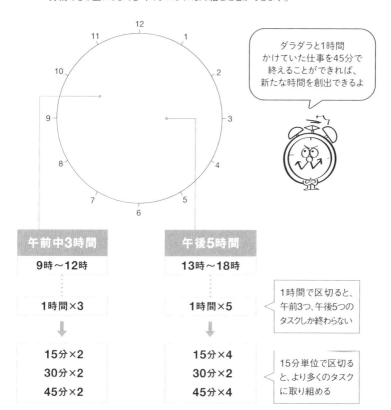

集中力が続く午前中は30分、45分かかる仕事を

午前中は集中力が持続するので、30分、45分といった時間のかかる仕事に取り組みます。そして、30分ごとに5分間の休憩をはさんで短時間の集中状態を繰り返すようにすると、疲れにくく、高い集中力をキープできます。

9:00～ 9:45	企画書作成
9:45～ 9:50	休憩
9:50～10:20	プレゼン資料作成
10:20～10:25	休憩
10:25～10:40	メールチェック
10:40～10:55	経費精算
10:55～11:00	休憩
11:00～11:30	見積書作成
11:30～11:35	休憩
11:35～12:00	次期案件のスケジュールを立てる

集中力が最も高い就業後すぐに時間のかかる仕事を。この時間帯は45分間通しで仕事をしてもOK

30分ごとに5分休憩するのが理想

経費精算のように中断できる仕事は午前と午後で分けるのもオススメ

30分に一度5分間の休憩をとるメリットは、集中力のキープだけではありません。短く時間を区切ることで、「早く作業の続きに取りかかりたい」という気持ちになり、スムーズに仕事を再開できます。

5分休憩でしたいこと

立って歩く

階段を使って別のフロアのトイレに行くなど、意識的に歩くことを心がけます。

軽い
ストレッチ

伸びをしたり、肩を回したりと、デスクでできるストレッチを効果的に取り入れましょう。

水分補給

集中していると、忘れがちな水分補給。5分休憩のたびに飲むようにすれば、適切に摂取できます。

昼食後は難易度の低い仕事を

食事をして胃が活発に動き出すと、副交感神経が優位になります。これが、昼食後の眠気の原因のひとつです。糖質が多いメニューなら、さらに眠気を誘う場合も。昼食後は簡単にできる仕事からスタートするのが賢明です。

POINT

- **頭を使わずにできる**
- **15分程度で終わる**
- **片付けや整理整頓など**

眠くなりがちな昼食後は、左記のような作業から行いましょう。また、軽い運動をする、冷たい飲み物を飲む、手を冷たい水で洗うなど、体を活発に動かす交感神経に働きかける行動をとることで、眠気を解消できます。午前中と同様、30分ごとに5分間の休憩をはさむこともお忘れなく！

適切な休憩で集中力を高める

14

「3：3：4」が理想！ 配分バランスから優先順位を決める

「緊急性」「重要度」だけでなく「3：3：4」の基準を持つ

仕事の優先順位は「緊急性」と「重要度」を軸に決め、緊急性と重要度が最も高い仕事から着手するのが一般的です（62ページ参照）。しかし、「緊急性」と「重要度」だけで優先順位を決めてしまうと、今すぐやらなければならないタスクの対応だけに追われてしまいます。そこで大切になってくるのが、時間配分を意識することです。「3：3：4」＝「今やるべきことの時間：人と関わる時間：未来のための時間」となるように優先順位を決めていくと、着実に目の前のタスクも、そして先延ばしにしがちだった未来の大切なタスクにもバランスよく取り組むことができるようになります。

時間に追われない優先順位のつけ方

優先順位を決めるとき、「緊急性」と「重要度」ももちろん大切ですが、そこに時間バランスをプラスすることがポイントです。

	緊急性が高い	緊急性が低い
重要度が高い	緊急性が高く 重要度も高い ①	緊急性が低く 重要度が高い ②
重要度が低い	緊急性が高く 重要度が低い ③	緊急性が低く 重要度が低い ④

優先順位を
「緊急性」と
「重要度」で
決めることは
大事だけど、
これだけになると
時間に
追われがちに！

理想の時間配分バランス

3 ： 3 ： 4 となるのが理想

3	3	4
今やるべきことの時間	人と関わる時間	未来のための時間
おもに①や③	①〜④までさまざま	おもに②

1カ月単位で「3:3:4」になっていればOKとする

1週間単位で見ると、時間は「3:3:4」にならないときもあるでしょう。その場合、1カ月単位で「3:3:4」の時間バランスになっていればOKです。

	今やるべきことの時間		人と関わる時間		未来のための時間
1週間	4	:	4	:	2
1カ月	3	:	3	:	4

「3:3:4」のバランスが崩れることもある

1週間単位、また1カ月で「3:3:4」にならなくても、長くて3カ月で「3:3:4」になれば、少しずつ時間に追われなくなっていきます。なぜなら、今すぐやらなければならない目先のタスクだけでなく未来のタスクを前倒しで進めていけるからです。

「3:3:4」の中で優先順位をつける

「3:3:4」=「今やるべきことの時間:人と関わる時間:未来のための時間」に、「緊急性」と「重要度」の軸を当てはめて優先順位を考えていきましょう。

今やるべきことの時間

優先順位	内容
1	**①緊急性が高く重要度も高いタスク** 締め切り直前のプレゼン資料の作成
2	**③緊急性は高いが重要度が低いタスク** 報告書の作成や多くの会議
3	**②緊急性は低いが重要度が高いタスク** 適度に息抜きする時間

人と関わる時間

優先順位	内容
1	**①緊急性が高く重要度も高いタスク** 顧客のクレーム対応
2	**②緊急性は低いが重要度が高いタスク** 社内外の深い人間関係作り
3	**③緊急性は高いが重要度が低いタスク** メールや電話、突然の来訪への対応

未来のための時間

優先順位	内容
1	**②緊急性は低いが重要度が高いタスク** スキルアップや長期的な成長のための勉強の時間
2	**①緊急性が高く重要度も高いタスク** プロジェクト実行のためのリサーチや会議のとりまとめ
3	**③緊急性は高いが重要度が低いタスク** 少し先に必ずやらなくてはいけないタスク

3 : 3 : 4

15

バッファ時間が心のゆとりも生む

仕事に多くのメリットを生む

バッファ時間を設けて スケジュールオーバーを防ぐ

英語で「緩衝材」の意味を持つ「バッファ」。ビジネスシーンでは、「余裕をもたせる」という意味で用いられます。「バッファ時間（時間的なゆとり）」を設けることはビジネスに多くのメリットを生みます。たとえば納期にバッファを持たせることで、不測の事態が起きても間に合わせることができます。また、予定通りに仕上がった場合も、バッファがあれば、前倒しで納品した印象を与えます。1週間のうち金曜日をバッファ時間にすれば、その週の遅れた仕事の調整以外にも、新しい仕事のアイデアを練る時間にあてることが可能です。さまざまな形でバッファ時間を設定してみましょう。

バッファ時間には多くのメリットがある

バッファ時間は、締め切り間際にあわてないようにするだけでなく、スケジュール調整、新たなアイデアの創出、心のゆとりを生むことにまで貢献してくれます。

不測の事態が起きても納期に間に合わすことができる

納期にバッファを持たせることで前倒しで納品した印象を与える

遅れたスケジュールを取り戻すことができる

急な仕事に対応できるかどうかの判断がしやすくなる

仕事の完成度が上がったり、新しい発想が生まれたりする

時間に追われなくなり、心にゆとりが生まれる

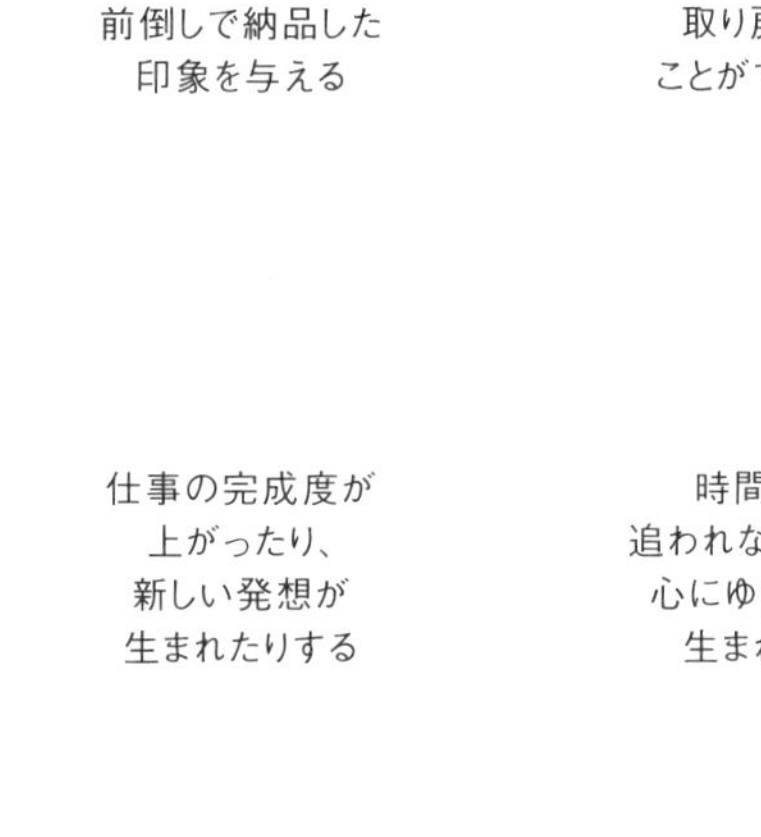
バッファを上手に利用することは、ビジネススキルとも言えるね
TIME IS MONEY

バッファ時間の設定方法

1日に少しずつバッファ時間を組み込むのが合っている人、1週間のうち曜日を決めてバッファ時間を設けるのが合っている人がいます。ワークスタイルや好みによって、どこに組み込むのが適しているのか考えてみましょう。

パターン1　**1日の作業に少しずつバッファ時間を設ける**

START
バッファ時間
タスク1
タスク2
タスク3
タスク4
タスク5
GOAL
見積もり時間

1つの作業にバッファ時間は
見積もり時間の10〜20%が妥当

パターン2　**1日の最後にバッファ時間を設ける**

START
タスク1
タスク2
タスク3
タスク4
タスク5
バッファ時間
GOAL

1〜2時間のバッファ時間を
1日の作業の最後に組み込む

パターン3　**1週間の最後にバッファ時間を設ける**

START
月曜日の
タスク
火曜日の
タスク
水曜日の
タスク
木曜日の
タスク
金曜日
バッファ時間
GOAL

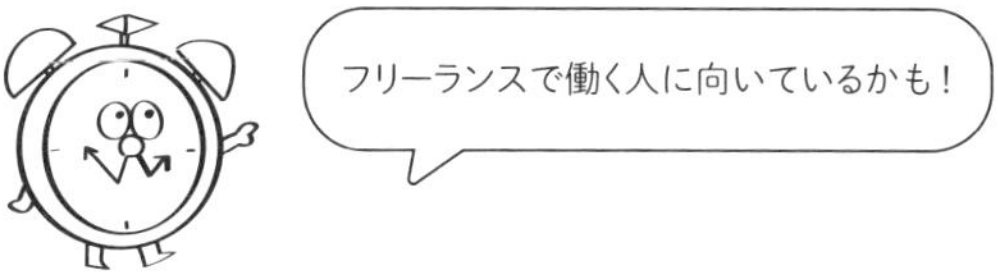
フリーランスで働く人に向いているかも！

16

午前中を効果的に使う
最も重要な仕事は起床後3時間内に

起床後3時間で重要な仕事を終わらせる

1日の中でやる気と集中力が高まる時間帯は朝だといわれています。特に朝目覚めてからの3時間は「脳のゴールデンタイム」と呼ばれ、集中力が最高レベルに達します。脳が活発に働き、パフォーマンスの高いこの時間帯に単調な作業をするのはもったいないこと。重要な仕事や難易度の高い仕事をする時間にあてましょう。発想力もアップするので、企画の立案やライティングなどの作業も適しています。脳のゴールデンタイムの大部分が朝の身支度や通勤時間にとられてしまう場合は、早起きして早朝にスタートを切ります。負荷が大きい仕事を朝のうちに終えて、1日を気分よく過ごしましょう。

朝活で仕事を前倒しにする

朝9時に自宅を出るのであれば、6時に起床することで、1時間を朝食や身支度、2時間を朝活にあてることができます。仕事を前倒しにした分、出社後は時間に追われることなく過ごせます。

脳は目覚めてから2～3時間が
最もパフォーマンスが高い

→ **朝の時間価値**

スピード　2倍
クオリティ 2倍

12
9
6
脳のゴールデンタイム

集中力を要する負荷のかかる仕事が適している → **新サービスの企画** / **ライティング** / **外国語資料を読む**

テレワークやフリーランスの人にもオススメしたい方法だね
脳のゴールデンタイムを通勤やメールチェックにあてるのはもったいないね

夕方4時から夕食までの時間も集中力アップ！

午後になると、脳のパフォーマンスは徐々に低下していきます。ところが午後4時頃から再び脳が働きだし、夕食の間まで活発になります。この時間に集中して作業すれば、明日に仕事を持ち越しません。

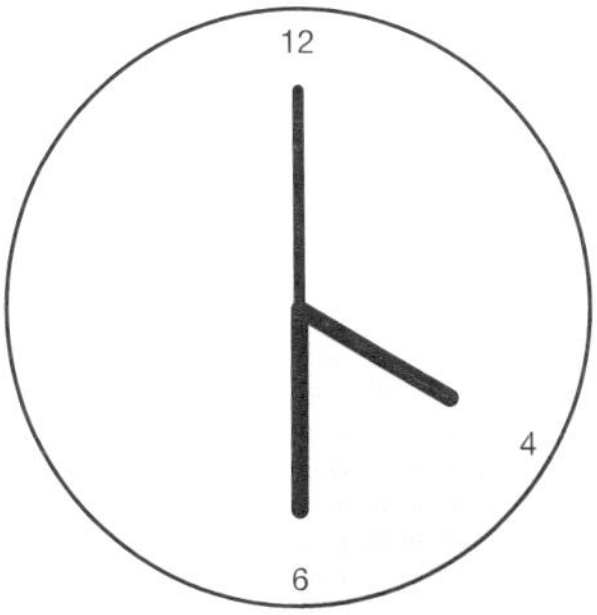

午後4時くらいから脳が働きだし
集中力が上がる

終業1～2時間前の
午後4時～6時くらいの間に
集中タイムを作って、
一気に仕事を終わらせよう！

集中タイムはP.65をチェック！

昼間のパフォーマンスを上げるには質のよい睡眠が必須

眠気が襲ってきたり集中力が途切れやすくなったりする日中も集中力を持続するカギは、前日の睡眠が握っています。質のよい睡眠につながる方法とともに、NG事項もチェックしましょう。

寝る前にしてはいけないこと・するといいこと

NG

- 就寝前の飲酒
- 就寝前1～2時間以内の喫煙
- 就寝前4～5時間以内のカフェイン摂取
- 就寝前1～2時間以内のパソコン・スマホ操作

OK

- 就寝1時間前から照明を暗くする
- リラックスできる音楽を聴く
- 就寝1時間半～2時間ほど前に38～40℃のお風呂に15分ほど浸かる
- ストレッチをする

必要な睡眠時間は人それぞれ。
大切なのは、入眠後に
深い睡眠をとれるかどうかだよ

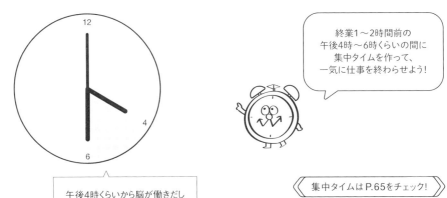

17

朝時間を有効活用する
朝活とは何か

早起きして生産的な活動に取り組む

朝活とは、いつもより早く起きて趣味やスポーツなど自分だけの時間やリフレッシュのために過ごしたり、資格取得の勉強や自己研鑽の時間にあてたりと、生産的な活動に取り組むことをいいます。忙しくてまとまった時間が取れない人でも、早朝の時間帯であれば、自分のための時間をもつことができます。１日１時間の朝活でも、１年間続ければ３６５時間。時短や時間の効率化だけでは、これほどの時間は生み出せません。また、起床後３時間は脳のゴールデンタイムに当たるため、集中して取り組むことができ、生産性も上がります。朝時間を有効活用しない手はないといえるでしょう。

1日1時間の朝活を10年間続けると?

積もり積もれば莫大な時間に。10年間毎日朝活を続ければ、3650時間もの時間を生み出せます。1年間365時間を有効活用するだけでも、人生が大きく変わりそうです。

1日
1時間
→
1年
365時間
→
10年
3650時間

朝活でどんなことするの?

会社員の場合、朝活を勉強や運動、趣味活動の時間にあてる人が多数。フリーランスの場合は、頭を使う仕事や負荷のかかる仕事を早朝に行う人も。

運動

- ランニング
- ウォーキング
- ヨガ
- ストレッチ
- 筋トレ
- ジムに行く

自己研鑽

- 英会話
- 勉強
- セミナーへの参加

ビジネス

- 仕事を前倒しで行う
- 仕事のタスク管理
- 副業

趣味活動

- 読書
- カフェに行く
- 朝日記

その他

- 瞑想
- 掃除
- 手の込んだ朝ごはんを作る
- 夕飯の下ごしらえ

朝活をするために準備すること

「朝活を始めてみよう!」そう思ったら、まずは以下の準備を。朝起きることがラクになります。

朝起きる目的を決める

「オンライン英会話で会話力をアップする」「体力増進のためにランニングする」など、目的を明確にすることで、意欲がアップします。

寝る前の習慣を見直す

スマホを見るのは入眠の1時間前までにしたり寝酒をやめたりするなど、睡眠の質を上げるための習慣にシフトしましょう。

早く寝る

翌朝スッキリと目覚め、活動的に1日をスタートするために欠かせません。日付が変わる前には眠りについているのが理想です。

睡眠時間の確保が第一だね

朝活実践者の声

夜型から朝型へのシフトや朝時間の有効活用でやりたいことに取り組んだり、理想の暮らしを手に入れた人たちの声を集めました。

コロナ禍で朝ランを始め半年で−5kg

会社員・28歳

リモートワークで通勤時間がなくなったため、毎朝6時起きで朝ランを始めた。少しずつ距離を伸ばしていき、半年後には軽々10km走れるように。5kg体重が落ち、体脂肪も減って体が引き締まった。フルマラソンの大会に出場したいという夢もできた。

朝活グループで1年間英会話レッスンを続けた

英語教師・47歳

朝5時より、朝活グループのメンバーでいっせいに思い思いの朝活をするというFacebookグループに参加。1年間毎日、オンライン英会話で世界中の講師からレッスンを受講した。1人では3日坊主になるところを、朝活の場があることでムリなく続けることができた。

仕事の前倒しでゆとりを手に入れた

フリーランス・32歳

繁忙期は深夜まで仕事をする日々を何とかしたくて、朝型にシフト。頭がスッキリとした状態での仕事はとてもはかどり、結果的に1日の仕事を前倒しで行えるように。仕事を早く終えることでできた時間にヨガのレッスンや読書を楽しめるようになった。

朝活で思考の整理の習慣がついた

会社員・35歳

時間に余裕がある育休中に朝活をスタート。子どもがまだ寝ている早朝を自分と向き合う時間にした。朝のクリアな脳で思考の整理の習慣がついたことがすごくよかった。職場復帰してからも朝活を続け、仕事と自分の時間とのメリハリを上手につけながら毎日を過ごせている。

18 やっぱり朝活っていいの？ 朝活でしたいこと

モチベーションUPも生産性の向上も朝活ですべてうまくいく

朝活のメリットを数え出したらキリがありません。まず、朝日を浴びることで脳内の神経伝達物質「セロトニン」が活性化し、体内時計がリセットされます。これにより自律神経が整い、精神の安定につながります。午前中は集中力と思考力が高まる時間帯なので、この時間に重要なタスクに取り組めば、夜の疲れた脳と比べてはるかに高いパフォーマンスを発揮し、1日の仕事を早く終えることが可能です。また、日頃時間に追われる人こそ、朝活で自分のために時間を使えれば、幸福感を取り戻せます。ずっと先延ばしにしていたことにチャレンジすることもできるでしょう。

朝活のメリットはほかにもいろいろ

早朝なら電話もメールも来ないので、集中力が途切れることなく作業に取り組めます。ほかにも生活面や健康面への影響やダイエット効果が期待できます。

- 電話やメール、雑談の誘惑に邪魔されずに作業に集中できる
- 生活リズムが整い、健康面によい影響をもたらす
- 朝運動すると1日を通して基礎代謝の高い状態をキープできる

「寝るのがもったいない」という気持ちは捨てること

夜は夜でやりたいことがあり、就寝時間を普段と変えずに朝活を行いたいという人がいますが、これでは体が悲鳴を上げてしまいます。朝活をするなら早寝は基本です。

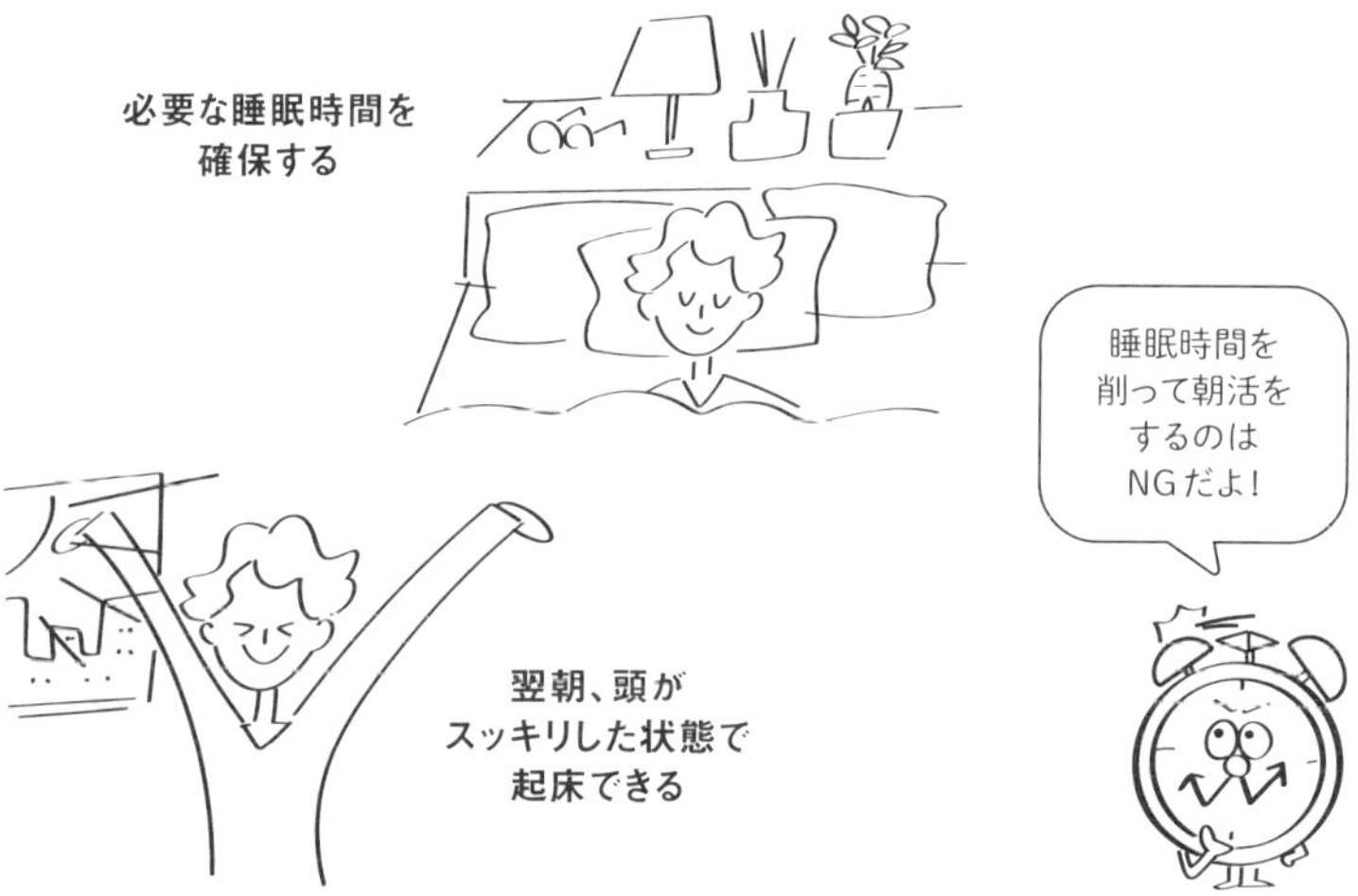
必要な睡眠時間を確保する
睡眠時間を削って朝活をするのはNGだよ！
翌朝、頭がスッキリした状態で起床できる

朝活を続けるコツ

朝活を続ける上で重要なことは、自分にとって最適な睡眠時間を知ることと、起床時間によって、いくつかの朝活プランを決めておくこと。まずは実験的に、自分にとって心地よい着地点を探ってみましょう。

人によって適切な睡眠時間は異なる

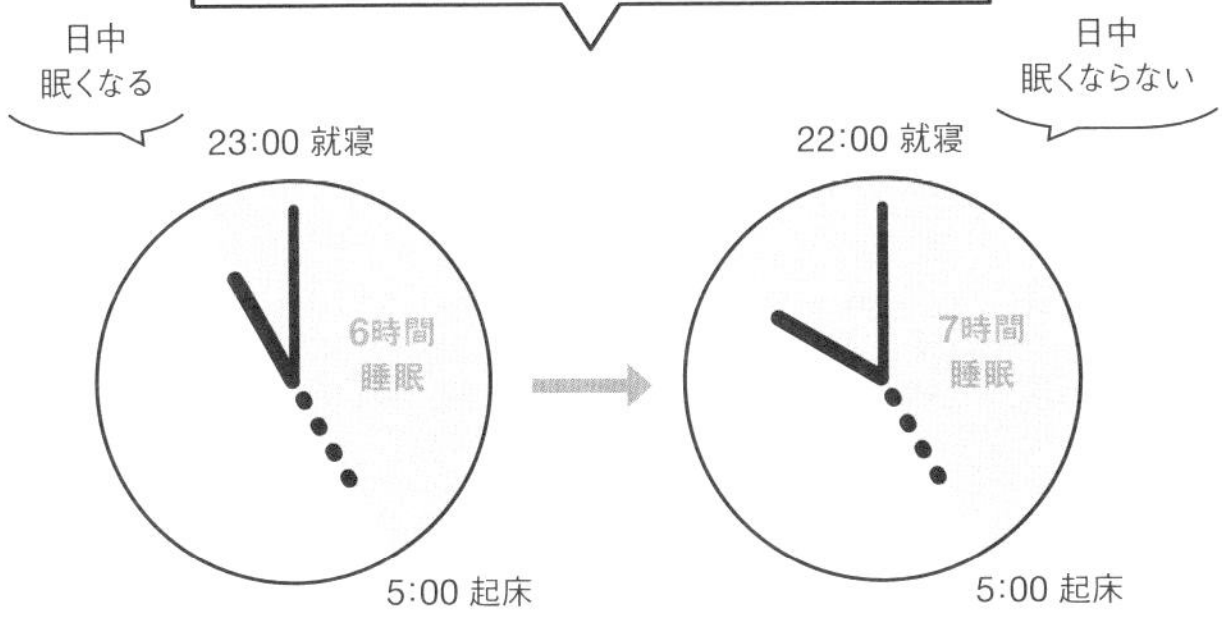
日中
眠くなる
23:00 就寝
6時間
睡眠
5:00 起床
日中
眠くならない
22:00 就寝
7時間
睡眠
5:00 起床

睡眠時間は年齢や体質など、個人差があります。日中眠くなることが多かったり、休日に1〜2時間ほど多く眠ってしまう場合は、睡眠不足のサイン。その場合は、睡眠時間を増やしましょう。

必要な
睡眠時間には
個人差が
あるんだね

POINT

最適な睡眠時間を知る

起きた時間によってすることのプランを決めておく

目標より早い 朝4時に起床

Aプラン

- □ 1時間かけてランニング
- □ 仕事を前倒しで行う
- □ トーストだけの朝食にサラダをプラスする

目標の時間 朝5時に起床

Bプラン

- □ 家で筋トレ
- □ 仕事のタスク管理
- □ 読書する
- □ 植物の手入れをする

目標の時間に起きられなかった 朝6時に起床

Cプラン

- □ コーヒーを淹れる
- □ 週末のおでかけプランを考える
- □ 出勤時、隣の駅まで歩く

起床時間別に3パターンの朝活プランを用意しておきます。することをあらかじめ決めておけば、起きてすぐに作業をスタートできます。また、目標の時間に起きられなかった場合でも、なんらかの活動ができ、達成感につながります。

起床時間によって
プランを決めておけば
あわてずにすむね

起きられない
自分を責める
こともなくなるよ

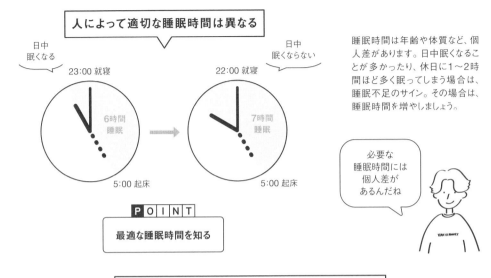

19

やる気の持続がカギ！

締め切りに間に合わせる方法

なぜ人は締め切りギリギリまで腰を上げないのか？

経費精算や企画書の提出日など、だいぶ前から決められていたにもかかわらず、期限に間に合わなかったり、締め切り直前でどうにか間に合ったりという経験はありませんか？締め切りに間に合わなくなる原因の1つに、そもそも作業に取りかかるのが遅いということがあります。すぐに作業に取りかからない理由は、目の前の緊急のタスクに追われていたり、「まだ時間がある」とのんびりしてしまったり、所要時間の見積もりが甘かったりと、さまざまです。いずれにせよ、「必ず期日までに仕上げる」という強い意志を持ち、スタートダッシュのクセをつけることが大切です。

締め切りに間に合わない人の特徴

締め切りに間に合わない人にはどんな特徴があるのでしょうか。自分にも似たところはないか、チェックしてみましょう。

火事場の馬鹿力に頼る人

実際に瞬発力があるので、ラストスパートをかければなんとかなると思いがちです。

人に頼るのが苦手な人

何もかも自分で抱え込んでしまった結果、キャパオーバーに。

面倒なことを先送りにしてしまう人

ラクな仕事から取りかかりがちで、負荷の大きい仕事が後に残ってしまいます。

仕事を大きな山でとらえて分解できない人

タスクを細分化してとらえられないと、どこから手をつけていいのかわかりません。

試験や仕事の締め切りが迫っているのに掃除してしまうのはなぜ？

「セルフ・ハンディキャッピング」といって、たとえ失敗しても自分に言い訳できるような不利な状況をあえて作り出す、逃避の心理が働くからです。今やらなくてもいい作業をやって大事な作業への取りかかりを遅らせれば、締め切りに間に合わないことへの責任逃れができるというわけです。

締め切りに間に合わせるための3STEP

「締め切りは絶対に守るもの」という大前提のもと、以下の3つのステップで、締め切り前に仕上げる人を目指しましょう。

STEP 1 自分の力を過信しない

「徹夜をすれば最後の最後に間に合わせることができるはず」「集中してやれば、なんとか終わるだろう」といった希望的観測は今すぐ手放しましょう。時間管理には、正確な時間の見積もりと、「今できることは今進めておく」という逆算思考が欠かせません。

STEP 2 完璧主義からの脱脚

NG

- 「人に任せるより自分でやったほうが早そう」
- 「人に任せるとクオリティが下がりそう」
- 「調べたら自分でできそう」

なんでも自分で、そして完璧にやろうとする人は締め切りギリギリで苦労します。最初から完璧を求めるのではなく、自分が思い描く理想と現実のギャップを感じても、今のベストをひとまず出し、周囲からフィードバックをもらうことで徐々にブラッシュアップしていく姿勢で仕事に臨みましょう。

STEP 3 タスクを細分化する

仕事を大きな山としてとらえていると、心のハードルができ、取りかかるまでに時間がかかってしまいます。そこで、山を小山にしていく必要があります。タスクを細分化し、1つ1つに取りかかりやすくすることが大切です。また、タスクを細分化すれば、それをやり遂げるたびに達成感を味わうことができ、やる気も持続します。

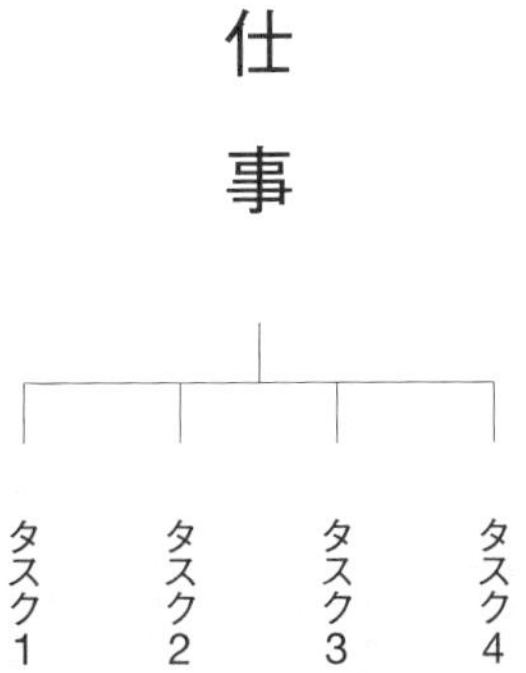
仕事
タスク1
タスク2
タスク3
タスク4

タスクを細分化したら、
実際のスケジュールに
組み込んでいけばOK！
バッファ時間も忘れずに

バッファ時間はP.84をチェック！

小さな目標を立ててやる気を持続させることが大事

20

短時間の集中がカギ！

目指せ、すぐやる人

すぐやる人は短時間の集中で最大の成果を生む

締め切り間際にあわてる人がいる一方で、何ごとも前倒しで行い、余裕をもって進められる人がいます。後者は作業に多くの時間を費やせると思われがちです。しかし、すぐやる人こそ集中して作業することが習慣化されており、うまく休憩をはさみながら疲労を蓄積することなく、短時間の集中で効率的に仕事を進めます。また、すぐやれば、あれこれ悩む時間が生まれません。迷いやいくつもの意思決定は脳を疲れさせ、集中力ややる気を奪うため、余計な思考をもたずにすぐ行動に移せることが重要です。すぐやる人を目指して、時間に追われない人生を手に入れましょう。

すぐやる人はココが違う

すぐやる人の最大の特徴は、その効率的な時間の使い方です。メリハリがあり、ムダがありません。ムダのなさは、意思決定の早さにも現れています。

1 時間の使い方にムダがない

「よし、今やろう」と思った瞬間に動くことで、時間のロスがありません。また、集中力の高い状態で作業をスタートすることができます。

2 意思決定が早い

意思決定が早いということは、集中力を奪う迷いがないということ。高いパフォーマンスをキープしながら仕事に取り組むことができます。

3 先を見据えた行動ができる

「月末はキャンプだから、今のうちにやっておこう」と、未来の楽しみを行動動機にするなど、先を見据えて計画することができます。

大事なのは
迷わないことだよ
すぐ行動に移すことも
ポイントだね

作業時間を短くする効果

短時間だけ集中することには、いいことがいっぱいです。「すぐやる」こととともに習慣化すれば、仕事の効率は確実にアップし、何ごとも前倒しで進めることができるようになります。

- **短時間だから脳が疲れない**
- **疲れていないから高い集中力が続く**
- **短いスパンで休憩をはさむので、早く仕事の続きがしたくなる。つまり、モチベーションをキープできる。**
- **短時間で区切ることで、時間管理がしやすくなる**

→ **短時間で高い効果を得られる**

時間を短く区切ることで
集中力が高まるから、
質の高い成果につながるよ
30分ごとに5分の
休憩を入れるなど、
タイマーを使って
時間を区切っても
よさそうだね
TIME IS MONEY

集中力を奪う「迷い」や「ムダな意思決定」を減らす

あれこれ悩まずスムーズに作業に取りかかれるように、日頃から以下のことを心がけておきましょう。

- 1日の作業の流れ（開始時間、優先順位、終了時間）を始業までにシミュレーションしておく
- デスクに座ったら、何も考えなくても自動的に作業をスタートできる習慣をつけておく

迷いやいくつもの
意思決定が
脳を疲れさせてしまうんだ

すぐやる人は、脳が疲れにくい環境を作れる人だった！

21

午後を乗り切る方法

15分の仮眠で集中力を保つ

眠気を感じる午後2時頃は仮眠で集中力を回復

午後の眠気や疲労への応急処置として効果的なのが、「パワーナップ」という15～30分ほどの短時間睡眠です。社会心理学者のジェームス・マース氏が提唱したこのパワーナップには、集中力や判断力の向上、疲労回復、ストレスの軽減、作業効率アップなど、さまざまな効果があります。15分のパワーナップは、夜の3時間の睡眠に匹敵するともいわれており、実践しない手はありません。オフィスでのパワーナップはデスクで、在宅勤務ならソファに横になるといいでしょう。タイマーで15分セットしたら目を閉じ、休息します。パワーナップが難しい場合は、左ページの方法を実践しましょう。

眠気を感じながら続ける作業は効率が下がる

眠気をガマンしての作業は非効率的です。眠くなったら一度作業を中断し、パワーナップをはさむことで、集中力も作業効率も回復します。

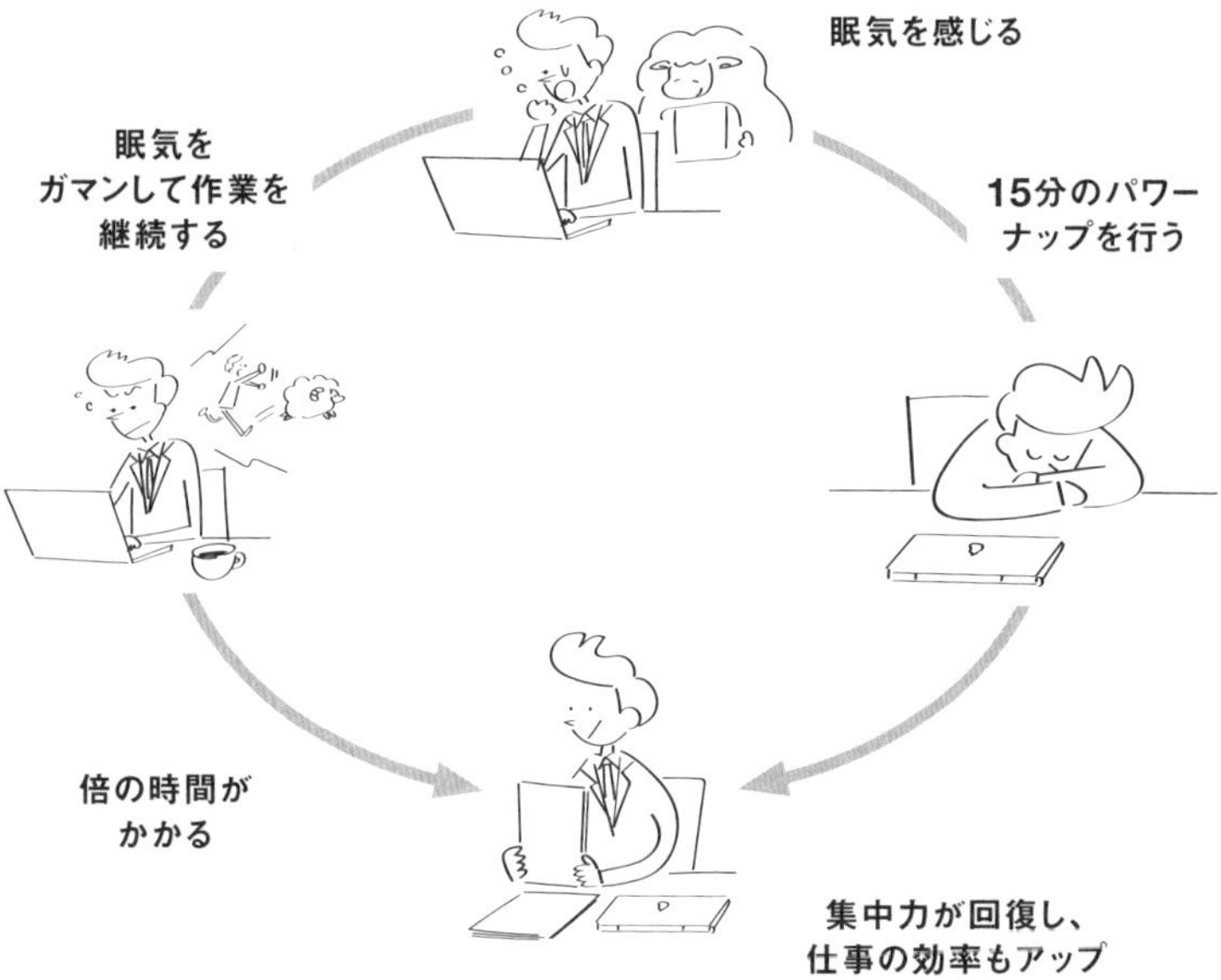

眠気を感じる
15分のパワーナップを行う
集中力が回復し、仕事の効率もアップ
倍の時間がかかる
眠気をガマンして作業を継続する

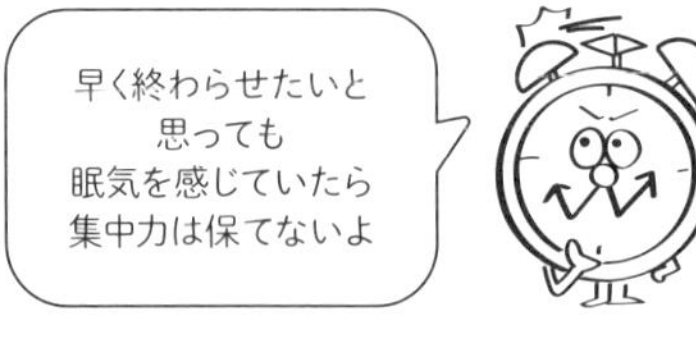

早く終わらせたいと思っても眠気を感じていたら集中力は保てないよ

集中タイムで午後を乗り切る方法

集中力が途切れやすくなる午後は、あえてインターネットや電話、同僚との雑談などを遮断し、ひたすら作業に没頭する時間を作りましょう。スマホを機内モードにする、アプリの通知が来ない設定にする、といったことも忘れずに。

周囲にもお願いする

電話を取り継がない

電話に出るたびに集中力が途切れてしまうのは、もったいないことです。周囲の人にお願いして、「のちほどこちらからおかけします」と伝えてもらいましょう。

声かけしない

集中タイムは声かけも遠慮してもらいましょう。自分のデスクから離れ、声がかかりにくいミーティングブースなどで作業するのも手です。

短いサイクルで集中する

15〜30分間集中

伸びをする

睡魔が襲いやすい午後は、短いサイクルで集中するのがベスト。15〜30分間集中したら3〜5分間ストレッチをするなど、休憩時間に行うルーティンを作っておくのもオススメです。

集中力アップ！ これも効果的

- 外の空気を吸う
- 姿勢を正す
- 深呼吸する
- 目の焦点を合わせる
- コーヒーを飲む
- 机をコンコンとたたく

眠気を防ぐのにも
効果がありそう
TIME IS MONEY

22

仕組み化で予定をマネジメント

1日のスケジュールは前日のうちに立てる

朝に1日のスケジュールを考えるのは非効率的

その日やることは朝に決めるという人は多いかもしれません。しかし、起床後3時間は脳のゴールデンタイム。起きてから1日の予定を考えるのはもったいない時間の使い方です。そこで、朝起きてすぐに始動できるよう、スケジュールとタスクは前日のうちに決めておきましょう。毎日寝る前までに翌日の予定を確認し、次の日を迎えるのがベストです。

前日のうちにスケジュールが決まっていればスタートダッシュできるね

前日のうちにスケジュールを立てないとどうなる?

前日のうちにスケジュールを立てると、立てなかった場合と比べてタスクの完了時間に1時間以上の差が生まれることもあるといわれています。

前日のうちにスケジュールを立てる		前日のうちにスケジュールを立てない
起床	7:00	起床
朝食	7:30	朝食
通勤中に企画書の調べもの	8:00	通勤中にスマホでゲーム
出社後すぐに企画書作成に取りかかる	9:00	出社後すぐに、今日の仕事の段取りを考える
企画書が半分できあがり5分休憩	9:30	インターネットで企画書の調べもの
企画書ができあがる	10:00	企画書作成スタート

起床後3時間の脳のゴールデンタイムを有効に使えているので集中力もアップ

脳のゴールデンタイムにアウトプットができなかった

前日から段取りを決めておけば通勤時間も有効に使えるね

1週間のスケジュールは日曜の夜までに決めておく

1週間のスケジュールと月曜日のタスクは、日曜日の夜までに決めておきましょう。1週間のゴール目標を設定し、そのための流れを確認していきます。火～金曜日の細かなタスクは、それぞれ前日に設定します。

10月3週目 : 企画書を完成させる			
18（月）	↑ リサーチ	22（金）	修正対応（バッファ時間）
19（火）	↓	23（土）	
20（水）	内容精査 ラフ作成	24（日）	
21（木）	作業 → 完成		memo

1週間のスケジュールを立てるときのポイント

- □ 1週間のゴール目標を明確にする
- □ 細かなタスクは不要。1週間の流れがわかるように
- □ バッファ時間は多めに設定

することが決まっていないと集中力も低下する

作業に入る前にあれこれ考える必要があるとそれだけで脳が疲れてしまい、作業をスタートする頃には集中力も下降気味に。

作業に入る直前にスケジュールを考えると……

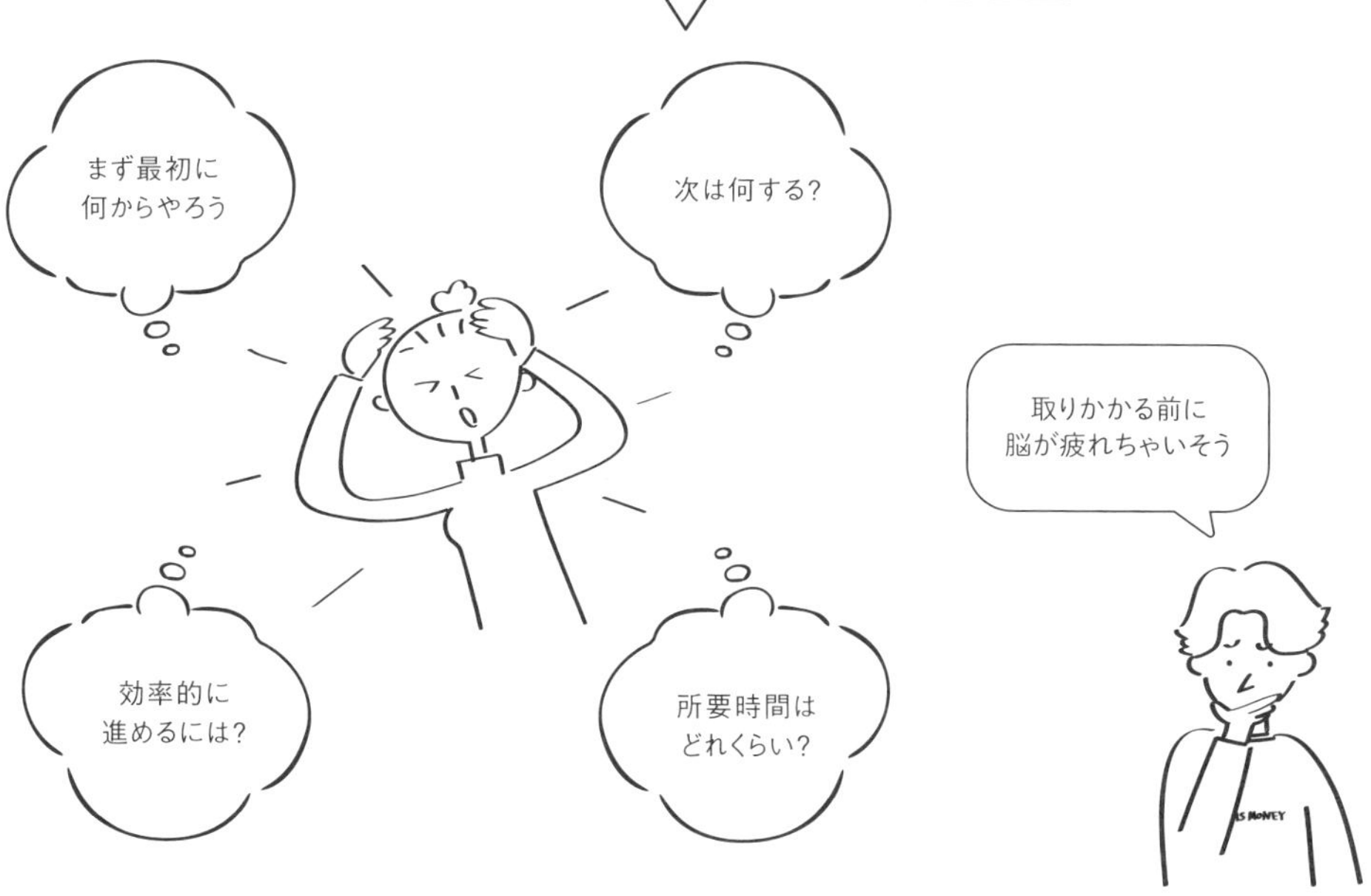
まず最初に何からやろう
次は何する?
効率的に進めるには?
所要時間はどれくらい?
取りかかる前に脳が疲れちゃいそう

23

手放すことで時間を生み出す「捨てる・任せる・ゆるめる」タスク

タスクを手放すために必要な視点

1日は24時間と限られています。その中で現代人の多くが時間に追われ、日々時間の不足を補うために必死です。しかし、時短や効率化だけではわずかなスキマ時間を生む程度で、場合によってはやることを増やし、結果的に時間に追われることになりかねません。時間を生み出すには、今抱えているいくつかのタスクを手放し、自分にとって心地よい時間の使い方にシフトしていくことが大切です。タスクを手放す上で必要なのが、「捨てる・任せる・ゆるめる」の視点。好きではないこと、それほど大事ではないこと、やらなくても問題ないことは、少しずつ手放していきましょう。

キャパシティを超えてしまったら？

やってもやっても終わらない、次々とやることが押し寄せてきてつぶれそう……これは明らかにキャパオーバー。「捨てる・任せる・ゆるめる」の視点をもつ必要があります。

休みなく動いているのに終わらない！

この視点がカギ!

捨てる

報告や連絡ばかりの会議や、チーム内の重複した作業などムダが生じている仕事を洗い出し、整えていきます。

任せる

自分でなくてもできる仕事を後輩や同僚、得意な人に任せ、自分は優先すべきほかの仕事を行います。

ゆるめる

「企画書を書くときはこうでなくてはならない」など、仕事をする上でのマイルールやこだわりを見直します。

ずっと
動いているのに
終わらないなんて
すでに
キャパシティを
超えている
ということだね

どんなタスクを「捨てて」「任せて」「ゆるめれば」いい?

タスクを「捨てる・任せる・ゆるめる」の視点で考える上で、大事な3つのキーワードをチェックしましょう。

好きではないこと

好きではないことでも、仕事として大切なことはいくつもあります。しかし、好きではない上にムダが生じている作業であれば、見直しが必要です。

それほど大事ではないこと

重要性を感じられないのに、これまでの慣習でなんとなく続けていることはありませんか？　時代の流れとともに、内容の変更が必要になっているかもしれません。

やらなくても問題ないこと

多岐にわたるタスクの中には、まったくやる必要がないこと、そこまでやる必要がないことが隠れています。今一度、本当に必要かどうか見極めることが大切です。

「捨てる・任せる・ゆるめる」の例

捨てる

「数打てば当たる」の営業活動をやめた

↓

時間を短縮しながら、限られたお客さまに丁寧なご提案ができた。その結果、お客さまによろこばれた上に、営業成績が上がった

任せる

多くの時間を割いていた苦手な事務作業を外注し、プロにお任せした

↓

事務作業に費やしていた時間を得意な企画立案の時間にまわした。短期間で新たな企画を生み出すことができて、仕事のやりがいを感じた

ゆるめる

完璧な内容の企画書を作るために、時間の制限をかけずに仕上げることを見直した

↓

時間の制限を設けて、ひとまず最後まで書き上げた。集中したことで、いつもより早く、クオリティ的にも問題ない企画書が完成した

タスクを手放すことで、
時間を生み出す以外の
効果も期待できるよ

24 マルチタスクとシングルタスク
シングルタスクで生産性アップ

結局のところ マルチタスクは非効率

　マルチタスクとは、同時に複数の業務を並行して実行することをいいます。マルチタスクで仕事を進められる人は〝デキる人〟という印象を与えますが、実際は、作業を切り替えるたびに集中力が途切れるため、非効率。1つの業務に集中するシングルタスクで作業を進めるほうが望ましいのです。そのため、複数のプロジェクトを動かしていても、実際に作業するときにはシングルタスクを意識しましょう。

　シングルタスクに集中する上で重要なのが、環境を整えること。左ページを参考に、1つのことに集中できる状況を作ることが生産性の向上につながります。

マルチタスクとシングルタスクそれぞれの特徴

マルチタスクは業務を切り替える際に時間のロスが発生します。それと同時に集中力も途切れがちです。一方シングルタスクは切り替えのロスがなく、集中力が続きます。

マルチタスク						
タスク1	切り替え	タスク2	切り替え	タスク3	切り替え	タスク4

↓

切り替え時間のロスが生まれる

シングルタスク
タスク1

↓

切り替え時間のロスがない

そもそも人間の脳はマルチタスクに不向き

人間の脳がマルチタスクには向いていないとする研究結果は多数あり、マルチタスクは生産性を30～40％低下させるという報告がされています。

脳の特徴		
人間の脳は1つの処理にしか集中できない	➡	判断能力が鈍り生産性に影響をおよぼす
脳は未完のものに意識がいく	➡	意識が散漫になり目の前のことに集中できなくなる
タスクを目まぐるしく切り替えると脳はストレスを感じる	➡	ストレスホルモンの増加を招き、脳がダメージを受ける

複数のプロジェクトもいざ行うときはシングルタスクがベスト！

会社などで複数のプロジェクトを動かしている人も、いざ取り組むときにはシングルタスクにして一点集中で行いましょう。結果的に生産性が上がります。シングルタスクに集中するためのポイントは以下の通りです。

シングルタスクに集中するには

タスクを細分化し明確にする

どこから手をつけていいか悩む大きな仕事や手間がかかる仕事は分解し、具体化します。自分がするべきことが明確になり、迷いなく集中して取り組むことができます。

タスクに優先順位をつける

業務を1つずつ確実にこなしていくために優先順位を明確にしましょう。仕事の流れがわかっていれば、迷いやムダな意思決定に時間を取られることなく進められます。

作業時間を決めておく

あらかじめゴールを決めておけば、時間内に終わらせようとやる気も集中力もアップ。ほかのことを考えたりダラダラと作業することなく、目の前のタスクに集中できます。

あとですべきことはメモに残しておく

シングルタスクで進めていても、「あれもしなきゃ！」とほかのタスクが浮かぶことはよくあること。「会議室を予約する」など、メモに残しておき、のちほど実行すればOK！

集中できる環境を作る

せっかくシングルタスクに打ち込んでいても、メールが来るたびに返信をしたらマルチタスクになってしまいます。30分間は外部と遮断する環境を作るなどルールを決めて。

シングルタスクを
こなすための
環境を整えることが
大事だね
TIME IS MONEY

どうしてもマルチタスクで進めなければならない場合のルール

マルチタスクで作業する場合は、脳が疲れにくい方法を意識しましょう。同時進行するタスクの量を少なくしたり、得意な作業にしたりすることが効果的です。また、30分ごとに休憩をはさめば、集中力をキープできます。

ルール1
同時進行するタスクは2つまでに

ルール2
2つのタスクのうちの1つは得意な作業を選ぶ

ルール3
適度に休憩をはさむ

ルール4
朝のルーティンならマルチタスクでもOK！

人間の脳は1つの処理にしか集中できないことを認識する

25

効率化を助ける心地よい習慣

マイルールで作業をスムーズに

いくつかのマイルールをもっておこう

シングルタスクで集中して作業を進めていても、割り込みの業務が入って、計画通りに作業が進まない場合があります。また、作業に煮詰まることもあるでしょう。そんなときに助けとなるのが、マイルールです。割り込みの業務が発生するたびに臨機応変な対応をしていくと、脳が疲れてしまいます。さらに、業務が細切れになることで集中力も途切れてしまいます。作業の効率化に役立つ自分だけのルールをいくつかもっておけば、突発的なことがあっても、ストレスなく、スムーズに対応することが可能です。なお、ルールは頭を使わずにパッと判断できるものがベストです。

ルール作りの3つのコツ

マイルールは、難しいものであってはなりません。頭を使わずに、簡単に習慣化できるものにしましょう。作業が煮詰まったときにリセットするためのルールも大切です。

1

迷わずにできるものにする

脳が疲れる面倒な習慣では逆効果。やろうと思った瞬間に自然と体が動くような、簡単なルールを選びましょう。

2

習慣化しやすいものにする

道具やテクニックのいらない、習慣化しやすいルールに。続けたくなるような心地よい習慣であることも大事。

3

休息のためのルールを入れる

心身ともにリラックスできるような休息につながる習慣をもっておくと、ストレスが溜まりにくく、疲れにくくなります。

ルールの例①:「3分の法則」で仕事を溜めない

割り込みの仕事は、3分以内でできるものならばその場でやってしまうというルールです。すぐに片付けることで、仕事もストレスも溜まりません。

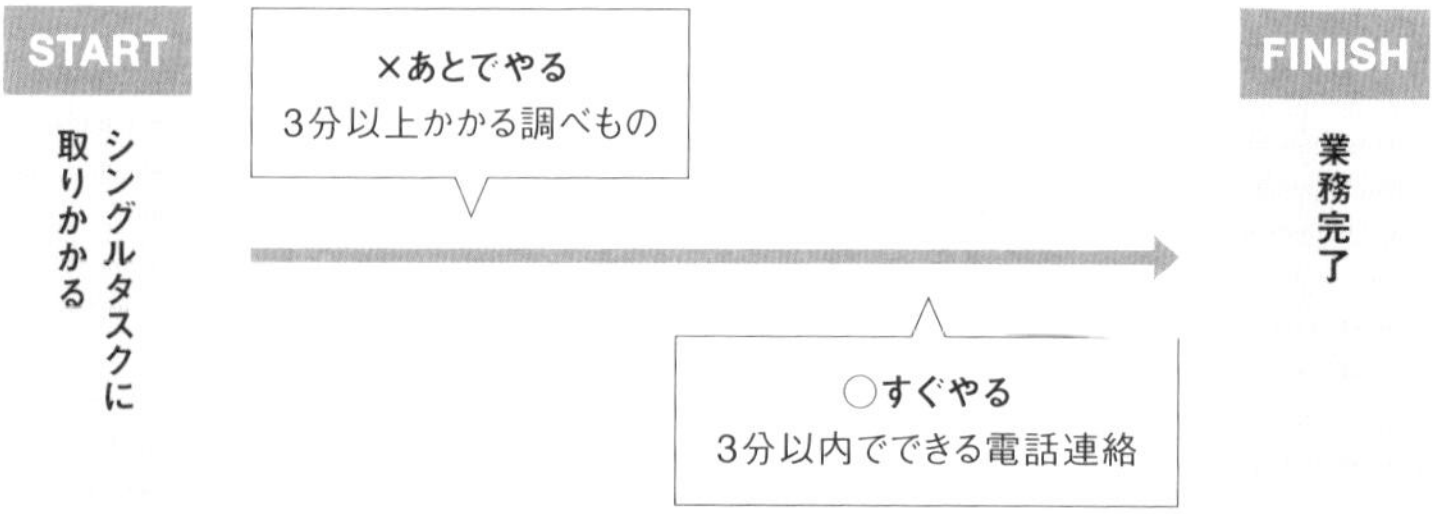
START
シングルタスクに取りかかる
×あとでやる
3分以上かかる調べもの
○すぐやる
3分以内でできる電話連絡
FINISH
業務完了

ルールの例②：メールチェックはまとめて行う

時間に関係なく、1日に複数届くメール。そのつど返信していたら、目の前の業務になかなか集中できません。朝10時、午後1時、午後4時など、メールチェックの時間を決めてその時間内でやりとりするといいでしょう。

1日◯回とルールを決めてもOK

1日10回　→　1日3回

ほかにも

- □ 受信箱は開きっぱなしにしない
- □ 通知をオフにする
- □ 不要なダイレクトメールは配信停止に

即レスしなきゃ！
と思いがち
だけど……
返信するたびに
作業が中断されて
集中力が途切れるのは
もったいない

ルールの例③：30分に一度の深呼吸を習慣にする

作業に煮詰まったときや疲れを感じたときに習慣にしたいのが深呼吸です。深呼吸は心身をリラックスさせる働きがあり、ストレスを軽減します。集中力を向上させる効果もあるので、眠気対策にもオススメです。

POINT

5秒かけて吸って
5秒かけて吐く

ほかにも

- □ 瞑想する
- □ 軽いストレッチをする
- □ イスから立って歩く

やること・やらないことをハッキリ決めておくのが大事！

26

自宅で快適に生産性の高い仕事をするには？

リモートワークと時間管理

リモートワーカーの6割が「時間のメリハリをつけにくい」

コロナ禍でリモートワークを導入する企業が増加しました。リモートワークで重要なことといえば、自分の裁量で時間をコントロールしながら仕事を進めること。しかし、「セイコー時間白書2021」によると、リモートワークする人の63・5％が「時間のメリハリをつけにくい」と回答しており、リモートワークしない人（58・7％）よりも時間管理の難しさを感じているという結果になりました。また、同調査によると、リモートワーカーの4割が仕事の「集中しすぎ」を経験。自宅でもオーバーワークにならないよう、生産性を高めながら快適に仕事ができるよう意識することが大切です。

リモートワークで「集中しすぎてしまう」

リモートワーカーの4割が、自宅だと仕事に集中しすぎてしまう経験をしていました。休憩時間も終業時刻も自分で決められることで、管理が難しくなっているようです。

仕事に集中しすぎて気がついたら日が暮れていた経験

リモートワーク
40.4%
週1日以上
リモートワーク
42.9%

出典：「セイコー時間白書2021」

つい仕事に
集中しすぎたり
抱え込みすぎたりする
人が少なくないね

働く時間をコントロールすることが大切

自宅での作業であっても、始業時刻と終業時刻はもちろんのこと、いつ何をやるかも含め、働く時間を明確にしていくことが重要です。

1日のうちで最も生産性の高い時間に仕事する

普段の通勤時間にタスクを1つ片付ける

夜は仕事をしないと決意する

最も生産性の高い
起床後3時間に
何をするかが
大切だね

生産性を高めることがリモートワークを成功させるカギ

オーバーワークを防ぐためには、同じ時間で仕上げる量を多くしたり、同じ量を短時間で仕上げたりするなど、生産性を上げることがポイントです。生産性を上げて労働時間が減少すれば、生活の質も上がります。

生産性を高めるとどうなる?

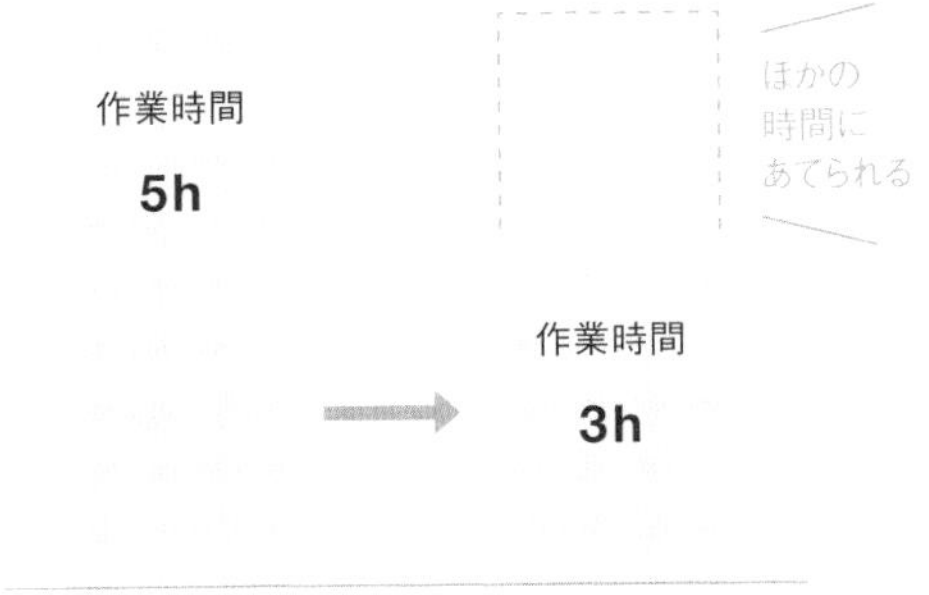
作業時間
5h
ほかの
時間に
あてられる
作業時間
3h

同じ量を仕上げる時間が短くなる

短時間で仕事をするメリット

- 集中力とモチベーションを持続させながら高い成果を出すことができる
- 仕事時間が減った分、浮いた時間を生活時間にあてたり、新たな発想を生み出す時間にあてたりすることができる

短時間で仕事を終わらせるためのコツ

自宅でも集中して短時間で仕事を終わらせるためには、環境を整え、いくつかのルールを決めることが大切です。

コツ1 始業時刻と終業時刻を明確にする

コツ2 集中できる仕事場スペースを設ける

コツ3 集中力を欠くものを近くに置かない

コツ4 適度な休憩をはさむ

リモートワークでやってしまいがちなNG行動

- 好きな時間に起床し、始業時刻も終業時刻もバラバラ
- ついスマホに手を伸ばす
- 昼食のあと、いつまでたっても仕事に戻らない
- 仕事より先に家のことをする

TIME IS MONEY
短時間で仕事を
終わらせると決めれば
スマホに伸びる手を
引っ込められそう

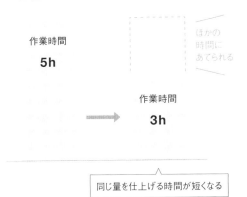

27

人間関係を円滑にし仕事の効率も上がる「時間のマナー」を身につけよう

時間泥棒にならないために心得ておきたいこと

「時は金なり」ということわざの通り、時間が貴重なものであることはいうまでもありません。その大切な時間を相手から奪うことは泥棒と同じ。重大なルール違反です。そこで、時間泥棒とならないためにも、時間の価値を理解しながら、日頃の自分の行動を今一度チェックすることが大切です。

無意識のうちに時間泥棒になっていないかな？

時間泥棒の特徴

時間泥棒は、悪意や自覚はなくても、時間に対する感覚に乏しく、相手への時間の配慮が不足している人といえそうです。

- たびたび約束の時間に遅れる
- 締め切りを平気で破る
- メールの文章がやたらと長い
- すぐに電話をかけてくる
- 長電話でなかなか電話を切らない
- 調べればわかることをなんでも聞いてくる

時間泥棒は自分自身の大切な時間も浪費しているといえるね
自分にもあてはまらないかドキッとするよ

約束の時間ぴったりに到着すべき?

社会人の最低限のマナーとして約束の時間に遅れないことは必須ですが、早すぎるのもNG。それ以外にも、気を配りたいポイントがあります。

訪問時のマナー

NG

- 遅れそうなのに連絡を入れない
- 早く到着したので約束の時間より10分以上前に訪問する

OK

- 約束の10分くらい前には近くに到着しておく
- 約束の5分ほど前に会社の受付を済ませる
- 始業後すぐや、お昼休み後は約束の時間ちょうどか1〜2分遅れるくらいがベター

電車の遅延などトラブルで
遅れることがわかったら
必ずどの程度遅れそうか連絡しよう
訪問先の最寄り駅や近くに
早めに到着しておくと
心の余裕も生まれるね

締め切りに間に合わないときはどうする?

締め切りを厳守するのは鉄則。しかし、万が一遅れてしまいそうな場合には、一刻も早く連絡を取って謝罪しましょう。誠意ある対応をし、締め切りに間に合うよう取り組んでいくことが重要です。

締め切りを過ぎそうだとわかる

↓

- 間に合わない理由、間に合わせる方法、期間延長の日数について考える

謝罪の連絡を入れる

↓

- スケジュールを再調整する
- 人員を配置し直す

締め切りに間に合うよう仕事に取り組む

締め切りに間に合わないときのNG行動

- 締め切り間際に連絡する
- 言い訳をする
- 間に合わせる方法を提案しない

間に合わないかも……
と感じた時点で
連絡しよう

相手の時間を奪わないビジネスメールの書き方

リモートワークの影響でメール連絡が増え、メール処理だけでも多くの時間を要します。相手が読むための時間を割いてくれるということを意識しながら、端的でわかりやすく失礼のないメールを心がけましょう。

宛先：株式会社ミライ書店　営業部　伊藤あさひ様

CC：

BCC：

件名：【きぼう出版】ご面談の御礼

差出人：中村翔太（きぼう出版 販売部）

株式会社ミライ書店　営業部　伊藤あさひ様

本日新刊のご案内をさせていただきました
株式会社きぼう出版の中村でございます。

ご多忙の折、
貴重なお時間をいただきありがとうございました。

提案いたしました書籍のご注文について
ご検討いただければ幸いです。

ご不明な点等ございましたら
お気軽にご相談いただきたく存じます。

引き続き、どうぞよろしくお願いいたします。

具体性のある件名に。社名を入れることでほかのメールとの区別がつく

所属と氏名を明記して、どこの誰かわかりやすく

パソコンで開く場合は1行につき20〜30字程度で改行すると読みやすい。スマホで読む場合は文の途中で改行しない

文章が長すぎない

わかりやすく、いかに
相手の時間を奪わないか
配慮することが大事だよ

OK

- 1通1案件に
- 具体的でわかりやすい
- 同じテーマでやりとりしている間は件名は変えない

ムダな電話を減らす

頻度や目的が適切でない電話は相手の時間を奪うムダな電話といえます。かける前に、もう一度電話でいいのか、電話以外の方法はないのかを自問することが大切です。

■ ムダな電話の特徴

電話がかかって
くるたびに
作業が中断されるので
集中力も
途切れてしまうよ

- **緊急性のない電話**

メールやチャットでも済む内容であれば、緊急性は低いといえます。「とりあえず電話」の意識を変えましょう。

- **要点にまとまりがない電話**

話の要点がまとまっていないと話題がコロコロ変わり、電話が長くなりがちに。用件は簡潔に伝えるのが重要です。

- **要件が済んだあとも延々と続く電話**

雑談も大事なコミュニケーションの1つですが、用件よりも長くなってしまってはNG。スマートな雑談を心がけて。

ムダな電話は
時間だけでなく
集中力も奪うんだね

時間泥棒にはどう対応する?

もしも自分の周囲に時間泥棒の同僚いたらどうしますか? むやみにけむたがるのではなく、相手の気持ちも汲みながら大人の対応をしていくのがベターです。

■ すぐ聞いてくる

○○がわからないから教えてくれない? → **今急ぎの案件があるから自分で一度調べてもらっていいかな?**

■ 電話が長引く

別件なんだけどさ〜全然関係ないんだけど……(延々と続く) → **ごめんなさい。今ちょっと手が離せなくて。また聞かせて!**

相手は
コミュニケーションを
とりたいのかもしれないね
突き放すのではなく、
たとえば5分とか時間を決めて
その場から離れるのがよさそう

28

仕事の質にも影響する 最高の手帳術をマスターしよう

手帳の役割は スケジュール管理だけじゃない

手帳は時間を把握するための重要なツールですが、その役割は時間管理だけではありません。手帳はあなたにとってビジネスパートナー兼ディレクターであり、心に寄り添いながら何をすべきか道筋を立て、未来を形作るための一番の味方です。スケジュールを書くことにとどまらず、目標や計画を立てたり、実行後は改善策を練ったりと、思考や行動の整理にも役立ちます。

手帳は「やりたいことを実現したい」「時間をうまく使えるようになりたい」など、目的に一致したものを選ぶことが大事です。まずは自分がどうありたいかを明確にすることが、手帳を選ぶ基準になります。

仕事の質が上がる手帳の使い方

「目標」「目的」「計画」「経過チェック」「振り返り」という項目を意識して手帳に書き、それに沿って仕事をすると、仕事そのもののクオリティが上がります。

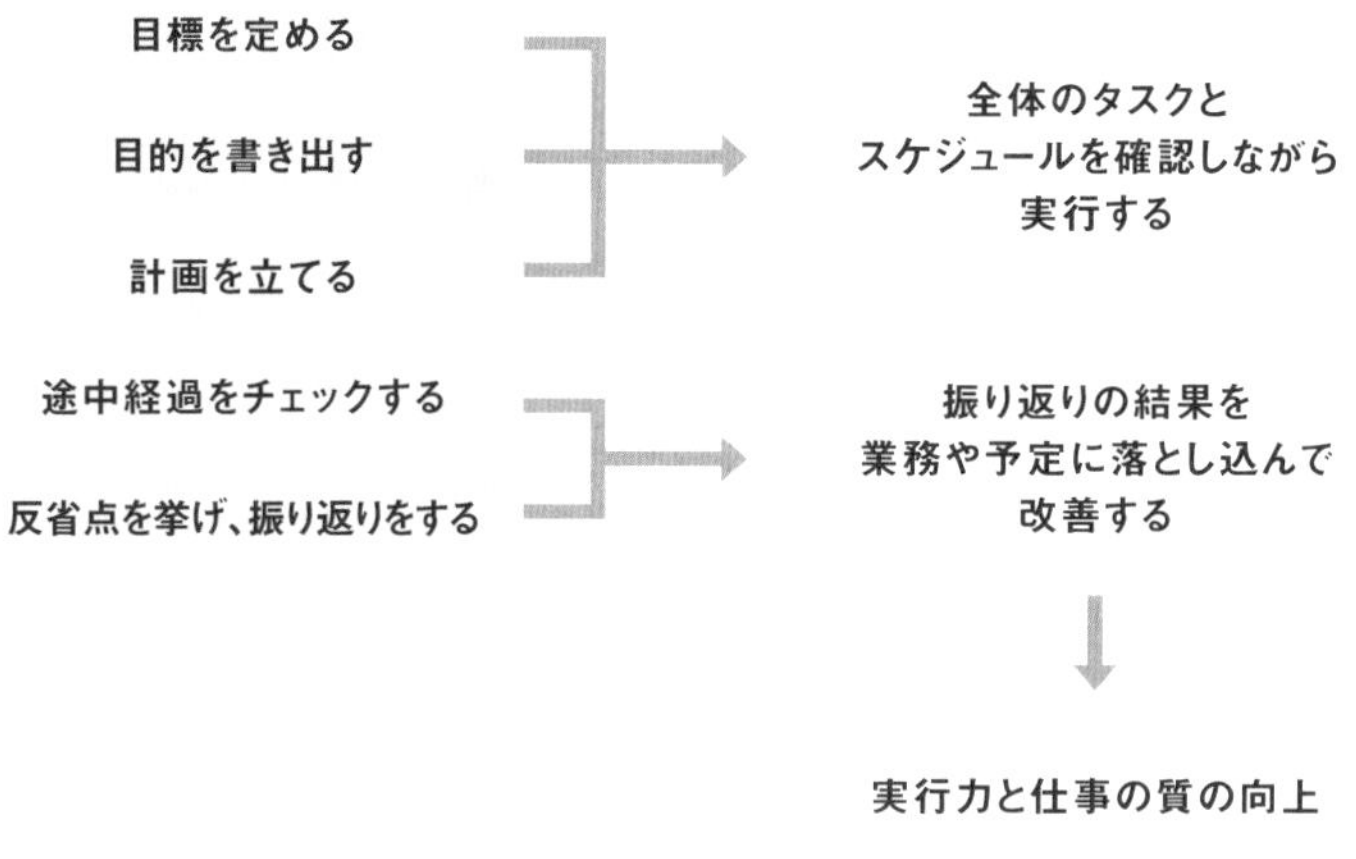
目標を定める
目的を書き出す
計画を立てる
全体のタスクと
スケジュールを確認しながら
実行する
途中経過をチェックする
反省点を挙げ、振り返りをする
振り返りの結果を
業務や予定に落とし込んで
改善する
実行力と仕事の質の向上

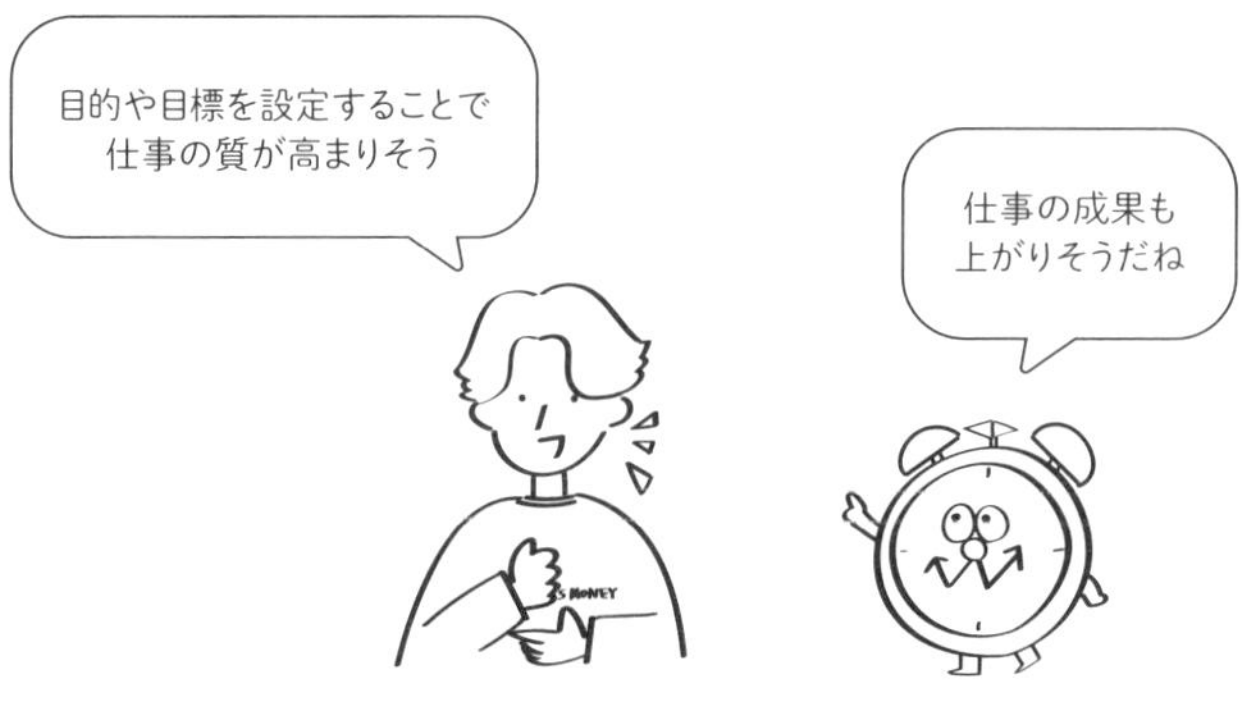
目的や目標を設定することで
仕事の質が高まりそう
仕事の成果も
上がりそうだね

夢も書き続けることで、実現に近づく

夢や目標があっても目先の忙しさに追われていると、なかなか実現できません。期限を設定し、具体的にどう動くかも含めて手帳に書くと、夢や目標が「予定」に変わります。

10月	
18(月)	デザイナー打ち合わせ 企画書をまとめる
19(火)	
20(水)	↑
21(木)	展示会
22(金)	↓
23(土)	24(日)

新商品のイベント案

- 来年2月にイベント開催
- デザイナーの意図や思いを聞く
- 展示で使用例を見せる
- ゲスト

↓

来週中に商品部も交えて
1回目のMTG!

新商品をヒットさせたい
新商品のイベントを成功させい

手帳を続けるためのコツ

手帳の有効活用は仕事の質を上げ、目標の実現を早めることがわかったけれど、「書く時間がない」「続ける自信がない」という懸念も。以下の方法で手帳ライフを習慣化しましょう。

1 手帳タイムを作る

「金曜の仕事終了後に」「日曜の夜に」などと、手帳と向き合う時間を生活の中に組み込みましょう。この時間は中長期的な目標の設定、週のタスクや進捗状況の確認・振り返りを行います。

2 終わったタスクや実現した計画にチェックを入れる

タスクを実行するたびにチェックを入れれば達成感を味わえるので、手帳を書くのが楽しくなります。また、実現したこともチェックすることにより、手帳を書く効果を実感できるでしょう。

3 書く内容をしぼる

書くことが多いと、それだけで疲れて書くのが面倒になりかねません。プライベートの予定は家族とスケジュール共有できるカレンダーアプリを使うなど、手帳に書くことを精査し、ルールを決めておきましょう。

スケジュール管理以外の使い方にチャレンジしよう

これからの手帳の選び方

コロナ禍で、働き方だけでなく時間のとらえ方の多様化も進みました。時短や効率化ではなく、「時間を価値あることに使いたい」「人生を豊かにする時間を送りたい」と考える人が増え、手帳に求めることも変わってきました。

従来の手帳

- スケジュール管理やタスク管理をするための手帳
- 時短・効率化で時間を生み出し、整理していくための手帳
- ワクワクすることを書き出し、自分の素直な気持ちを自覚するための手帳

これまでは、時間管理のための手帳と
自分と向き合うための手帳の
二極化が進んでいたよ

これからの手帳

- 思考をクリアにしたり、自分のもつ役割を整理するための手帳
- 夢や目標を実現するための時間の使い方を明らかにできる手帳
- 未来へのイメージングと行動促進を兼ね備えた手帳

単に時間管理をする
ものではないよ

未来を切り開いていく
ツールという感じだね

目的別にフォーマットを選ぶ

手帳にはさまざまなフォーマットがあります。手帳を使う目的と用途によって、自分に合うものを選びましょう。

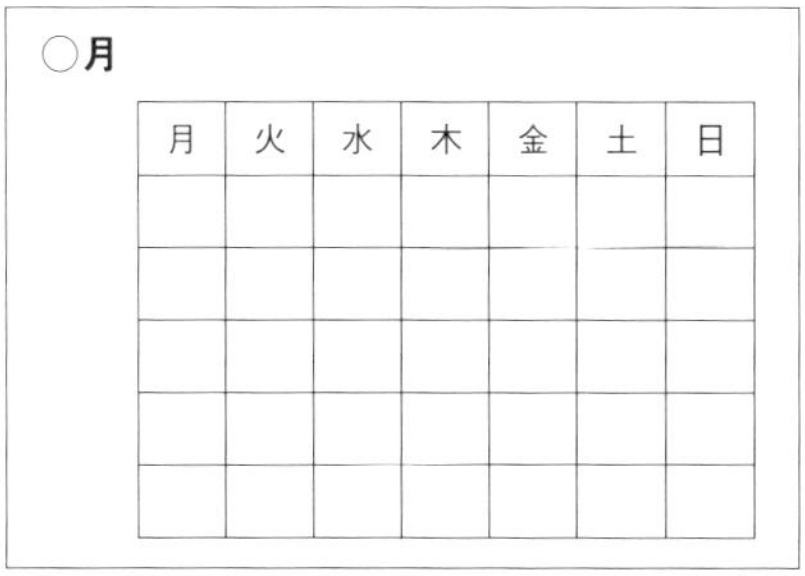
○月
月
火
水
木
金
土
日

● 月間ブロックタイプ

月ごとに予定が決まる人や持ち運んで使いたい、1カ月のスケジュール全体を把握したい人向き

特徴

見開き1ページで1カ月が見渡せる、カレンダーと同じ形式の1日1マスの形式。1日あたりの記入スペースは小さい

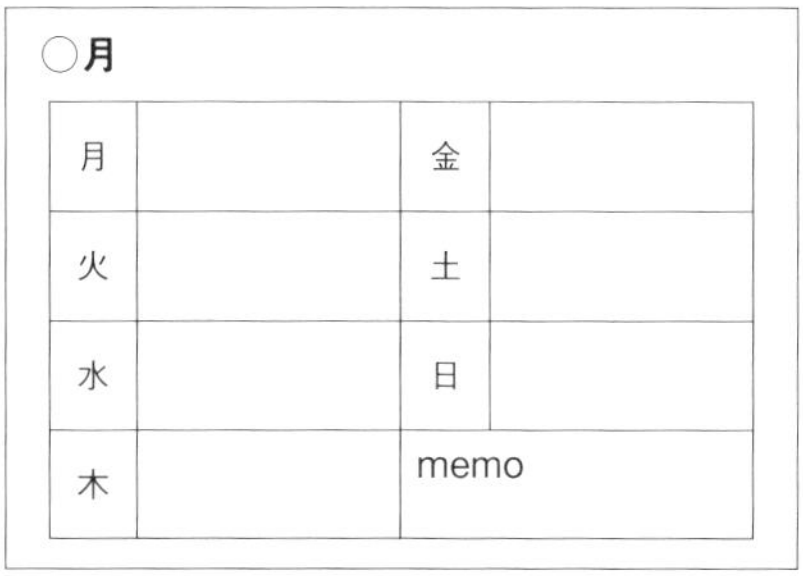
○月
月
火
水
木
金
土
日
memo

● 週間ブロックタイプ

曜日ごとに予定の決まる人や1日のToDo管理、その日の出来事などたくさん書き込みたい人向き

特徴

見開き1ページに1週間が見渡せる。自由度が高く、記入欄が多いのが特徴

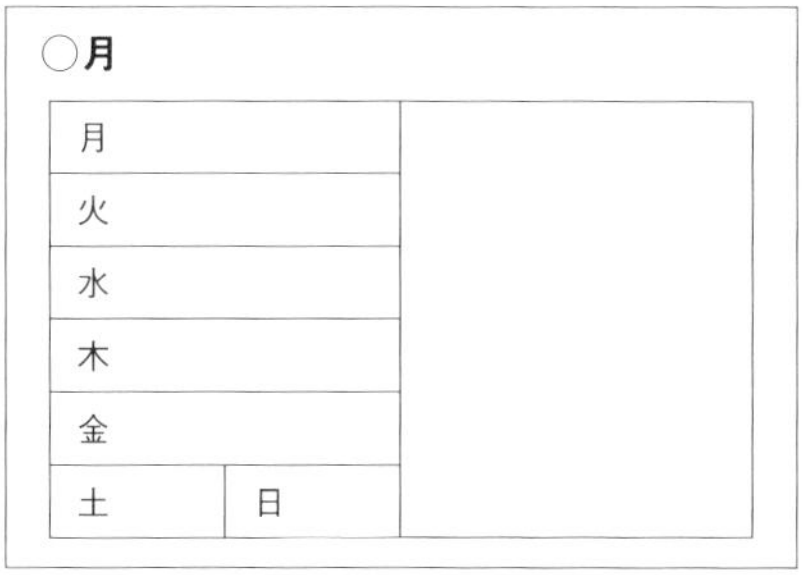
○月
月
火
水
木
金
土
日

● 週間レフトタイプ

曜日ごとに予定が決まる人や予定とメモを一括管理したい人向き

特徴

「レフトタイプ」の名の通り、左ページに1週間の予定を書き込める。右ページはフリースペースで、メモを書き込める

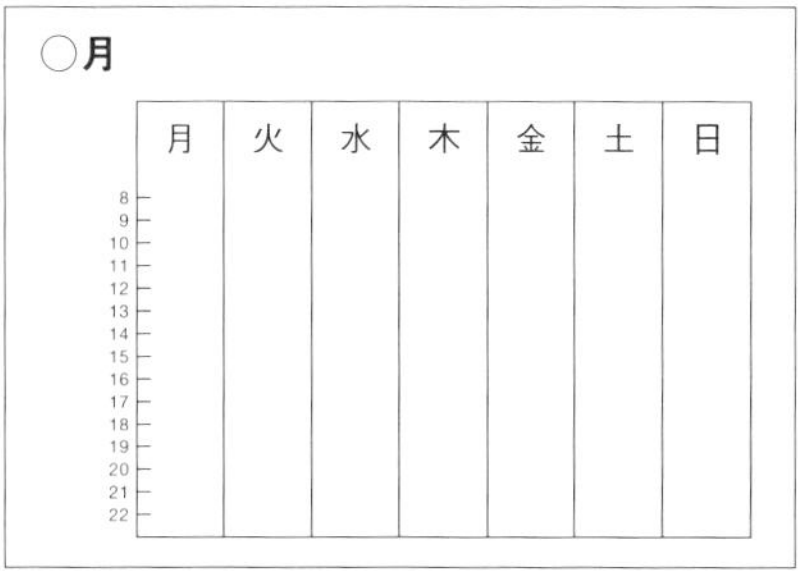
○月
月
火
水
木
金
土
日
8
9
10
11
12
13
14
15
16
17
18
19
20
21
22

● バーチカルタイプ

1日にいくつも打ち合わせや締め切りがある人や時間管理を徹底的に行いたい人向き

特徴

横軸が1週間、縦軸が時間軸になっている。時間軸は30分ごとの細かいもの、24時間軸のものなど手帳によりさまざま

手帳で“タイムコーディネート”する

本書の監修者の1人、吉武麻子さん考案の「タイムコーディネート手帳」を紹介します。みなさんも自分の手帳で取り入れられることがあれば、ぜひ実践してください。

マンスリー&ウイークリーページ

マンスリーは見開きで2カ月分を見渡せるものが便利。また、時間効率を上げるなら、縦に時間軸をとったバーチカルタイプのウイークリーがオススメです。

・2カ月を見通せる見開きマンスリー

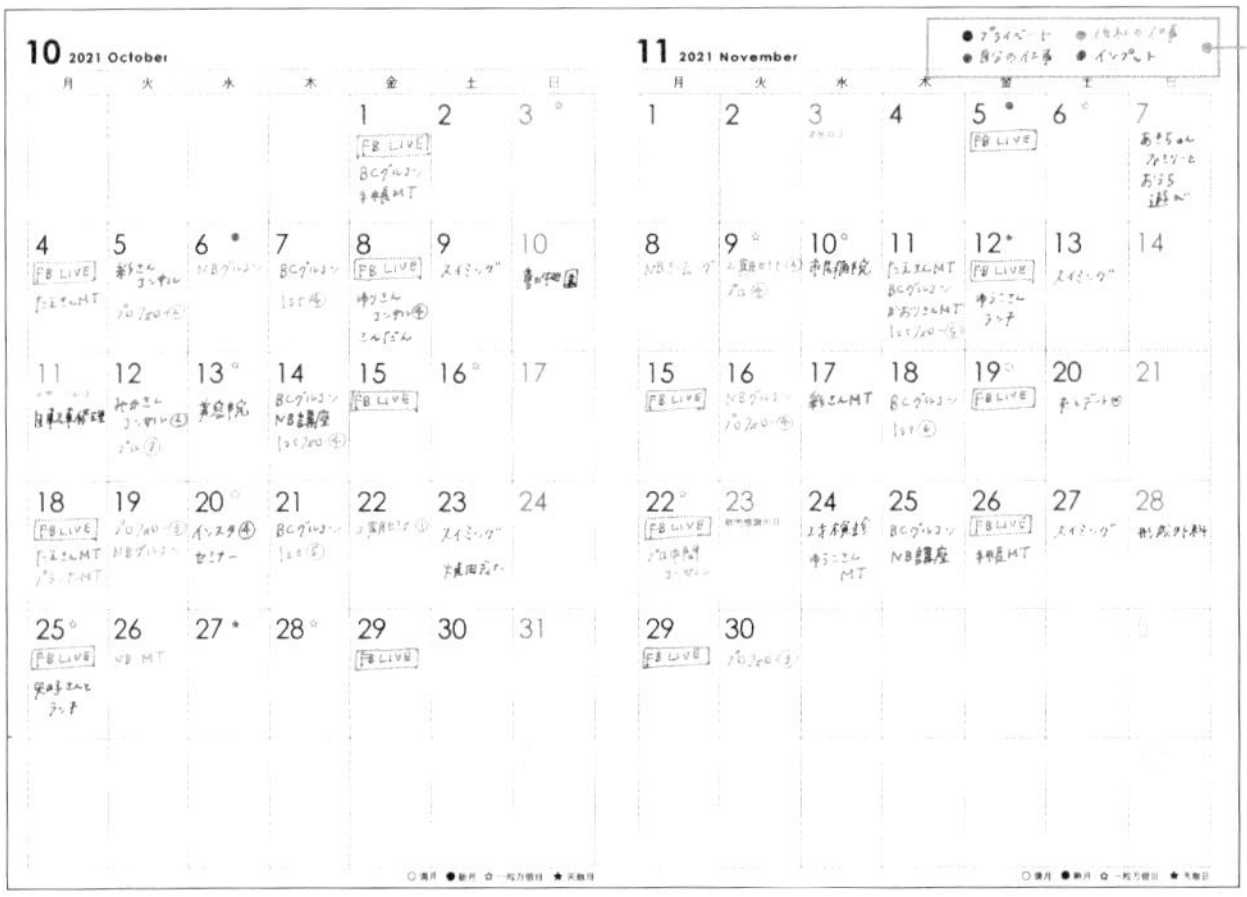

10 2021 October
11 2021 November

「吉武麻子 タイムコーディネート手帳」マンスリー

マンスリーは2カ月分の予定を把握するためのページです。ここには細かな時間は書かずに、全体を把握するための大まかな予定だけを書くようにしましょう。

月間目標を書けるスペース
見開き2カ月になっているので、長期的視点で見通してスケジュールを立てられる。時間管理はウイークリーページに任せて、マンスリーでは全体像をしっかりとらえる

・24時間を把握するバーチカルタイプのウイークリー

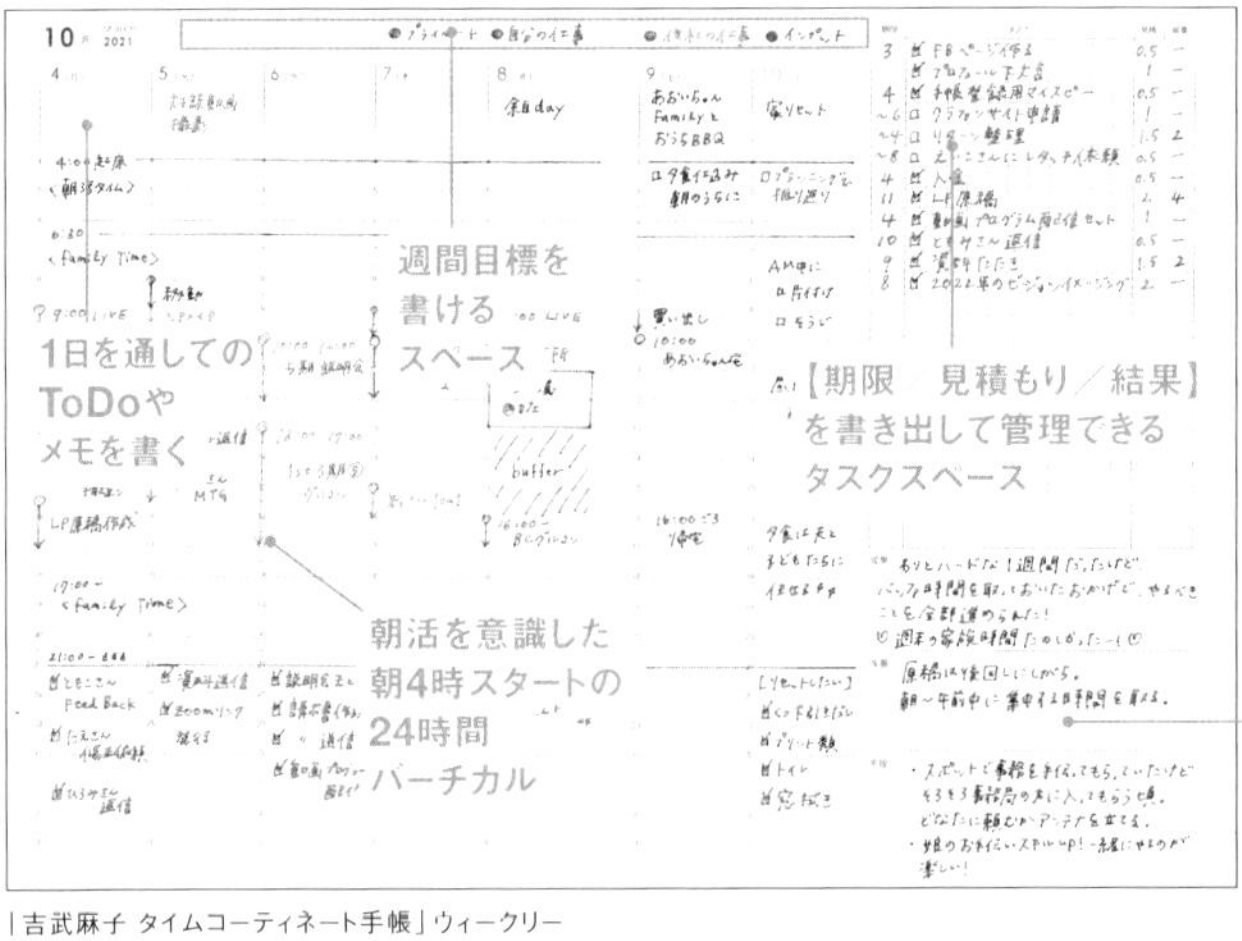

週間目標を書けるスペース
1日を通してのToDoやメモを書く
【期限／見積もり／結果】を書き出して管理できるタスクスペース
朝活を意識した朝4時スタートの24時間バーチカル

「吉武麻子 タイムコーディネート手帳」ウィークリー

24時間バーチカルの時間軸で1日を把握します。【成果／改善／手放し】で1週間の振り返りをして、次の週につなげます。時間管理だけでなく、目標の実現にも役立ちます。

【成果／改善／手放し】で1週間を振り返るスペース

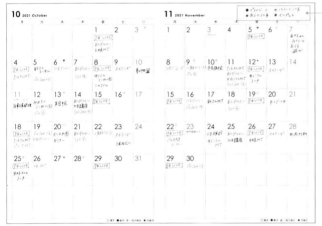

自分にとって心地よい時間の使い方を知るためのページ

吉武さんの「タイムコーディネート手帳」には、ほかにも理想の未来に近づくためのページや行動を後押しするためのページがあります。自分らしい生き方や働き方を実現するための書き込みで、手帳タイムがより楽しくなります。

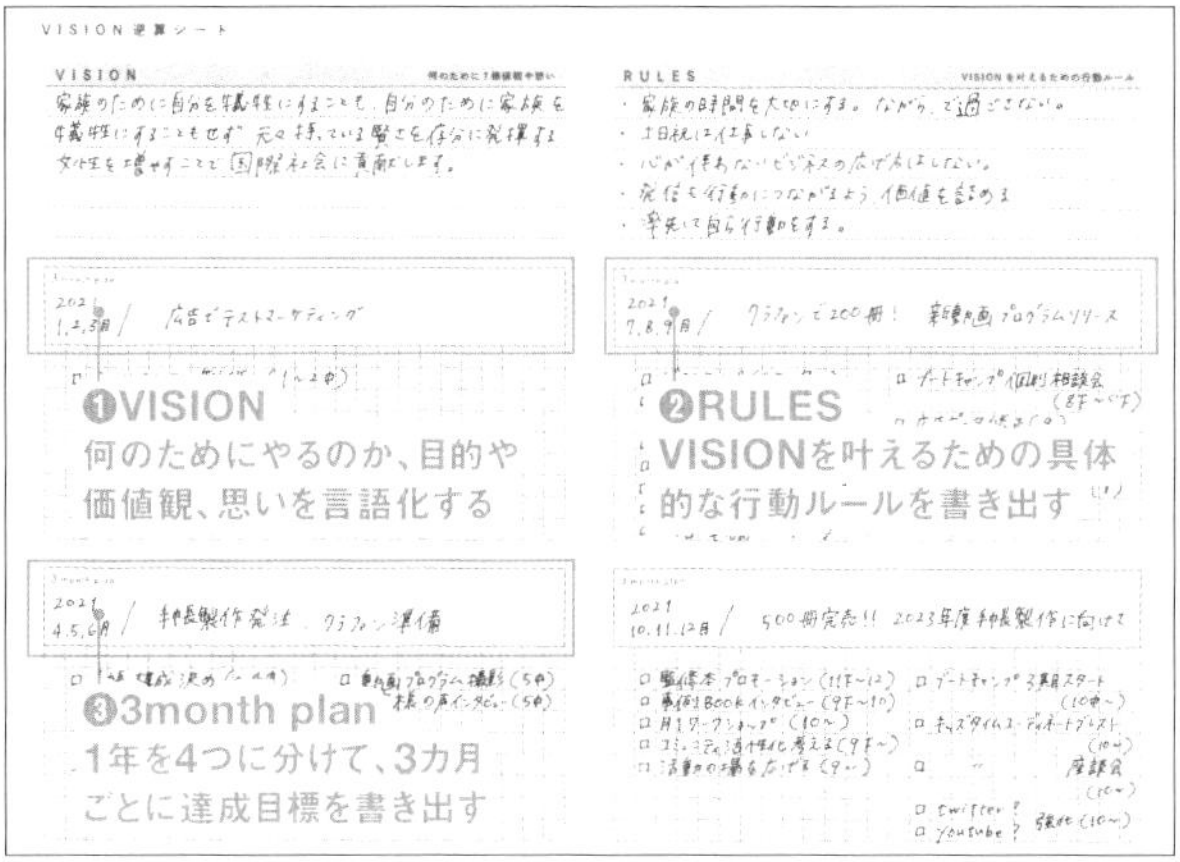
VISION 逆算シート
VISION
RULES
❶VISION
何のためにやるのか、目的や価値観、思いを言語化する
❷RULES
VISIONを叶えるための具体的な行動ルールを書き出す
❸3month plan
1年を4つに分けて、3カ月ごとに達成目標を書き出す

「吉武麻子 タイムコーディネート手帳」VISION逆算シート

叶えたい未来や思いを言葉にしておくためのページ

叶えたい未来や当初の目的、思いを言葉にしたり、具体的な行動ルールを書き出します。煮詰まったときやモチベーションが下がったときに見返せば、再び気持ちを奮起させることができるでしょう。

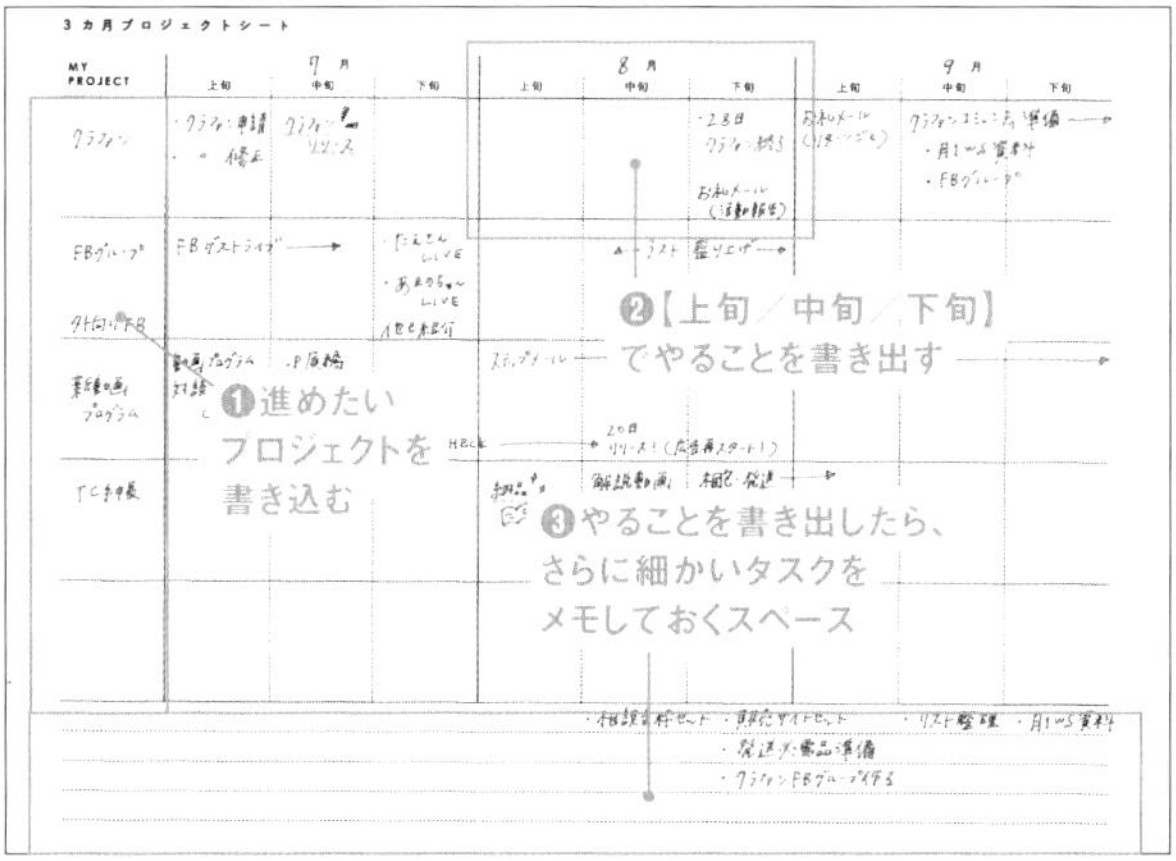
3カ月プロジェクトシート
MY PROJECT
7月
8月
9月
上旬
中旬
下旬
❶進めたいプロジェクトを書き込む
❷【上旬／中旬／下旬】でやることを書き出す
❸やることを書き出したら、さらに細かいタスクをメモしておくスペース

「吉武麻子 タイムコーディネート手帳」3ヵ月プロジェクトシート

未来からの逆算で行動プランニングするためのページ

「VISION逆算シート」で書き出した「3month plan」のタスクを棚卸しするページ。多くの人は緊急のタスクを優先し、未来のタスクは後回しにしがち。このページでは未来のタスクの時間を先に確保することができるので、未来のタスクをを先延ばしにせず、確実に進めていくことができます。

いかに未来を見据えてスケジュールを立てるかが大事だよ
しっかりと未来を描くことで、それに向かって行動できそうだね

時間の悩みにお答えします！ 3

リモートワークの時間管理が難しい

コロナ禍で週4回リモートワークをしていますが、リモートワークの時間管理に難しさを感じています。あっという間に時間が過ぎてしまったり、働きすぎてしまったり……思うように時間の配分ができません。アドバイスをいただきたいです。

（20代・会社員・男性）

宇宙物理学者
二間瀬敏史教授

忙しすぎるのかなと自問自答したらどうですか？　あっという間に時間が過ぎるとはいっても結構、時間はあるものです。

タイムコーディネーター
吉武麻子さん

まず初めに、「仕事の時間」という箱を作ります。その中でミーティングなど、必ず出なければならないほかの方との約束時間を見える化します。残りの時間に自分1人で作業する時間を組み込んでいきます。さらにやるべきタスクの見積もり時間を立て、自分1人の作業時間の中に組み込んでいきます。自宅での仕事だと就業時間があやふやになりますが、出勤するときと同じように、就業時間はしっかりと区切ること、就業時間外はプライベートの予定を組み込むなど、働きすぎない環境を自分で作っていくことも大切です。

本書のイラストレーター
オフィスシバチャン・
柴田昌達さん

リモートワークのポイントは、ワークとライフを完全に分けることだと思います。仕事の合間におやつを食べたり、SNSを見たり、何かを検索したり……なんてことがありませんか？　そうすると、実際はどれだけ仕事をしたかわからなくなります。その解決策として私の場合は、「仕事机では仕事しかしない」と決めて、おやつやSNSなど仕事と関係のないことは、リビングですると決めています。これで仕事に集中できますし、自分がどのくらい仕事をしているかもわかりやすくなります。

Chapter
3

生活と時間の話

日々の暮らしの中でもマルチタスクを
抱えている現代人。自分の時間を確保するために
必要なことをチェックしていきましょう。

ネット社会&共働きで
現代社会は時間がなくなっている？

仕事と生活の境界なく オンライン下にある暮らし

1997年に専業主婦世帯と共働き世帯の数が逆転して以来、その数は増加の一途をたどっています。24時間という限られた時間の中で、仕事と家事や育児をこなしていくタイムスケジュールは、専業主婦が一般的だった1980年代とは大きく異なり、男性も積極的に家事や育児を行うことが主流になりました。さらに大きく変わったのが、インターネットの普及。スマホやパソコンさえあれば、移動中や家事の合間にもメールの返信やオンライン会議への参加が可能に。常にマルチタスクをこなしながら生活を回していく日々は、オンとオフの時間を瞬時にスイッチしながら、進んでいきます。

2012年以降、共働き世帯数が急上昇！

女性の大学進学率は上昇し、ワークライフバランスを整える職場環境の変化により、結婚後も仕事を続ける女性が増えています。

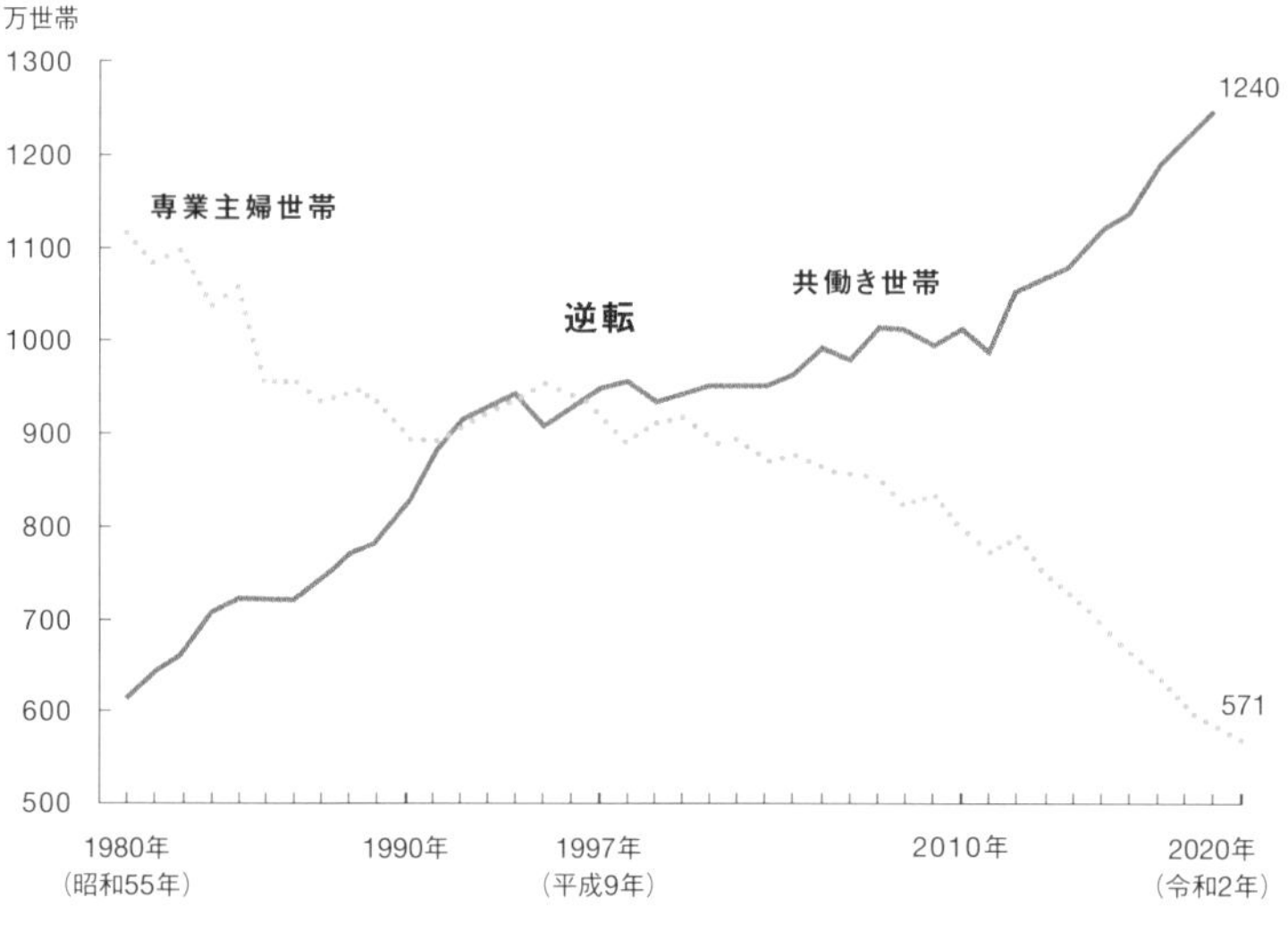
万世帯
1300
1200
1100
1000
900
800
700
600
500
1240
専業主婦世帯
共働き世帯
逆転
571
1980年
（昭和55年）
1990年
1997年
（平成9年）
2010年
2020年
（令和2年）

出典：総務省「労働力調査特別調査」「労働力調査」

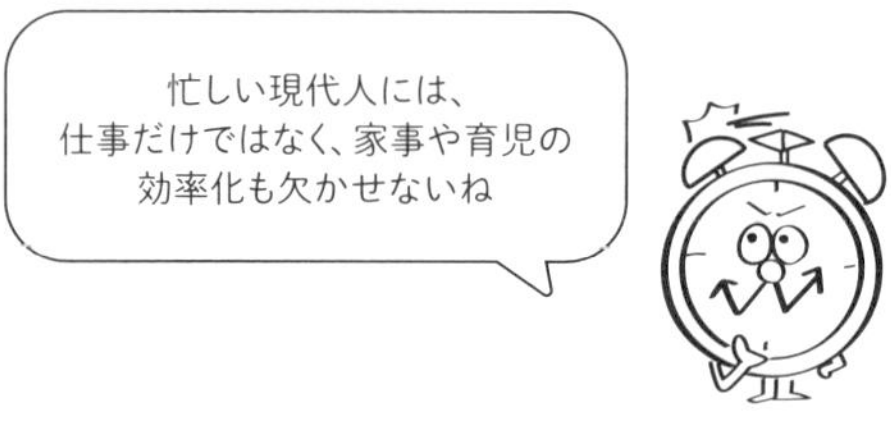
忙しい現代人には、
仕事だけではなく、家事や育児の
効率化も欠かせないね

現代は常にマルチタスクで時間が進む

IT化が進み、コミュニケーション手段の増えた現代。パソコンやスマホという1つのデバイスで、複数の作業を同時に進めながら家事や育児もこなすマルチタスクがあたり前になっています。

30代シングル男性の例

1980年代

時刻	内容
7:00〜8:00	朝食・身支度
8:00〜9:00	移動（出社）
9:00〜12:00	仕事
12:00〜13:00	昼食
13:00〜19:30	仕事
19:30〜21:00	接待（会食）
21:00〜22:00	移動（帰宅）
22:00〜24:00	お風呂・テレビ・リラックス
24:00	就寝

2020年代

時刻	内容
7:00〜8:00	朝食・身支度
8:00〜9:00	ニュースをチェックしながら移動（出社）
9:00〜12:00	仕事
12:00〜13:00	LINEの返信をしながら昼食
13:00〜18:30	仕事
18:30〜19:30	SNSをチェックしながら移動（退社）
19:30〜21:00	夕食&メールチェック
21:00〜22:00	動画視聴&仕事
22:00〜24:00	お風呂・リラックス
24:00	就寝

40代既婚子あり夫婦の例

1980年代・夫

時刻	内容
7:00〜8:00	朝食・身支度
8:00〜9:00	移動（出社）
9:00〜12:00	仕事
12:00〜13:00	昼食
13:00〜19:30	仕事
19:30〜20:30	移動（帰宅）
20:30〜22:00	お風呂・夕食
22:00〜24:00	テレビ・リラックス
24:00	就寝

1980年代・妻（専業主婦）

時刻	内容
6:30〜8:00	朝食づくり・朝食・子どもの世話
8:00〜10:00	家事
10:00〜12:00	外出・買い物
12:00〜13:00	昼食
13:00〜14:30	家事・テレビ・リラックス・子どもと遊ぶ
14:30〜17:00	子どもの世話・習いごと送迎
17:00〜18:00	夕食作り
18:00〜19:00	夕食
19:00〜20:00	片付け・翌日の準備
20:00〜22:00	子どもの世話・読み聞かせ・寝かしつけ
22:00〜24:00	お風呂・家事・テレビ・リラックス
24:00	就寝

2020年代・夫

時刻	内容
6:30〜8:00	朝食・子どもの身支度・家事・身支度
8:00〜9:00	ニュースをチェックしながら移動（出社）
9:00〜12:00	仕事
12:00〜13:00	昼食
13:00〜18:30	仕事
18:30〜19:30	SNSをチェックしながら移動（退社）
19:30〜	夕食・家事・子どもの世話・子どもと遊ぶ・仕事
〜24:00	お風呂・リラックス
24:00	就寝

2020年代・妻

時刻	内容
6:30〜8:00	朝食・子どもの世話・家事・身支度
8:00〜9:00	保育園送り・出社
9:00〜12:00	仕事
12:00〜13:00	昼食
13:00〜17:00	仕事
17:00〜18:00	移動（退社）・買い物・保育園迎え
18:00〜19:00	夕食作り
19:00〜24:00	夕食・家事・子どもの読み聞かせ・寝かしつけ・仕事・お風呂
24:00	就寝

スキマ時間に新しい情報へアクセスしているね

2

なぜ時間に追われるのか

プライベートも常にタスクだらけ……

マルチタスクの嵐で達成感が得られない！

仕事とプライベートの区切りがなくなりつつある今、私たちはいくつものタスクを抱えてものごとを進めるようになりました。楽しい情報や急ぎの案件が多方面から不定期にやってくるので、１つのタスクに集中するのが難しく、注意力が散漫になりがちです。時間を効率よく使い、達成感を得るには、入ってきた情報に優先順位をつけ、限られた時間の中で、その情報への対処にどれだけの時間がかけられるかを把握して向き合う必要があります。これができないと、常に時間に追われてしまうのです。リミットがあれば集中力が増し、作業スピード向上により成果が出せます。

時間に追われるとは?

いつもタスクで頭の中が覆われているのが、「時間に追われている」状態といえます。

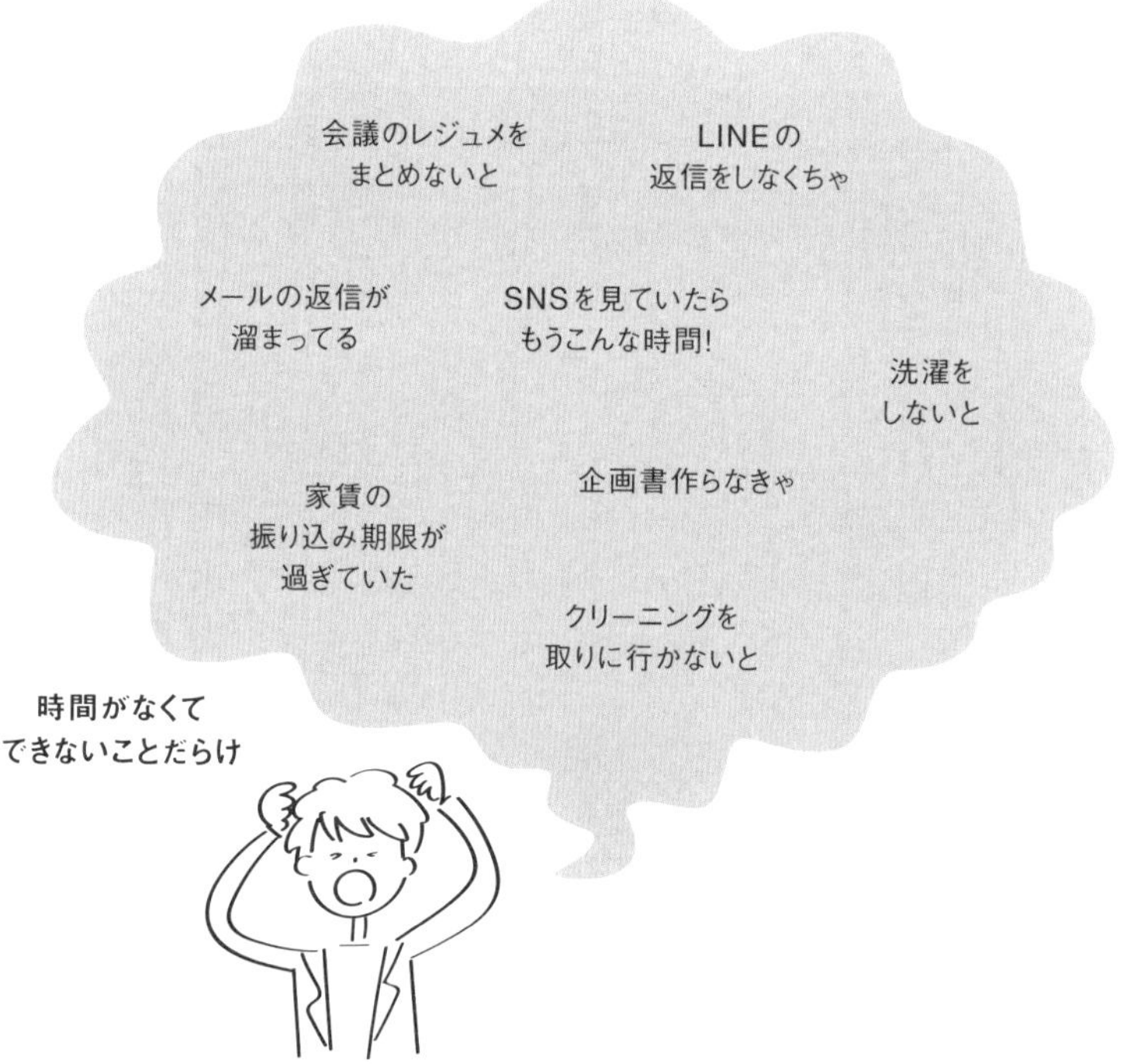
会議のレジュメを
まとめないと
LINEの
返信をしなくちゃ
メールの返信が
溜まってる
SNSを見ていたら
もうこんな時間!
洗濯を
しないと
家賃の
振り込み期限が
過ぎていた
企画書作らなきゃ
クリーニングを
取りに行かないと
時間がなくて
できないことだらけ

「時間に追われる」とは、やるべきことをやれていないという強迫観念にかられている状態

生活の中で時間がなくなる4大理由

忙しいときほど、やろうと思っていたことがサクサク進んだという事例はよくあります。これは、限られた時間の中で進めようとするから。つまり、制限時間があれば、人は効率よく動けます。

1 制限時間がない

時間に余裕のある状況でなんとなく物事を進めていると、効率が悪く時間がかかったり、無意識に置いたものの記憶が曖昧で探し物が増えたりといった、ムダな動きが重なっていきます。そして、ふと目にしたSNSのチェックに長時間を費やし、気づいたら時間がもうないという事態に……。実際に使える時間を把握してから行動しましょう。

家事をルーティン化する　P.126へ

2 タスクが多すぎる

生活の中にあるタスクを書き出してみると、その多さに驚くのではないでしょうか。得意なことや好きでやっていることもあれば、苦手だけど渋々とこなしていることも少なくないでしょう。後者のタスクの中に手放せるもの、時短できるものはありませんか？　「朝食を作らない」「洗濯物はたたまない」など、作業をカットできる家事があるはずです。

お金で時間を買う　P.132へ

3 優先順位が決まっていない

リモートワーク中は特に、家事の時間帯にも急ぎの仕事が入ります。そんなとき、日常タスクの優先順位付けができていれば、「今日は時間がないから、とりあえず○○だけをやろう！」と切り替えて動けます。最低限やるべきことを終えられれば、漠然とした焦りや不安を感じることがなくなります。達成感を得ながら、ものごとをスムーズに進められるでしょう。

家事の仕組み化をする　P.136へ

4 スケジュールにメリハリがない

人が高い集中力を持続できるのは、15分程度です。「15分間、メールの返信を進める」、「15分で洗濯物を干す」など、“1タスク15分”という区切りを設けて進めると、作業効率がアップします。この時間は仕事、この時間は趣味など、時間ごとに役割を明確にしておくことも、余計な作業に時間を取られないポイントです。

自分の役割を分ける　P.154へ

3

「義務的なタスク」を「楽しみ」にチェンジ!

自分らしい時間をデザインする

自分自身を満たす
タイムスケジュールとは?

楽しいことには時間をかけ、苦手なことは短時間で効率よく進めることで、暮らしの充実度は向上します。タスクが多すぎるのに改善策がわからないときは、家事タスクを「好き」と「好きではない」にラベリングしてみてください。こうすると、「嫌い」ほどの強い感情はないものの、「好きではない」「得意ではない」家事があることに気づきます。好きではないことに使う時間が減らせたら、浮いた時間は楽しいことに使いましょう。義務的に何かをする時間を極力なくし、楽しみを増やす時間の創出を心がけることで、自分の時間が充実してきます。

家事タスクを分類する

家事は面倒だ、仕方なくやっているという思い込みが時間を暗くつらいものにします。
まずは、日々の家事タスクを「好き」か「好きではない」の2つに分けてみましょう。

1 家事タスクを書き出す

- 食器洗い
- キッチン掃除
- 風呂掃除
- 洗濯
- 料理
- 買い出し

2 「好き」「好きではない」で家事タスクをラベリングする

○「好き」	×「好きではない」
・洗濯	・食器洗い
・料理	・キッチン掃除
・買い出し	・風呂掃除

「好き」な家事は
より楽しくなるように
お気に入りグッズや
アイテムを取り入れて、
好き度を上げよう!

「好きではない」家事タスクにかける労力を減らす

まずは、「好きではない」部分はどこなのかを考えてみましょう。そして、ほかの人にお願いできないか、便利家電や有料サービス、グッズなどを検討して、好きではないことにかける時間の短縮方法を検討します。

食器洗い → **食洗機導入により作業時間を5分の1に!**

食器洗いはヌルヌルするし、量が多くて面倒。洗い残しが見つかるとがっかり。

食洗機の導入で作業量と時間は大幅にカット。高温洗浄と乾燥で、節水をしつつ衛生的に仕上がり気持ちいい。

キッチン掃除 → **月末に家事代行サービスを依頼する**

いつもシンク周りを洗っていても、ヌメリやカビが発生するのにうんざり。

家事代行サービスに月1回のキッチン掃除を依頼。シンクや換気扇、ガスコンロ周りの汚れがなくなりスッキリ。

風呂掃除 → **便利アイテムの導入で労力を半減!**

バスタブを掃除するのは疲れるし、水アカはこすっても落ちないことにイライラ。

こすらず汚れが落とせる洗剤を使ったら、バスタブ磨きが不要に。水アカ落とし専用スポンジ導入で、汚れ落ちがアップし爽快！

「楽しみリスト」を書き出しておく

自分の好きなことや楽しんでいることを書き出してみましょう。できていることにの幸せを再認識し「好きではない」タスクをやめて浮いた時間は「楽しみリスト」の項目に使います。これにより、自分時間の満足度がさらに上がります。

平日の楽しみ

- 豆から挽いてコーヒーを飲む
- お気に入りのパンを朝食で食べる
- アロマを焚いてストレッチ
- 動画鑑賞

休日の楽しみ

- サイクリングとカフェ巡り
- 釣り
- キャンプ
- スポーツ観戦

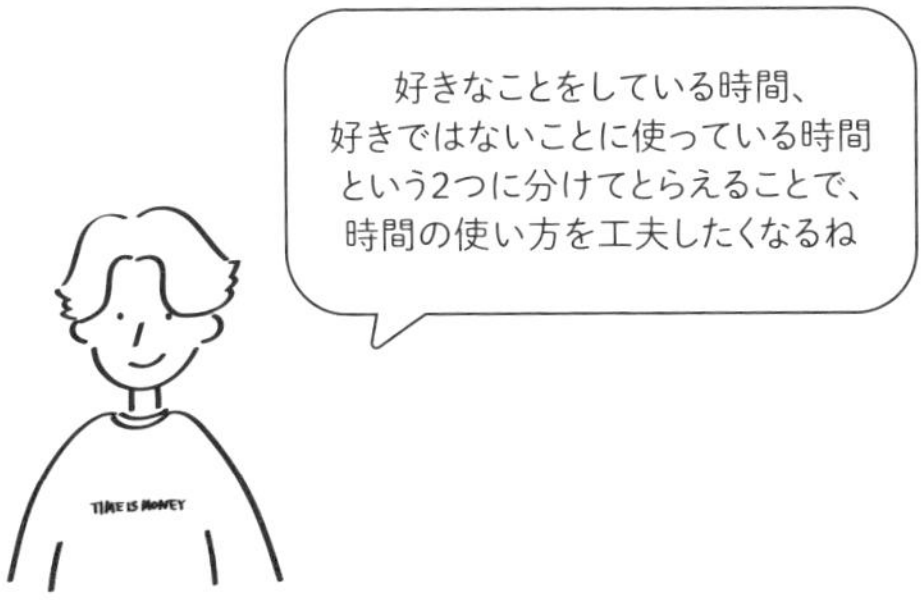
好きなことをしている時間、好きではないことに使っている時間という2つに分けてとらえることで、時間の使い方を工夫したくなるね
TIME IS MONEY

楽しい時間は工夫次第で増やせるんだよ！

4

やるべきことにフォーカスできる！

家事のルーティン化でサクサク進む

流れ作業で進むから　ムダな動きがなくなる

「今から5分間で本棚をキレイに整えてください」「洗濯物を15分で干してください」そう言われて、ストップウォッチをポチッと押されたらどうでしょうか？　その間は、１つのことに集中できます。このように「制限のある時間の中でこの作業を終わらせる」という明確なタスクを「ルーティン」にしましょう。ルーティンにすると、頭を使って考えなくても、そのことに専念さえすればサクッと進められます。そして、眠い朝でもムダなく動け、夜はやるべき家事を終えてから、ゆったりと過ごす時間も作れます。余計なことに時間を奪われない仕組みが、物事をスムーズに進めるコツです。

ルーティンで日課を「流れ作業」に

毎日こなすべき日課はルーティン化して、作業時間も決めてしまいましょう。そして、終わってから自由な時間をもつ。こうすることで暮らしにメリハリが生まれます。

ルーティンがないと……

- 歯みがきしながらぼーっ
- 朝食作りにモタモタ
- 朝食の途中で思い出し、洗濯機をあわてて回す

所要時間60分以上

作業の切り替えが遅い

ムダな時間が
多くなってしまうね

ルーティンがあると……

- 洗濯機を回す（1分）

↓

- 歯みがき（3分）

↓

- 朝食作り（15分）

↓

- 洗濯物を干す（10分）

所要時間約30分

次の作業が明確で
サクサク進む

達成感も
得られそうだね
TIME IS MONEY

朝ルーティンは場所別にグルーピングし、リズミカルに進行

ぼーっとしている寝起きの頭で、なんとなく支度を進めると、ムダな動きが増えます。場所別にやるべきことをまとめて行い、テキパキと効率よく進めましょう。

寝室	洗面所	キッチン&ダイニング	リビング&ベランダ
・着替え ・ベッドメイキング	・洗濯機を回す ・洗顔と歯みがき ・ヘアセット	・朝食準備 ・朝食 ・食器洗い ・シンクの掃除	・洗濯物を干す ・リビングのモップ掃除
5分間	15分間	25分間	15分間

朝ルーティンは60分以内のプランが理想的

夜ルーティンは終了時間を決めて、リラックスタイムを確保

帰宅したら、夕食を食べながらダラダラするのではなく、食事の片付けを終えるまではテキパキと動きます。そして、入浴後からスローダウンしていき、ゆとり時間を過ごしましょう。

キッチン&ダイニング	リビング&キッチン	バスルーム	寝室
・夕食作り ・夕食 ・食器洗い ・ダイニング&キッチン掃除	・洗濯物を取り込む ・洗濯物をたたむ ・洗濯物をしまう	・入浴 ・半身浴しながら読書	・翌日の準備 ・ストレッチ ・リラックス
～20:30	～21:00	～23:00	～24:00

食事の片付けまではテキパキ動く

5

家事を減らしてスマートに！

ルーティンをラクにする3つのポイント

やめる家事で ルーティンをムリなくこなす

家事をルーティン化しても、まだ全体の作業量が多いと感じる場合は、①家事やモノのミニマム化、②便利アイテムの活用、③有料サービスの導入の3つのポイントに分けて検証します。部屋の中にモノが多いと掃除が大変になり、探し物が増えます。使う食器が多ければ、洗い物が増えます。家事のシンプル化やスマート化は、作業量の減少に最も効果的です。即効性があるのは、家事そのものを外注すること。有料サービスは確実に時間を生み出します。便利家電の導入も家事時間のカットに。苦手な家事に時間を費やすくらいなら、家電に任せたほうが断然、早くてラクです。

ルーティンをラクにする3つのポイント

ルーティンをラクにするポイントは大きく分けて3つ。取り入れられる方法を検証してみましょう。

ポイント 1

家事やモノのミニマム化

使う食器を減らしたり、家の中のモノを減らしたりすると、余計な掃除が減らせます。ほかにも家事そのものをやめたり、家族に任せたりといった方法も効果的です。

ポイント 2

便利アイテムの活用

ロボット掃除機や食洗機などで、家事を家電にお任せする方法も。最近はロボット掃除機を月額1000円未満でサブスク利用し、導入する効果を検証できるサービスもあります。

ポイント 3

有料サービスの導入

コロナ禍の在宅時間が長くなり、調理と掃除の負担が増加。これらの負担を減らすには、必要な家事に合わせたプランで対応してくれる家事代行サービスの利用がオススメです。

ポイント① 家事やモノのミニマム化の例

家事やモノをミニマム化する中で効果的なのが、食器や洗剤の種類を減らすこと。洗剤は重曹やクエン酸など、多用途のナチュラル洗剤やメラミンスポンジが重宝します。省ける家事や分担できる方法を検証しましょう。

食器を減らす →
- **ワンプレート料理で洗い物が減る**
- **片付けがラクになる**

多用途の洗剤を使う →
- **掃除方法がシンプルになる**
- **収納棚がスッキリする**

やめる家事を決める →
- **家事負担が減る**
- **家族の家事力が育つ**

ポイント② 有料サービスの適切な使い方

「家事が回らない」「食事も作れない!」という、ピンチのときに頼りになる便利なサービスがたくさんあります。それらを活用して、家事の効率化を図るのも賢い選択です。

家事代行サービスに家事を依頼

食材の買い出しから調理、掃除など、サポートして欲しい家事をお願いすることができます。苦手な家事や手間だと感じることを依頼すれば、余計なストレスから解放されて心にゆとりが生まれます。

デリバリーで食事を調達

時間がなくて慌ただしいときは、フードデリバリーサービスを活用。出前館やUber Eatsなどのオンライン注文を使えば、ポイント還元でお得に。食材の買い物から調理まで食事に関する時間をまるごと浮かせることができます。

ポイント③ 便利アイテム活用で労力を大幅カット

めざましい進化を遂げている家電の世界。人の手で時間と労力をかけて行う家事よりも、丁寧で時短省エネ効果のある仕事をしてくれるアイテムが増えています。便利家電の力はあなどれません。

お掃除ロボット

スイッチを押せば、自動でフロア全体の掃除を進め、終わると元の場所へと戻ります。毎日のように掃除機をかける家庭で使えば、大きな時短効果が期待できます。2人以上暮らしの働き世帯からの人気が高いアイテムです。

昭和・高度経済成長期以前　**ほうき ＋ ぞうきん**

1時間以上

昭和30年頃　**掃除機**

20～30分

平成後期から　**お掃除ロボット**

自動50分程度、作業1分未満

所要時間はかかるが、人の作業はスイッチを押すのみ。
その間に別のことができる

全自動乾燥機

主にドラム式タイプの洗濯機に内蔵された乾燥機能。洗濯から乾燥まで一気に仕上げることができ、洗濯物を干す・取り込む手間が省けます。厚手のものだけを乾燥させるといった使い方も便利です。大容量が一度に洗え、干す手間を省けるコインランドリー需要も増えています。

昭和・高度経済成長期以前　**手洗い ＋ 干す ＋ 取り込む ＋ たたむ**

3時間以上
※乾く時間を除く

昭和～平成　**洗濯機 ＋ 干す ＋ 取り込む ＋ たたむ**

自動40分程度、
作業20～30分

平成から　**洗濯乾燥機 ＋ 一部たたむ**

自動1.5時間以上、
作業10分
※乾燥時間含む

下着やタオル、ハンガーで管理できる衣類はそのまま収納するなど、たたむ作業を省略すれば、時短効果がもっとアップ！

＝5分

便利家電は高額で
躊躇しがちだけど、
時間対効果を
考えるとお得かも！

食器洗い乾燥機

油汚れをサッと拭き落としてセットすれば、高温洗浄でピカピカに洗い、乾燥まで済ませられます。出社前や夕食後の食器洗いの時間がカットできるのはもちろん、手で洗うよりも水道代の節約になり、高温乾燥で除菌効果も得られます。

昭和～平成　**食器を洗う ＋ すすぐ ＋ 拭く ＋ しまう**

40分以上

平成～令和　**食器を入れる ＋ しまう、そのまま使う**

自動1時間程度、作業約5分

電気調理鍋

煮る、焼く、揚げる、蒸すなどの調理を自動で進めてくれる電気調理鍋。朝のうちに野菜をカットしてタイマーセットをすれば、帰宅時には調理が完了。小さな子どものいる共働き家庭は特に、夕食作りの時短効果に恩恵を感じる家電です。

昭和～平成　**鍋で煮込む**

40分以上

※具材カット時間除く

平成後期から　**自動調理**

自動20分程度、作業約5分

食材をカットしてセットすれば、あとは機械におまかせで加熱調理の労力はほとんどゼロに

衣類スチーマー

ハンガーにかけたままの衣類に、蒸気を当ててシワを伸ばすお手軽アイロン。シャツを着る機会の多い社会人や制服通学の学生がいる家庭で活躍するアイテムです。シワを伸ばすだけでなく、除菌効果のあるものを使えば、ベビー服のケアやカーテンやラグのアレルゲン対策にも効果的。

Yシャツ1枚あたり

昭和～平成　**アイロン**

15分

平成後期から　**衣類スチーマー**

3分

〝忙しい〟を乗り切る工夫

「お金で時間を買う」とは?

費用と時間のコスパを考える

食事作りや洗濯、掃除など、日々の家事の中に「楽しい」「やりたい」という感情があれば、それらに費やす時間を大切にするべきです。しかし、「毎日行うのは大変」「仕方なくやっている」という場合は、お金を払うことで家事時間の短縮をするのも時間を有効に使う手段です。ここで大切になる判断基準は、費用対効果だけではなく、気持ちの面です。わずらわしさを解消できる先行投資ならば、精神的な安定が得られることで集中力が増し、仕事の成果が期待できます。1つの目安としては、家事を時給換算してみることです。これにより、アウトソーシングを検討するポイントが見えてきます。

お金で買う価値のある時間とは?

お金で買える時間の最たるものは、家事の負担を減らしてくれる家電製品といえます。
ここでは、食洗機を導入するかどうかの検討方法を例に見ていきましょう。

◆自分の労働力を時間給で換算する

月収30万円　週5日　8時間労働20日勤務の場合

30(万円) ÷ 20(日) = 1.5(万円)
1.5(万円) ÷ 8(時間) = 1875円/時給

◆わずらわしい家事に費やす時間を時間給で表してみる

食器を洗う作業に負担を感じている場合

食器洗いに費やしている時間を計算し、食洗機の導入を検討してみると……

1日の食器洗い時間:朝(15分)、昼(10分)、夜(15分)=合計40分
1875円×(40÷60)分=1250円

1日当たりの食器洗いは約1250円分の労働力

これを1年間続けるとすると……

1250円×365日=456250円

1年当たりの食器洗いは約45万6250円分の労働力
最新式の食洗機が約10万円だから、購入するほうがお得!

食洗機の導入は、
意味のある投資
だとわかるね

生活の中で時間を買えるものとは？

わずらわしい家事に費やす時間の削減以外にも、アウトソーシングの検討余地はあります。通勤の移動時間や子育て、仕事の効率化など、自分が費やす時間を減らせるものがないか、チェックしてみましょう。

家事時間

- 便利家電の導入（130ページ参照）
- 家事代行サービスの利用
- コインランドリーやクリーニングの活用
- ネットスーパーや宅配の利用
- サブスクの活用（134ページ参照）

移動時間

- 通勤、通学を片道30分以内にできる場所へと引っ越す
- 特急や新幹線、飛行機などスピードアップできる移動手段を検討する
- タクシーを利用する
- 二拠点生活をする（135ページ参照）

育児時間

- ベビーシッターの利用
- 学童保育の利用
- 送迎付き習いごとの利用

仕事時間

- ルーティンワークの自動化
- コワーキングスペースの利用
- アウトソーシングの利用

◆コインランドリー利用で洗濯の負担が激減！　近年の注目時短テク

コインランドリーでは、約15kg分の洗濯物を、洗いから乾燥まで1時間約1500円（※価格はコインランドリーにより異なる）で終えることができます。この時短効果が、共働き夫婦や忙しいシングルの人に注目されています。

1日1回洗濯をする場合	
洗いから脱水	約40分
干す	約15分
取り込み、たたむ	約15分
40分＋15分＋15分＝70分	
1日当たりの洗濯にかかる時間は約70分	

3日に1回、片道10分の場所にあるコインランドリーを使う場合	
洗いから乾燥	約60分
たたむ	約20分
60分＋20分＋20分（往復の移動時間）÷3日＝33.3分	
1日当たりの洗濯にかかる時間は約33分	

洗濯にかける時間を
半分以下に減らせるね
最近はカフェ併設の
おしゃれなコインランドリーも
増えているよ

サブスクで悩む時間をカット！

サブスクとは、「サブスクリクションサービス」の略語で、サービスや製品を定額制で楽しめます。動画や音楽配信などが有名ですが、ほかにもさまざまなサービスがあります。

お菓子

プロが選んだお菓子や自分では出合えなかったスイーツが味わえるといったサービスで話題に。通常価格よりもかなりお得なサービスもある。

パン

お気に入りのパンを選べるものから、何が届くのかを楽しみにするものまで、メニューやサービスは多様。在宅ワークの楽しみにぴったり。

コーヒー

月額数千円で、1日1杯コーヒーを無料提供されるものが多い。自宅やオフィス近くにある店舗ならば、コーヒー好きには見逃せないお得感。

花

季節の花が定期的に届くサービス。数百円からオーダーでき、お花が届く喜びと、住空間に生花のある暮らしが手に入る。

香水

高価で躊躇してしまう有名ブランドの香水を、少量から試せる上に、自分好みの香りをプロに選んでもらうこともできる。

ルームフレグランス

お気に入りの香りを存分に楽しめるものや、さまざまな香りに出合えるものなどがある。ワークスペースのちょっとした気分転換に。

本（電子書籍）

Amazon、au、ドコモや楽天など、大手各社がサービスを提供中。雑誌やマンガ、本などの読書量の多い人には、かなり魅力的なプランが多い。

音楽配信

多ジャンルの曲が聞き放題というのはもちろん、テイストの合う曲をオススメしてくれるレコメンド機能も魅力の1つ。楽曲数や料金で検討を。

動画配信

ジャンルや配信数、料金などバラエティ豊かなラインナップがあり、好みに合うものを選びやすい。まずは無料トライアルで試してみるのが◎。

家電

使ってみたかった家電のお試しや、ベビーアイテム、単身赴任用の家電など短期間のみ使いたい家電のレンタルが可能。美容家電も人気。

スムージー

野菜や果物の冷凍パックやスティックタイプの粉末など、自宅でブレンダーを使うタイプと溶かして飲むだけのものなどがある。

フードデリバリー

月額料金を支払うことで、宅配注文時の配送手数料が無料になる。フード料金は別途必要だが、定期的に宅配を利用する人に適している。

流行りのものを
試しやすくなるね！

住居やオフィスを自由に選ぶ

オンラインの普及が進み、住む場所やオフィスを自由に選べる時代になりました。通勤時間を短縮するだけでなく、リラックスして働ける環境と時間を手に入れることができます。

コワーキングスペース

利用料金を払えば、誰でも利用できる共有オフィス空間のこと。個室や共有スペースなどがあり、フリーWi-Fi、コピー機、ドリンクコーナー、会議室などのある空間を月額数万円で借りられる。1時間数百円からの単発(ビジター)利用が可能な施設も多い。

コリビング

シェアハウスのように複数の人が同じ場所で暮らしながら、コワーキングスペースのように使える住職一体型の施設。暮らしと仕事を共有することで、住人同士のコミュニティが深まり、仕事のモチベーションアップや新ビジネスの構築チャンスも。

デュアラー

都会と田舎に住まいを構えて二拠点生活をしている人のこと。不在時の住居をレンタルスペースとして活用することもできる。さらに、複数の土地を拠点とし、居住空間を自由に行き来するマルチハビテーション(多拠点生活)も増加中。

アドレスホッパー

定住する家を持たずにホテルやゲストハウス、マンスリーマンションなどを移動しながら生活すること。宿泊場所によっては滞在費が高額になることもあるが、光熱費などの固定費がかからず、旅をしながら暮らせる自由と身軽さがある。

仕事と休暇を組み合わせて過ごす

大型連休や年末年始の一斉休暇に旅行をするのではなく、時期をずらして休暇を取得し、旅先で仕事を行うライフスタイルも注目されています。

ワーケーション

国内外のリゾートや温泉地など、オフィスや住居とは違う場所で余暇を楽しみながら仕事を行うこと。有給休暇を活用した福利厚生型と、社員の交流を深める合宿利用や、サテライトオフィスなどを目的とした業務主体のものがある。

ブレジャー(ブリージャー)

仕事の出張先で滞在期間を延長して旅行を楽しむこと。国内での認知度はまだ低いが、海外での認知度は上昇中。滞在先の活性化や土地への理解が深まったり、現地のクライアントとの関係性を向上させたりという効果が期待できる。

働き方の多様化で
暮らしやオフィスのスタイルが
どんどん自由になるね

8

何から進めればよいのかが明確に！

家事は仕組み化で進める

仕組み化すれば考えずに動ける！

家事を効率よく進めるコツは、同じ場所でできることをまとめ、流れ作業の仕組み化をすることです。

朝の自分の行動を思い返してみてください。出勤前の1時間の間に、家の中をどれだけ行ったり来たりしているでしょうか。そして、朝食を作って調理道具を洗い、食後にまた食器を洗い……。一度にまとめられる家事もあるはず。そこで、まずは朝の作業を書き出してみましょう。次に、作業を場所別に分類して流れのよい順番を決めます。最後に所要時間を設定すれば完了。やるべきことの流れが明確でタイムマネジメントも意識できるので、作業のムダがなくなり、スムーズに動けます。

家事の仕組み化の一例

起床後は洗面所からスタート。後回しにしがちなヘアセットまで一気に済ませていきます。仕組み化をすることで、行動がコンパクトにまとまります。

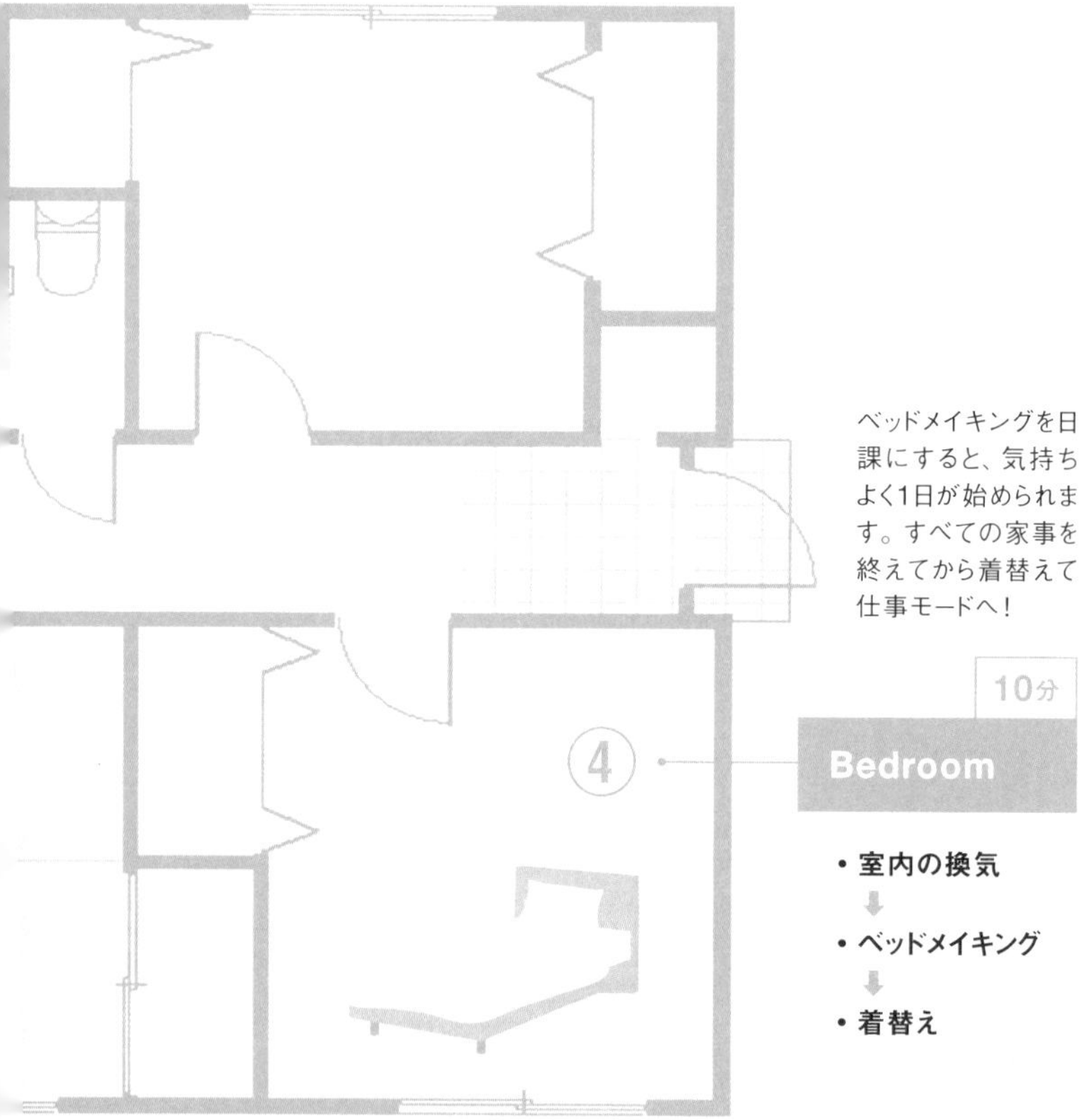

ベッドメイキングを日課にすると、気持ちよく1日が始められます。すべての家事を終えてから着替えて仕事モードへ！
10分
Bedroom
④
・室内の換気
・ベッドメイキング
・着替え

頭で考えずに動けるから、
サクサク進みそう!
慣れてくると、
時間短縮ができそうだね

20分

Powder room

- **洗濯機を回す**

⬇

- **歯磨き、洗顔**

⬇

- **ヘアセット**

ヘアセットやメイクまで済ませておけば、出勤前にあわてることがなくなります。寝癖のまま出社するリスクも免れます。

40分

Kitchen&Dining

- **朝食準備、夕食下ごしらえ**

⬇

- **朝食**

⬇

- **食器洗い、シンク掃除**

夕食用の食材も朝食用と合わせて下ごしらえをして保存容器にしまっておけば、帰宅後の作業がラクになります。

20分

Balcony

- **植物の水やり**

⬇

- **洗濯物を干す**

着替える前にベランダへ出て植物の水やりと洗濯物干しを進めます。天候や気温のチェックもでき、適した服装で出かけられるメリットも。

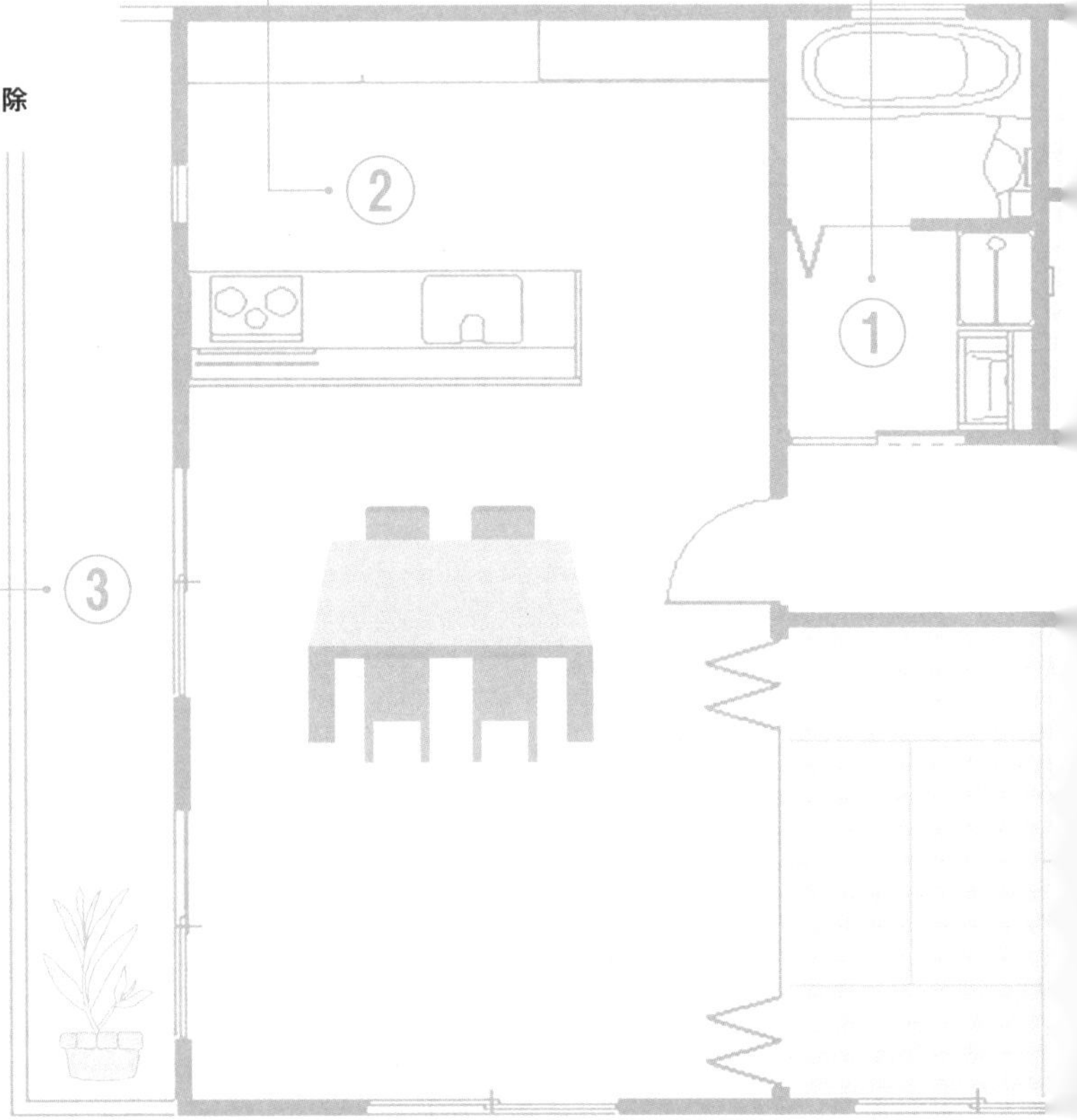
1
2
3

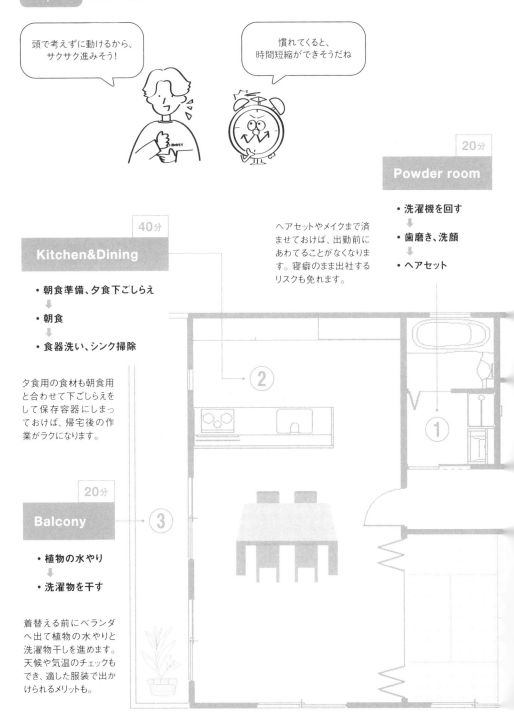

メリハリをあえて作る
【1人暮らし】家事は平日の中で完結

「週末は家事もお休み」が平日の活力に！

他人の目を気にしなくてよい1人暮らしは、つい、メリハリのない時間を過ごしてしまいがち。そこで、「仕事も家事も平日のみ」と決めてしまいます。帰宅後は、洗濯機を回すボタンで、家事スイッチをオンに。洗濯が終わるまでの間に、掃除機がけやトイレ掃除などを済ませて、冷凍ご飯を活用した自炊で夕食にします。洗濯と自炊ができたら、パーフェクト！　できたことに目を向け、自分を大いに労いましょう。そして、平日に家事貯金をしていた分、週末はゆるめます。部屋の中が散らかっても気にしない。堂々とだらだらするなり、外出するなりして、解放された時間を過ごしましょう。

1人暮らしの平日の時間割

帰宅後、20〜22時を食事と家事タイムに。ここで1日の家事を終わらせると決めてしまえば、集中して動けます。

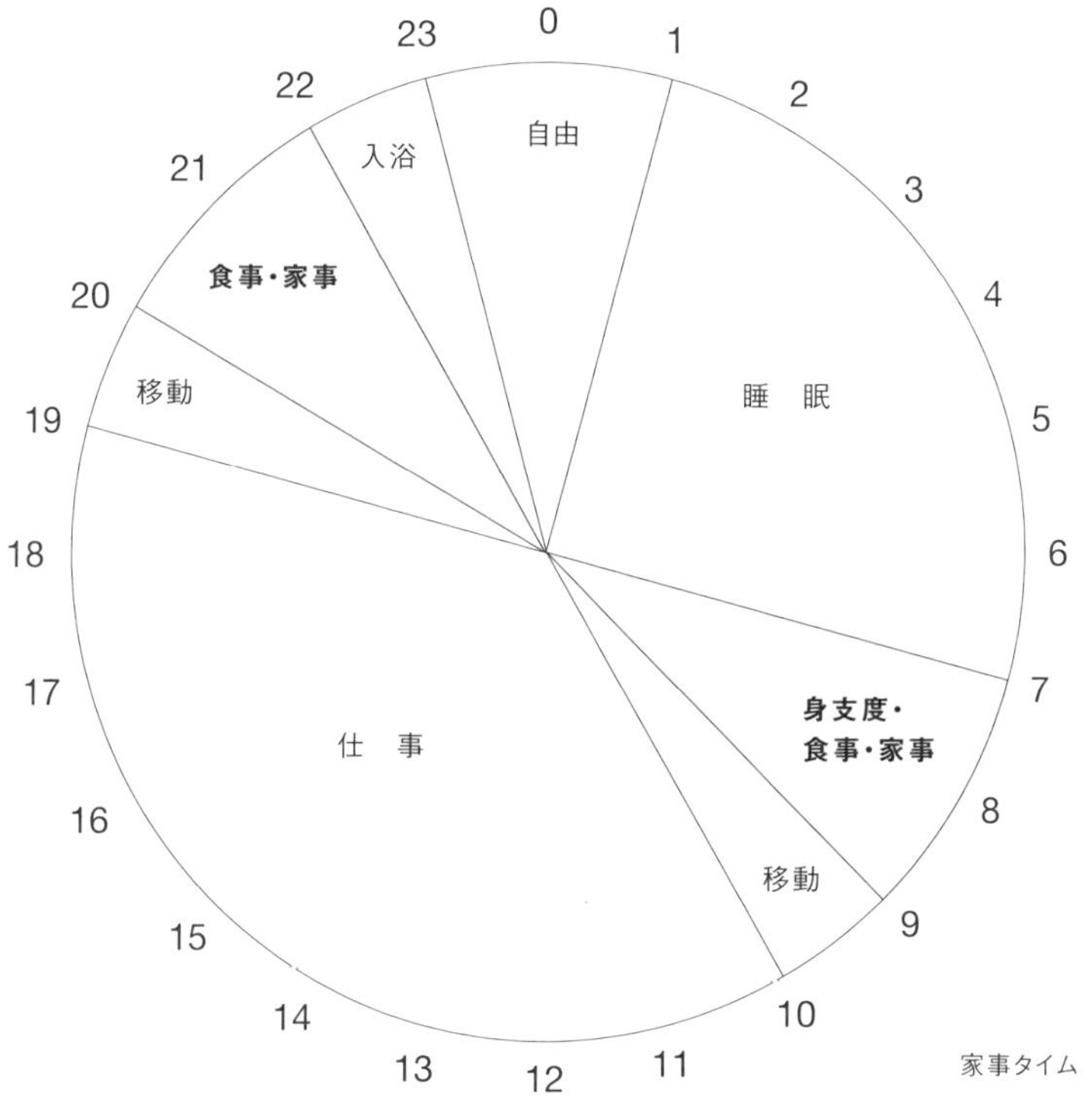

家事は設定時間内でテキパキと行う

洗濯は平日か休日のみのプランがラク！

洗濯は平日の5日間、曜日ごとに洗濯内容を決めてルーティンにしておけば、スムーズに行動できます。休日に行う場合は、大容量を一気に済ませられるコインランドリーを活用するのがオススメです（133ページ参照）。

洗濯平日完結スケジュールの例

月	**3日分の衣類やタオル ＋ 枕カバー、クッションカバー**
火	**布団シーツ**
水	**マット類**
木	**ホームクリーニング系衣類**
金	**4日分の衣類やタオル**

休日は
仕事も洗濯も
お休みだ！
TIME IS MONEY

炊飯は週に1回まとめて行う

炊飯しなくてもご飯があるという状況は、自炊のハードルを下げます。炊くのは週1回でOK。1食分ずつラップに包んで冷凍しておきましょう。

■ **冷凍ご飯があれば、5分でできる夕食メニュー例**

インスタントスープ
＋
テイクアウトのお惣菜
＋
チンした冷凍ご飯
↓
5分で定食メニューに

冷凍ミックスベジタブル
＋
ツナ缶
＋
チンした冷凍ご飯
炒めれば↓
5分でチャーハンが完成

3合炊けば、
朝はパンなら平日5日分に！

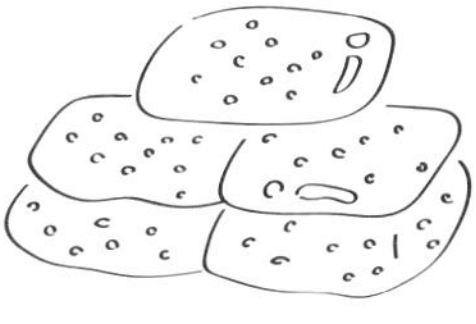

平日の夕食は
これで心配なし！

冷凍ご飯さえあれば、
仕事で遅くなった日も
スーパーで惣菜を買えば
夕飯は成立するね

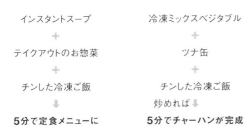

休日は料理でリフレッシュ！

【実家暮らし】家族との家事分担で協力

実家暮らしこそ生活力を磨くチャンス！

実家暮らしをしていると、家事をすることなく生活が回っている人も少なくないでしょう。その分、仕事に多くの時間をかけがちで、週末は平日の疲れを取るだけで終わってしまうパターンになっていませんか。平日にも家事を行うことで、1日の中にメリハリが生まれます。家事をすることは、生活力を磨くよきチャンスととらえましょう。会社勤めで平日の帰宅時間が遅い場合は、家事のクロージングを担当。そして、週末は同居家族のための食事作りをするのはいかがでしょうか。料理はクリエイティブなもの。普段の仕事とは違う回路を使うことで、脳が活性化されます。

実家暮らしの時間割

キッチン掃除と浴室掃除をきっちり済ませて1日を終えるスケジュールに。掃除をすることで心身がスッキリとして、達成感のある夜を迎えられます。

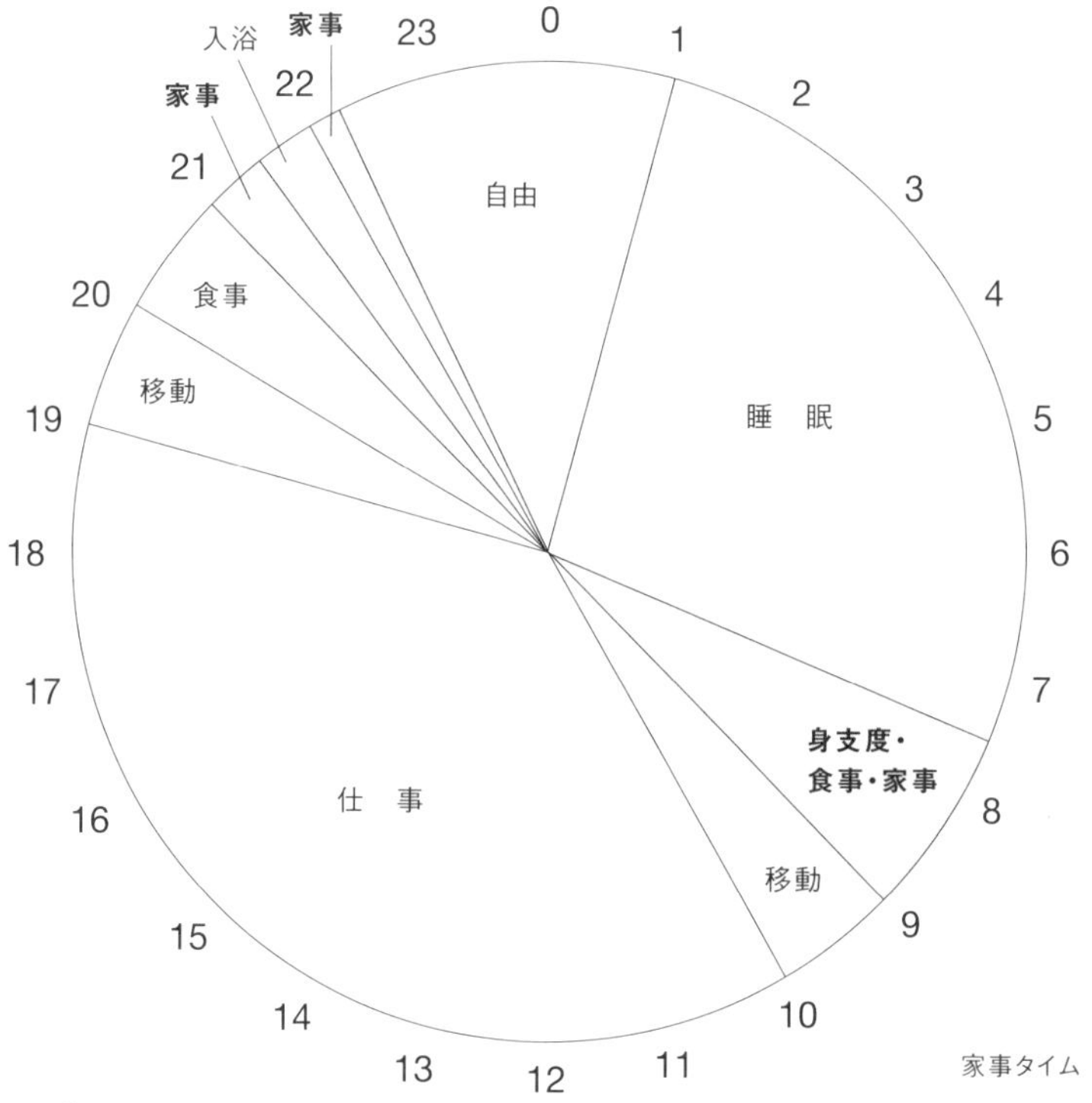

食器洗いと浴室掃除で家事を締める。家族も喜び一石二鳥

平日夜は家事のクロージングを担当する

食後に食器を洗ってシンクまで磨く。浴室の掃除も夜のうちに済ませる。これだけで、翌朝の状態が見違える上に、同居家族の負担が激減します。

キッチン（家事時間:20分）

- 食器を洗う
- キッチンシンクの掃除

＜手順＞

1. 食器を洗う
2. シンク全体に洗剤（重曹）を振りかけ磨く
3. 全体をすすぎ、蛇口やキッチン全体を水拭きする

バスルーム（家事時間:10分）

- 入浴後にそのまま掃除

＜手順＞

1. 浴槽の湯を抜く
2. 壁の上側から順番に浴室全体をシャワーで流す
3. スクイージーをかけて水切り
4. 浴槽を洗う
5. 排水口のゴミを取り除く

休日は1日1回、料理をする

作りたいメニューを考えて、食材を買いに行く時間はクリエイティブなオフタイムに。平日とはまったく違う時間の流れを味わいましょう。

■ 土曜日のブランチメニュー例

フレンチトースト
＋
豆から挽いたコーヒー

■ 日曜日の夕食メニュー例

カルパッチョなど、少し手の込んだおつまみ
＋
生地から手作りのピザ

【2人暮らし】行動リストを共有する

「家事の見える化」でお互いをサポートする

2人暮らしの場合、どんな家事をいつまでに終えるべきなのかを共通認識しておくことで、誤解やトラブルを回避し、スムーズに進められます。そのために欠かせないのが、「家事の見える化」です。起床から仕事を始めるまでの家事、仕事を終えたあとから就寝までの家事、週末に進めたい家事をできるだけ細かくリスト化し、より効率よく進める段取りを2人で相談しながら決めていきます。リスト化したり、作業効率を考えたりする中で、それぞれの得意分野が出てくるので、お互いの知恵を出し合うように心がけましょう。家事タスクの共有には、無料アプリを活用するのもオススメです。

2人暮らしの時間割

1日の中で家事を行うための時間を明確にします。お互いが自由に過ごす時間も設けることで、どちらか一方だけが家事に追われないようにします。

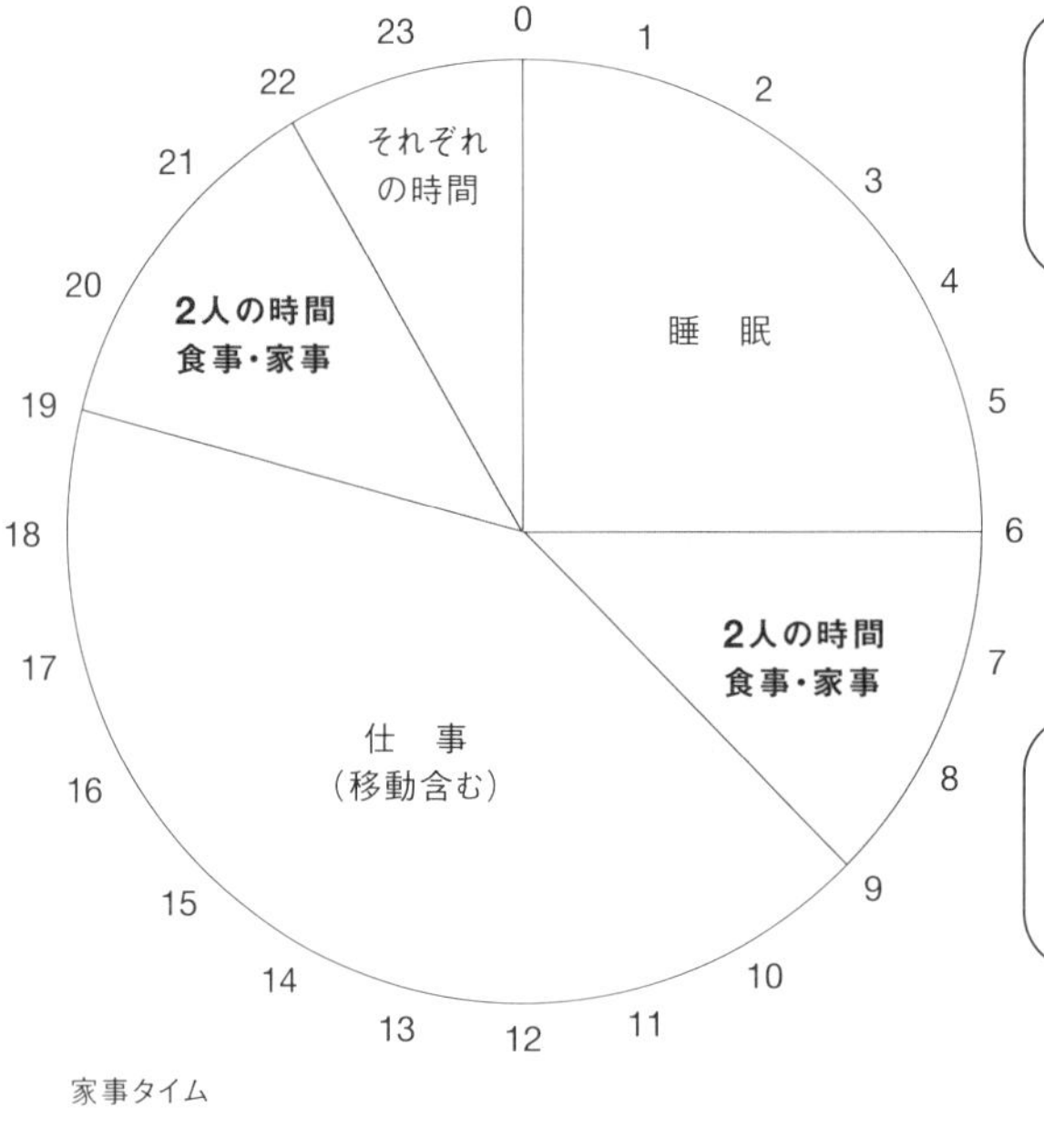
0
1
2
3
4
5
6
7
8
9
10
11
12
13
14
15
16
17
18
19
20
21
22
23
睡眠
2人の時間 食事・家事
仕事（移動含む）
2人の時間 食事・家事
それぞれの時間
家事タイム

やるべき家事と作業時間を明確にして、効率よく進めたいね！
TIME IS MONEY

時間割を意識することで作業効率が上がるよ

2人の時間と個人の時間を明確に分ける

1つの家事にも複数の作業があることを把握する

生活の中の家事を、行動リストに細分化して把握することで、家事の流れが共通認識になり、お互いに協力しながら進められます。ゴミ出しを例に見てみましょう。

ゴミ出し

- 家中からゴミを集める
- ゴミを分別する
- 指定のゴミ袋にゴミを入れる
- 新しいゴミ袋をゴミ箱にかける
- 曜日ごとのゴミ捨て内容を把握する
- 曜日ごとのゴミを指定の場所へもって行く

ゴミ出しと言っても
やることはたくさんあるよ
それを一度、視覚化して
共有するといいんだね

お互いのスケジュールや家事タスクはアプリで共有しても

スケジュールや家事タスクの共有やアップデートに役立つ無料アプリの一例を紹介します。

家事の名は

夫婦・家族で家事の共有

「郵便物をチェックする」「テーブルを拭く」などデフォルトに入っているものと、オリジナルの家事を加えてリストが作成できます。タスクにポイントが付与されているので、やる気もアップ。

魔法の家事ノート

家族で共有！ 家事と買い物のタスク管理帳

家事内容を共有できるだけでなく、買い物リストもシェアできるので、時間ができたときに不足品を購入して相手に知らせることも簡単に。ほかにも、性格やタイプに合うプランで活用できます。

Be a Buddy

忙しい夫婦のためのタスク管理ツール

登録したタスクごとにチャットが設けられているので、押さえておくポイントが明確に。家事のタスク化と効率化、改善策を話し合いながら、よりよい形へとアップデートしていけます。

TimeTree

家族やパートナーのためのスケジュールシェアアプリ

プライベート、仕事、夫婦、家族などアプリ内のカレンダーが分けられ、必要なもののみを共有できます。買い物リスト、To-doリストなど、アイデアで自在に使いこなせるメモ機能も便利です。

12

子ども主導の家事タスクも組み込む

【3人以上暮らし】家族全員で行う家事の仕組み化

すべての家事を全員で協力する

家族の人数が増えれば、家事の量も増えていきます。すべてをこなすのは大変なので、子どもに任せられる家事は手伝ってもらいましょう。小学生の子どもならば、帰宅時間が親よりも早くなる場合もあります。帰宅後、炊飯準備や洗濯物の取り込みなどは子どもが率先して進められます。その場合は、お手伝いをポイント制にして、おこづかいとして還元するシステムを取り入れ、子どものやる気を促します。家事タスクは左ページのようにホワイトボードで見える化し、終わったものは「済」の枠へ。洗濯物や洗い物を減らす工夫も検討し、家事を増やさないことを心がけましょう。

3人以上暮らしの時間割

子どもが主導で進める家事タイムにできることを決めておきましょう。お手伝いというよりも、完全に任せてしまうことで、子ども自身も責任を持って進めることができます。

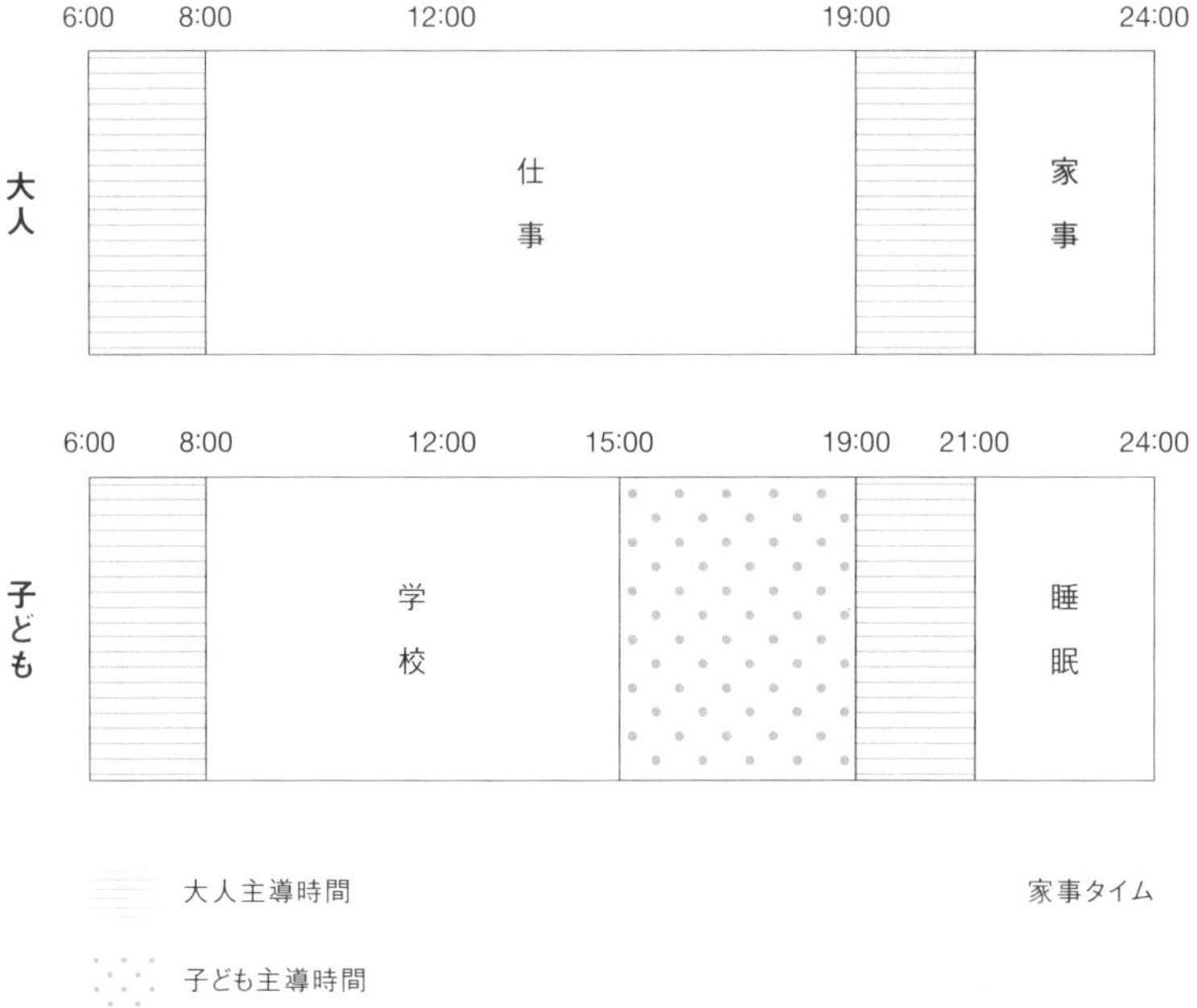

子ども主導で家事を進める時間を作る

ホワイトボードで家事タスクを管理する

終わった家事タスクは「済」へと移動すると、残っている家事が明確に。「誰でも枠」を設けて、子どもが自主的に家事を進められる仕組みにしておきます。

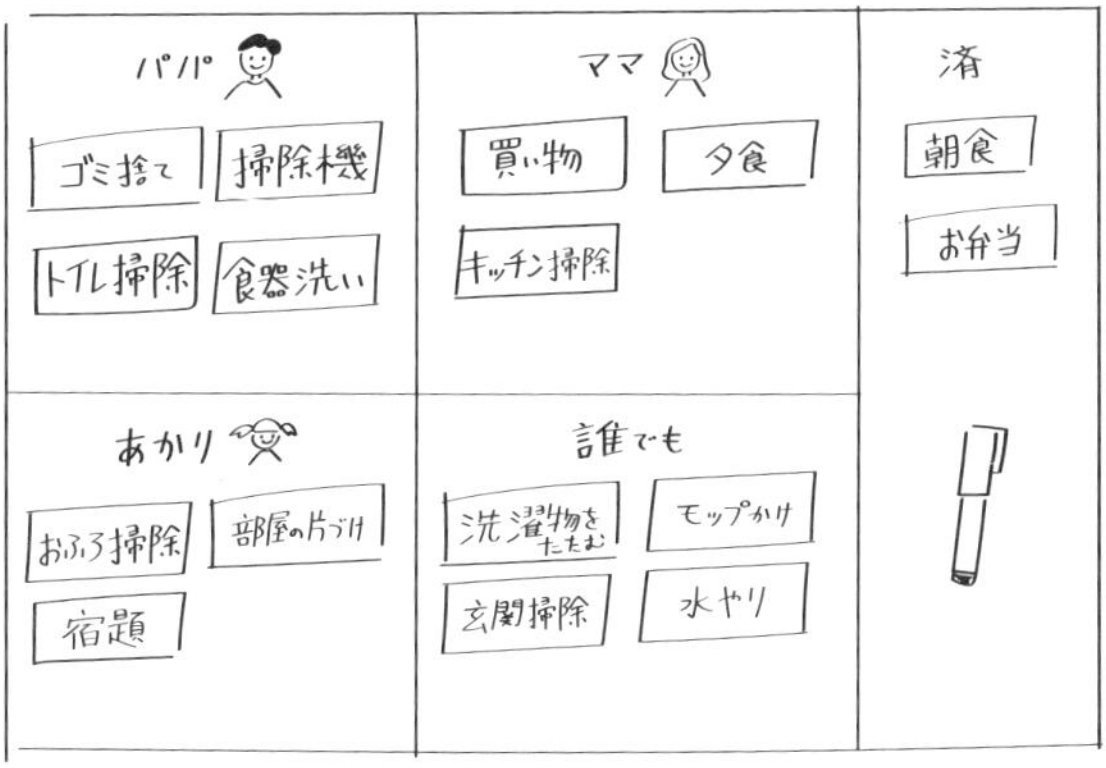
パパ
ゴミ捨て
掃除機
トイレ掃除
食器洗い
ママ
買い物
夕食
キッチン掃除
済
朝食
お弁当
あかり
おふろ掃除
部屋の片づけ
宿題
誰でも
洗濯物をたたむ
モップかけ
玄関掃除
水やり

担当を決めないタスクを
用意することで
子どもの自主性や思いやり
の心を育めそうだね！

洗濯の労力を減らす

家事の中にはやめられるものが意外とあるもの。洗濯物のシワが気にならないアイテムはたたまずに管理できるようにしましょう。

たたむ労力を減らすポイント

ハンガー類はそのままかける収納に

上着、Tシャツなどのトップスはハンガーで干したらそのまま取り込んでかける収納で保管することで、たたむ労力をカット。

下着やタオルは大きめのボックスで管理

下着やタオルなどは取り込んだらたたまずにボックスへ入れる。パジャマ類もざっくりと2つ折りにすればOK！

パジャマやスウェット類は
干したものを取り込んで
そのままボックスに
2つ折りにして入れれば
たたむ必要はなくなるね！

料理の手間をカット

丁寧にゆっくりと楽しむ週末のごはん以外は、一汁一菜や鍋料理など、調理が手軽になるメニューを取り入れます。家族で意見を出し合い、省ける家事のアイデアを考えてみましょう。

鍋料理

- 調理の手間が省ける
- 1品で栄養バランスのよい食事ができる

ホットプレートレシピ

- 調理の手間が省ける
- 食事の時間が楽しくなる
- 食卓に家族が揃っている時間が増やせる

ワンプレート

- 洗い物が減らせる
- 苦手なものも食べきりやすい

13

疲れを溜めないために！

「1人時間」と「集う時間」を使い分ける

自分はどうしたいのかを最優先に！

プライベートの時間には、1人で過ごす時間と他者とともに過ごす時間があります。どちらか一方だけでは不足感が出ますが、ちょうどいいバランスは人それぞれ。「仕事の付き合いは大切だから、ゴルフコンペに参加しなきゃ」「気をつかいたくないから1人で過ごそう」などと、妥協案やネガティブな思考から選択すると、どちらの時間も疲れを溜める要因になります。その時間の中で何が得られて、どのような過ごし方が心地よく、ポジティブな時間の使い方になるのかを考えてみましょう。この検証を行うことで、1人の時間も集う時間も有意義に感じられ、積極的に過ごせるようになります。

「1人時間」で得られるもの

マイペースに過ごせる1人の時間は、意識が自分の内側へ向くので、自分を振り返ることができます。疲れが溜まっていないか、無理をしていないかを点検してみましょう。

開放感

人の目を意識することなく、リラックスして過ごせます。ゆっくりと湯船に浸かったり、アロマキャンドルの炎のゆらぎ（人の心を落ち着かせる“1/fゆらぎ”）を眺めたり感動する映画に号泣したりするのもオススメです。開放感を味わいましょう。

集中タイム

資格の勉強や文章を書くなどの作業に集中することができます。一方で他人の目がないので、集中力が途切れやすくなることも。「30分までに○章をマスター」「45分間集中！」など、作業は60分未満の短時間で区切りましょう。

休息

疲れが溜まっているときは30分あれば、仮眠をしましょう。数分しかない場合は、瞑想と深呼吸のセットが効果的です。1人の時間だからこそ、短時間でも疲労を回復させることができます。意識を内側に向け、静かに体を休めましょう。

情報遮断タイム

常に多くの情報に触れているので、1人の時間にこそ、意識してあらゆる情報をシャットダウン。テレビを切ってPCやスマホから離れ、木々や空を眺めながらボーッとするだけで、高ぶっていた神経がおだやかになり、頭や心がスッキリします。

創造力

自由に思考をめぐらせる時間を過ごすと、独自のアイデアが浮かびやすくなります。早朝の静かな時間やウォーキング時、入浴中など、外部からの情報が入りにくい環境に身を置けると、さらにその力が発揮されるでしょう。

自己肯定感

人の意見やアドバイスを聞いたり頼ったりするのではなく、自分はどんなことをしたいのか、好きなことや嫌いなことは何か。自分の価値観を整理してみましょう。自分の「好き」を大切にすることで、自己肯定感が育まれます。

「集う時間」で得られるもの

他者とともに過ごす時間は、楽しいだけでなく、さまざまな恩恵があります。共有する時間のメリットを意識しておくことで、より有効に時間が使えるようになるでしょう。

感情の共有

「楽しい」「うれしい」などの感情が共有の場で発生すると、喜びの感情が倍に膨らんでいき、より高い幸福感が得られるようになります。逆に「悲しい」気持ちを共有し合えると、つらい気分を軽減することができます。

信頼関係

誰かと会うには約束をします。そして、待ち合わせ時間や頼まれごとなどの約束をしっかり守ることで、相手からの信頼が得られます。それにより、安心して自分の意見やアイデアを話すことができるので関係が深まります。

予期せぬ発見

1人で考えても解決できないことがあったとき、誰かに相談することで思わぬ解決策が見つかることがあります。なにげない会話の中で、お互いの考えが混ざり合い、新たなアイデアを思いつくこともあります。

生産性

掃除や洗濯などは、1人で行うよりも、誰かと協力し合うほうが短時間で終わります。単純な労働力というだけではなく、アイデアを生み出す意味でも、ブレーンが多いほどよりよい方法が見つかり、生産性が上がります。

美意識

誰かに会うためには、身だしなみを整える必要が出てきますし、おしゃれをする楽しみも生まれます。特別なお出かけの予定があれば、ワクワクやドキドキといった感情が高まることで、活力が湧いてきます。

コミュニケーション力

自分の考えや思いを的確に伝えるために工夫したり、相手の話に向き合えたりすることがコミュニケーション力を磨きます。相手がいないと鍛えられない能力であり、その力が身につくほど、人と楽しく過ごせます。

就寝前に1分間、よかったことを思い出そう

夜、ベッドに入ったら今日1日の中の「1人時間」と「集う時間」をを振り返り、よかったことを思い出しましょう。こうすることで、翌日からの、それぞれの時間をよりポジティブに過ごせるようになります。

「1人時間」の例

- 45分間の集中タイムのおかげで滞っていた作業を終えることができた。
- 情報シャットダウンの時間がもてたことで、頭の中がスッキリした。

「集う時間」の例

- Kちゃんに服装を褒められてうれしかった。短時間でのランチになってしまったけれど、行けてよかった。楽しい時間をありがとう。
- Mさんに相談できてすごくラクになった。

1人の時間、集う時間
それぞれに収穫があることに
気づけるね。明日はどんな
いいことがあるかなと
ワクワクしてきそう
TIME IS MONEY

1日のよかったことを思い返してから就寝すると、リラックスして安眠できそうだね！

14

仕事と家事の切り替えがしやすい仕組みとは？

リモートワークと家事

「仕事中」は家事をせずパートナーにも配慮する

リモートワークの最大のメリットは通勤時間がなくなることです。一方で、仕事と家事の境界線がなくなり、家事の時間が通勤時間よりもはるかに増えてしまう危険もあります。

たとえば、夫婦でリモートワークをしている場合、食事作りのルールを決めずに妻が主導で昼食の準備をすると、妻の家事負担ばかりが増えて、妻の不満が溜まる可能性も。1人にしわ寄せがいかないように、ランチ作りと食器洗いを交代するなど、協力し合う心がけが大切です。

一方、自宅にいることで仕事中も家事や雑用に意識が向きやすくなるので、家事から離れる時間を設けるようにしましょう。

女性の家事負担が増加傾向に

平日の日中を自宅で過ごす時間が長くなるにつれ、食事や掃除の家事負担が増えます。その傾向は、男性よりも女性のほうが強まっているのがわかります。

Q リモートワークの増加で家事の総量が増えた

	そう思う	どちらとも言えない	そう思わない
男性	36.6%	44.1%	19.3%
女性	50.1%	32.9%	17.0%

（n=30～49歳の共働き世帯911人/SA）

Q コロナ後、家事負担が増えているもの

	男性		女性	
1位	昼食後の後片付け食器洗い	14.1%	昼食の調理	23.2%
2位	夕食後の後片付け食器洗い	13.9%	夕食の調理	17.0%
3位	朝食後の後片付け食器洗い	12.6%	リビング掃除	15.9%

（n=30～49歳の共働き世帯911人/MA）

出典元:「パナソニック調べ」30･40代夫婦の家事に関するライフスタイル調査第4弾（2020年6-7月調査）

男女ともに食事に関する家事が増えているね！

通勤に費やしていた時間を増加家事にあてててゆとりを生む

片道1時間の通勤時間がなくなったのであれば、往復で2時間分をほかのことに使えます。リモートワークによって増えた家事時間は、この時間から差し引くようにスケジュールに組み込んでいきましょう。

お昼ごはんは朝食時に
準備しておき、片付けは
夕食の食器洗いと一緒に行えば
ランチタイムの家事が減らせるよ

通勤の代わりに
食器洗いをしていると思うと、
ストレスを感じないかも！

就業時間中は家事から離れる

家にいるからとつい、家事に手を出してしまうのを避けるために、家事のシャットダウンタイムを設けます。キッチンは洗い物などの家事残しが目につきやすい場所なので、なるべく近づかないほうがよいでしょう。

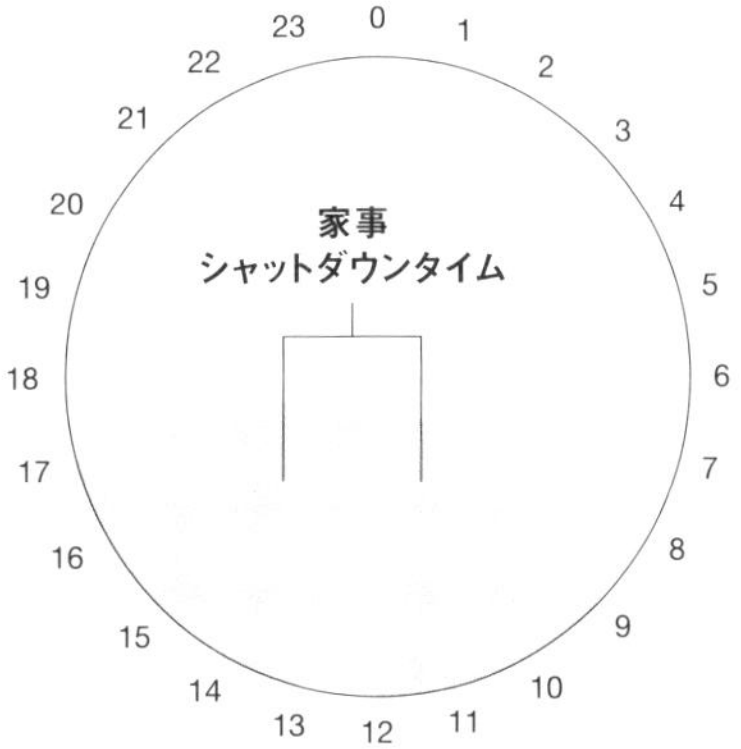

昼休憩を有効に
使うのはOK！

家事シャットダウンタイムのルール

■ 仕事中の飲料はマイボトルに入れる

「次は何を飲もうか?」「朝の洗い残した食器が気になる」など、キッチンへの滞在時間が長くなるのを防げます。

■ ランチを朝食時に用意する

朝食を準備するタイミングで、ランチも作ってしまえば、食事作りの時間短縮ができる上に、余計な洗い物が減らせます。

■ 昼休憩に掃除をする

長時間のデスクワークは、座りっぱなしの状態に。ランチ後のタイミングに、掃除をすることで体を動かせます。

■ 昼に自動調理鍋で夕食を仕込む

お昼の休憩時間を使って、夕食の下準備を。材料を切って調理家電にセットしておくことで、夕食作りの時短になります。

休憩時間に家事を進める
という切り替え方は、
リモートワークのメリットだね！

15

オフ時間の過ごし方

パッシブレストとアクティブレスト

2種のプロセスをバランスよく取り入れる

体が疲れているときは、たっぷりと睡眠をとることが疲労回復につながります。しかし、長時間のデスクワークによる疲れを取り除きたい場合は、睡眠よりも適度な運動を行うほうが効果的な場合もあります。

静かに体を休める方法は「パッシブレスト」（消極的休養）といい、運動などで体を動かしてリフレッシュすることを「アクティブレスト」（積極的休養）といいます。この2つをバランスよく組み合わせてメリハリをつけ、栄養バランスのよい適量の食事をとることが健康的な生活へとつながります。デスクワーク中心で運動不足の場合は、オフ時間にアクティブな予定を入れましょう。

「パッシブレスト」で目や脳を休ませる

デスクワークで特に疲れるのは、目や脳です。パッシブレストでは、まずは目や思考を休ませることを優先します。読書や映画鑑賞によるリフレッシュはそのあとに取り入れましょう。

瞑想をする

目を閉じ思考を休める状態を作ります。YouTubeなどで誘導瞑想の動画を流しながら行うのもオススメ。

アロマを焚いてストレッチをする

視覚と聴覚を休めて嗅覚に意識を向けると脳がリラックス状態に。香りに意識を集中して体をほぐしましょう。

仮眠する

わずか15分の仮眠でも眠気や疲労感は顕著に下がります。1人で過ごせるスキマ時間こそ仮眠を。

落ち着いた音楽を聴く

オルゴールや波の音、鳥の声などの自然がイメージできるようなリラクゼーションミュージックがよいでしょう。

読書をする

ビジネス書ではなく、小説や好きなマンガなどでリラックス。電子書籍よりも紙の本が目にやさしい時間に。

疲れを癒すリラックスタイムだね

あえて体を動かし疲れをとるのが「アクティブレスト」

立ち仕事やデスクワークを長時間していると、その姿勢をキープするために一部の筋肉のみが使われることになり、慢性的な疲労が溜まってしまいます。筋肉をほぐし、体全体に酸素が行き渡るように体を動かすことで疲れをほぐしましょう。

スポーツジムで筋トレ

体を鍛えることを日課にするならば、スポーツジム通いが狙い目。普段使わない筋肉を刺激するように、積極的に体を動かしましょう。

目当てのカフェまでサイクリング

スポーツが苦手なタイプならば、自転車で気になるカフェまでランチへ。少し遠くのお店を目指せば、運動量が増える上に、気分転換になります。

音楽を聴きながらのランニングや散歩

全身の筋肉が動き、体全体に酸素が行き渡る有酸素運動です。外音が聞こえる音量で心地よい音楽を加えれば、爽快に続けられます。

丸1日かけてハイキング

景色のよい山の中は飽きずに歩き続けることができます。斜面を登ったり、下ったりする動きで、さまざまな筋肉を刺激することができます。

自然の中でキャンプ

自然の中に身を置き、青空の下、森林浴をしながら料理をしたり散歩をしたり。非日常の中で過ごすことで、エネルギーチャージができます。

仲間とともにスポーツサークル活動

1人で運動するのが苦手な人は、地域や会社の同僚と一緒に楽しめるスポーツのサークルがオススメ。交流の楽しみや刺激が得られます。

食べ過ぎに注意し、体にやさしい食事をとる

疲労が溜まると、スタミナのつく食事をしようと考えがちですが、肉類をたくさん食べると胃腸に負担がかかります。疲労回復の栄養素を取り入れつつも、野菜中心のヘルシーな食事のほうが体の回復に効果的です。

最近は一定期間
断食することで胃腸を
休めるファスティングも
注目されているね!

疲労回復の栄養素

ビタミンB_1	豚肉・大豆・玄米・きのこ
イミダゾールペプチド	カツオ・マグロ・鶏ムネ肉
クエン酸	オレンジ・キウイ・梅干し

16

都会と田舎では時間の感覚が違う?

暮らす場所と時間の関係

情報量の差が時間の感覚に影響

行き交う人が溢れる賑やかな環境は、歩いているだけでさまざまな情報が飛び込んできます。それに対し、山々に囲まれた、広大な田園を歩いた場合は、外からの刺激や情報量に大きな差があります。情報量の多い都会のほうが、時間の流れは速く感じられる傾向にあります。休暇などで都会から田舎へ行くと、のんびりと過ぎる時間の中で、リラックスして過ごせたと感じる人は多いようです。とはいえ、1日中パソコンやスマホの膨大な情報と向き合う環境にいる場合は、たとえ田舎にいても時間の流れは速く感じるでしょう。環境だけではなく、受け取る情報の量でも時間の感覚に差が出ます。

田舎はゆっくりと時間が流れるように感じる理由

自然豊かな見慣れた景色に、なじみの人びとに囲まれた環境での暮らしには、予期せぬ情報や人に出会う確率が少ないので、おだやかな時間が流れます。

1

山や海など自然に囲まれた景色

街中を歩いたときと比べ、外から入ってくる文字や音などの情報が少ない。遠くまで見渡せる山々や一面に広がる海を眺めることにより、思考が静まる効果もある。

2

人が少なく高齢者が多い

住居は一軒家が多く、隣の家との間隔は広めで、せわしなく過ごす人びとの気配を感じることが少ない。住民は高齢者が多く、生活リズムがゆるやか。

3

渋滞や行列が少ない

休日のショッピングモールや娯楽施設に向かう渋滞、人気飲食店の行列に並ぶための待ち時間に悩まされることが少ない。人の流れに左右されず、自分のペースで生活しやすい。

4

娯楽施設が少ない

繁華街や都市機能が1エリアに集中しているので移動に時間がかからない。また、店舗自体が限られているので、あれこれと悩むことに時間が取られない。

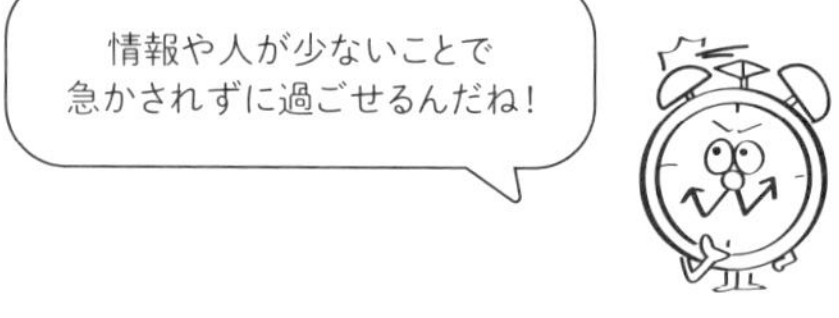

情報や人が少ないことで
急かされずに過ごせるんだね!

都会の時間の流れが速く感じる理由

人や情報が多く、歩いているだけでもさまざまな情報が入ってくる都会は時間の流れを速く感じやすくなります。

1 情報が溢れている

街中にあるさまざまな店舗や電車の中の広告や映像、行き交う人びとの話し声、音楽や匂いなど、目、耳、鼻を刺激する情報が溢れていて、思考の整理が追いつかない。このあわただしさが、時間の流れを速く感じさせる。

2 人が多い

住居は密集し、マンションも多い。さまざまな仕事をする人がいて、早朝から深夜まで、人通りが絶えず、せわしなく働いている人びとの気配を感じやすい。幅広い年齢層がいて刺激的だが、その分落ち着かない。

3 渋滞や行列が起きやすい

繁華街や都市機能が至近距離に多数あり、店舗が多い。平日は通勤や通学時間に電車や道路が混雑し、週末はショッピングやレジャーに出かける人の渋滞や行列に遭遇しやすい。待ち時間にはネットでほかの情報を得る。

4 娯楽施設が多い

話題性の高い新規オープンの店や人気店に関する情報は瞬時に広がり、人びとが密集する。行きたい場所ややりたいことが次々と出てくるので、誘惑が多い。そのため、予定を詰め込み、忙しなく行動する傾向になる。

楽しいことをしているときは
時間があっという間に
過ぎていくよね。

情報量のコントロールで時間感覚を調整する

都会に住んでいた人が田舎へ行くと、環境から受け取る情報が少なくなります。ただし、田舎で暮らしていても常にネットを通じて膨大な量の情報にアクセスしていれば、時間の流れは速く感じるものです。

田舎と都会を行き来する
「デュアラー」は時間の流れの違いを
感じてることができそうだね

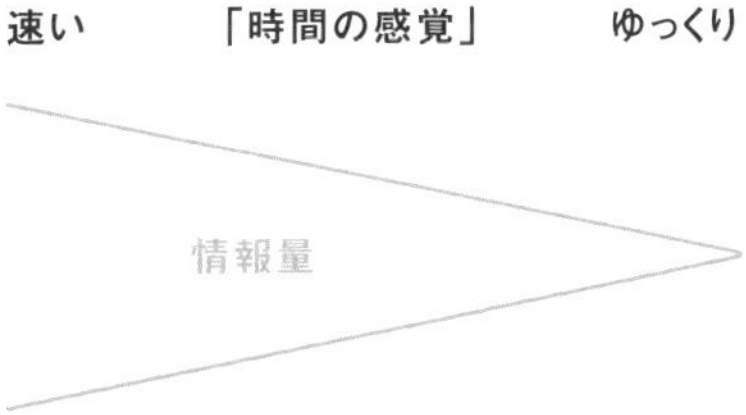
速い
「時間の感覚」
ゆっくり
情報量

情報量が多ければ時間の感覚は速く感じ、情報量が少なければ時間の感覚はゆるやかになります。

17

何にどれだけの時間を使えばいいの？

自分の役割を5つに分けてみる

5つの自分分けで現状と理想が見える

限りある時間を有効に使うために、自分の役割を5つに分類してみましょう。役割を分けることで、優先順位や取り組みたいことが明確になるので、まったく手がつけられないという分野を作らずに時間を回せるようになります。仕事やパパ、夫という個人的な役割の分類だけではなく、今後副業も考えたいとか、自己啓発の学びや語学学習をしたいとか、体を鍛える、読書などの夢や目標を含むこともできます。次に、3〜6カ月後くらい先にある未来を想定しながら、「理想の状態」を考えましょう。役割別に書き出すと、自分の現状の時間配分と理想とのギャップが明確になっていきます。

自分の役割を5つに分ける

さまざまな顔を持つ自分を洗い出してみることで、時間の配分を見直すきっかけになります。3カ月後の理想の自分も考えてみましょう。

38歳　コーチング業・女性
既婚　2歳と4歳の子どものママ

	現在の状態	3〜6カ月後の理想の状態
仕事をする私	● 対面メインでオンラインも活用。オンラインセッションをもっと増やしたい ● 仕事時間は4〜6時、10〜17時	● オンラインセッションがメインに。コミュニティサロンのメンバーを3000人にしたい ● 仕事時間は4〜6時、9〜16時で変わらない
ママの私	● 17時のお迎えから20時の寝かしつけまでがあわただしく、ひと息つく余裕もない	● お迎えを16時にして、寝かしつけまでの時間に余裕ができ、気持ちにもゆとりが生まれた ● 朝活スタートで子どもたちも起床時間前倒しに。登園までの余裕もあり
妻の私	● 仕事に没頭して、夫と接する時間が少ない ● 夫婦で話をする時間はほとんどなく、育児はできるほうが分担している状況	● 夫婦で定期的に外出するようになった ● 夕食を一緒にとれるときに語り合う
家事をする私	● 17時のお迎えから20時までにお風呂掃除、洗濯、夕食準備と子どもの世話はキツイ ● 掃除機が壊れかけていてストレス	● お迎えを16時にして時間も気持ちも余裕が生まれている ● 家事代行で料理の作り置きをお願いし、料理の負担が減っている ● 掃除機を新調して快適！
個人の私	● 自分の時間＝仕事だと、のちのちつらくなることを体験済みのため、仕事とは関係のない自分だけの趣味の時間をもちたい	● 相変わらず仕事中心の生活だけど、自分時間として読書ができている

■ **28歳**
会社員・男性
未婚

できていないことを
正そうとするよりも
「こうなったら
うれしい!」という
視点で書き出そう!

	現在の状態	3〜6カ月後の理想の状態
仕事をする私	● 帰宅後も仕事をするのがあたり前の生活。19時半には業務を終えたい	● 19時には仕事を終え、翌朝まで仕事脳を休められるように。生活にメリハリが生まれた
彼氏の私	● 外食デートができなくなり、彼女に料理を作ってもらう機会が多い。負担をかけているようで申し訳ない	● 自炊をするようになり料理のレパートリーが3品に! 彼女も喜んでくれそう
子どもの私	● 仕事のことや将来設計を親と会話する機会がほとんどない ● この先、結婚を考えている彼女がいることを親に伝えたい	● 彼女を親に紹介。結婚の予定や親の老後のことなども、お互いの考えを少しずつ話せるようになっている
家事をする私	● 食事はほぼコンビニやテイクアウトのお弁当ばかり ● 食費や栄養面を考えて自炊をしたい	● ご飯を炊いて冷凍するように ● 冷蔵庫には納豆と野菜炒めの具材を常備している
個人の私	● これといった趣味がない ● 運動不足なのでスポーツをしたい	● 平日の20時過ぎに30分のランニングを日課に ● 英会話のオンライン講座の受講を始めている

■ **32歳**
会社員・女性
既婚
子どもなし

	現在の状態	3〜6カ月後の理想の状態
仕事をする私	● 平日は深夜残業が不定期に入る生活 ● 海外出張あり ● 今の部署では産後3カ月で復帰しなければならない	● 残業のほとんどない部署に異動が叶っている ● 産休をとる準備を進めている
ママの私	● 婦人科で検査を受け赤ちゃんを迎える準備をしている	● 妊娠できてうれしい ● マタニティヨガに通うためのリサーチを始める
妻の私	● 繁忙期は仕事に没頭してしまい、妻としての時間がなくなる ● 夫婦ともに仕事に疲れ、土日はだらだらして終わるのがもったいない	● 定期的に夫婦で外食したり、語ったり、映画を見にいったりできるように ● 子どもができる前に2人で遠出をしたり、旅行をしたりする計画を立てる
家事をする私	● 繁忙期は料理は夫に丸投げ ● 洗濯、掃除は好き ● 夫婦での家事分担はうまくできていると思うけれど、忙しいと分担通りに進まない	● 平日の夕食準備は大変なので、作り置きや家事代行などの対策をとる ● 夫婦でもっと臨機応変に対応できるようになってきた
個人の私	● これまで韓国語学習が趣味だったけれど、仕事でも使えるレベルになってからは情熱がなくなった。新しい趣味が欲しい ● テレビを見て終わり	● 仕事以外に熱中できることが見つかる

今の自分を5つに分けて、時間配分を考える

まずは自分の役割を5つに分け、現在の状態と使っている時間配分を書いてみましょう。

例:2.5h

役　割	現在の状態	時間配分 (所要時間)

後回しにして手がつけられずにいる
ことはないかな?　巻末の付録
『5つの「私」役割シート』も活用しよう!

3〜6カ月後にありたい自分を書き出してみよう

理想の状態へと改善させていった3〜6カ月後のあなたは、どんな時間を過ごしていたいでしょうか。少し先の理想の自分をイメージして書いてみましょう。

役　割	3〜6カ月後の理想の状態	時間配分
	Ⓐ	
	Ⓑ	
	Ⓒ	
	Ⓓ	
	Ⓔ	

今週1週間で進めるタスクを書き出してみよう

役割別の3〜6カ月後の理想の状態から、それぞれ1つの事柄を左下の枠に書き出します。それを叶えるために今週実行する具体的なタスクを右下の枠に書いてみましょう。上の表のⒶ〜Ⓔを左枠に書きます。

3〜6カ月後の理想に向けて	この1週間で進めること
Ⓐ	
Ⓑ	
Ⓒ	
Ⓓ	
Ⓔ	

時間の悩みにお答えします！ 4

家事や育児に追われ、自分の時間がない

1歳と3歳の子どもがいます。家事・育児をしていると、気づくと1日が終わっています。自分の時間がなく、毎日同じことの繰り返しでモヤモヤします。充実感を感じる生き方がしたいです。（30代・専業主婦・女性）

宇宙物理学者
二間瀬敏史教授

僕のやっていることも日々同じことの繰り返しですが、同じことをやり続けないと発想は生まれないですし、論文のネタも出てきません。ただ、ずっと同じことをやり続ければいいというのではなくて、どこかへ遊びにいくなど、リラックスできる時間を意識的に作るのはとても大事ですね。日々の積み重ねの中に、ぜひ“遊び”をプラスしてみてください。

タイムコーディネーター
吉武麻子さん

まずは自分の理想の1日の過ごし方を想像し、書き出してみましょう。そして実際の、とある1日のスケジュールを細かく書き出してみてください。理想と現実のギャップはどこにあるでしょうか？ギャップを埋めるためには、すべてを1人で抱え込まず、家電や家族に任せることもよいと思います。リフレッシュの時間も優先的に確保してくださいね。お母さんが笑顔でいることは、家族にとっても幸せなことです。

本書のイラストレーター
オフィスシバチャン・
柴田昌達さん

家事の中でやらなくてはいけないことが多いのだと思います。すべてを完璧にこなそうとせずに手を抜ける部分は抜くようにしたり、パートナーに分担してもらったりするのがよいと思います。時間を確保したら、カフェに行く、本を読む、海外ドラマを見るなどして自分時間を作ることがオススメです。

Chapter 4

人生と時間

限られた時間を満足いくものにするために
大切な視点とはなんでしょうか？
人生が豊かになる時間のとらえ方を探ります。

「5分」「10分」が大きな力に

小さな時間の積み重ねが人生を作る

「行動」と「行動の継続」が望む未来への近道

理想の生き方を実現する上で欠かせないことの1つが、行動することです。行動に移すことでしか、現実を変えることはできないからです。そして、もっというと、行動は続けなければ大きな変化は望めません。

大切なことは、目標達成に向けて、いかに無理なく行動を継続できるか。取り組む時間を短くすれば精神的なハードルが下がり、忙しくても時間が取りやすく、続けやすくなります。たとえ取り組む時間が1日5分や10分であっても、積み重ねることで成果につながります。また、短い時間の継続は集中力を高め、その結果、時間密度を上げるというメリットもあるのです。

10分間の使い方を真剣に考えてみる

まずは、10分間の使い方を意識してみましょう。いつもはあっという間に過ぎる10分間の中でも、意外とできることがあることに気づくでしょう。

いつもの10分	→	意識して過ごす10分
なんとなくテレビを眺める		筋トレをする
SNSをチェックする		英語のリスニングをする
スマホゲームに興じる		読書する

どんな忙しい人でも10分のスキマ時間ならあるよね

その10分で何をやるかで、その先の未来も変わりそうだね

「短い時間の継続」が時間密度を上げる

充実した時間を過ごしたり、時間内に高精度のタスクをこなしたりすることは「時間密度が高い」といえます。「短い時間の継続」には、時間密度の高い時間を過ごすことができる要素が詰まっています。

「短い時間の継続」のメリット

“短い時間”だから集中力をキープできる

人が集中力を持続できるのは15分程度といわれています。5分・10分であれば、高い集中力を保ちながら作業に取り組むことができます。

“継続”することで熟練する

どんなことでも継続していくうちに慣れて、手際よく上手にできるようになります。苦手なことの克服にも、短い時間の継続は効果的です。

“短い時間”でもムダにしなくなる

時間の過ごし方を意識することで、ただなんとなく過ごしていた5分・10分が、意味のある時間になります。1日の充実度も変わるでしょう。

時間密度を上げるポイント

- □ 集中力を高める
- □ 時短や仕事の効率化
- □ 時間の尊さを理解する

時間密度を上げることは、
達成感や満足度につながるよ

「短い時間」の積み重ねがこんな成果を生んだ！

「継続は力なり」という格言が示すように、小さな時間であっても、取り組みを続けていくことで得られるものは計り知れません。5分・10分の継続で生まれた成果とは？　実践者に聞きました。

起床後5分間の瞑想タイムで心が整った

フリーランス・35歳

仕事が忙しくいつも時間に追われる生活が続き、心身ともに疲れ切っていました。そこで毎朝、YouTubeで見つけた誘導瞑想の音声を聴きながら瞑想する時間を設けました。瞑想をした後は頭がスッキリし、やる気が湧いてきます。2週間ほど続けた頃には、ストレスを感じなくなっていました。

1日10分の踏み台昇降を3カ月続けて－4kg

会社員・37歳

テレワーク中の運動不足解消に、夕食後の踏み台昇降運動を始めました。10分なんてあっという間だし、効果なんてあるのかと思いきや、1カ月で－2キロ減。3カ月で、4キロ減りました。短時間であっても続ければ効果が出ることに驚きでした。そもそも、短時間だから続けられたということはあります。

「5分」「10分」
でできる
ルーティンを
考えてみよう！

時間と向き合うことで見えてくる
理想的な時間の使い方を考える

時間を整えると暮らしや心も整う

「時間と向き合う」とは、自分が送りたい人生を構築する時間の使い方を考えることです。時間と向き合うと、理想と現実のギャップが見えてきます。さらに、理想と現実のギャップを自覚することで、そのギャップを埋めようとする意識が働き、時間の使い方も変化するでしょう。それが暮らしにもあらわれ、心の充足につながっていきます。

まずは、「理想の1日」を書き出すことから始めましょう。そして、ギャップを埋めるためにできることを考え、行動に移していきましょう。この繰り返しが、「理想的な時間の使い方」を叶え、暮らしや心を整えていく第一歩になります。

理想と現実のギャップ

初めに理想と現実を認識することが大切です。理想を書き出すことで、自分では意識していなかった願望に気づくこともあるかもしれません。

■ 理想の1日を書き出してみよう

理想	現実
6:00 起床	自宅を出る時間ギリギリの8:30に起床
6:15 公園でランニング	ランニングはおろか朝食をとる時間もない
7:00 朝食	
8:30 出社（9:30まで集中タイム）	始業時刻の9:30少し前に出社
12:00 近くの定食店でランチ休憩	時間がなくてデスクで済ませることが多い
13:00 A社にてミーティング	
14:00 オフィスのカフェスペースで仕事	
16:00 オンラインミーティング	
17:30 退社	定時に退社できることはほとんどない
18:00 帰宅、夕食作り	自炊はほぼせず、コンビニで調達か外食で済ます
19:00 夕食、食事の後片付け	
20:00 入浴	
20:30 自由時間	
22:30 就寝	24時前に眠れることはめったにない

ギャップを埋めるためにできること

理想と現実のギャップが明確になったら、その隔たりを埋めるためにできる行動を考えていきます。最も大切なのは、必ず確保したい時間を決めること。次に、手放せることはないかタスクを取捨選択していきましょう。

必ず確保したい時間を決める

睡眠時間や趣味の時間、ストレス発散のための時間など、「現実」では不足している、仕事以外の必要な時間を最初に決めましょう。

手放せることを探す

仕事以外の必要な時間を確保するために、いくつかのタスクを手放しましょう。手放し方は、100〜101ページを参考にしてください。

起床時間を早める

集中力と思考力が高まる朝の時間帯に作業をスタートすれば、余白時間を生み出せます。早起きしたぶん理想的に過ごす時間にあてることもできます。

G
A
P

「理想的な時間」に近づくキーワード

時間の不足感を感じている人や、せわしない日々を送っている人に必要な視点をまとめました。長年の「時間がない」という思い込みから解放される手助けになるキーワードです。

- しっかり休む
- お金で解決する
- 欲張らない
- メリハリをつける
- 「やらねば」より「やりたい」
- 無心になれる時間をもつ
- 自分の時間を生きる

“自分の時間を生きる”
……響くなぁ

「時間に追われている」
「上手に時間管理したい」
と思っている人に
贈りたいキーワードだね

3

自分の時間を生きるための第一歩
時間のしがらみから自由になる

時間に支配されない人生とは？

時間に追われて自分が使いたいように時間を使えていないとき、人生の満足度は大きく下がります。時間の使い方は生き方そのものであり、その人の価値観が反映されるからです。本来、どう時間配分し、どんな時間を過ごすかを決めるのは自分。つまり、自分自身が時間の主人でなければなりません。

世間体やしがらみなど、周囲の人や常識に合わせていく時間の使い方から、主体的な時間の使い方ができるようになると、自分で時間の舵取りをしていると感じられるようになります。時間に支配されているように感じる人はまず、その背後にある思い込みを探ってみましょう。

よくある時間に対する思い込み

自分の意思で時間を使えてないと感じる人の多くは、時間に対するネガティブな思い込みをもっています。まずはそれを明らかにし、取り払いましょう。

忙しい人は仕事ができる

マルチタスクが時間を生む

スケジュール帳が予定で埋まっているほうが充実している

たくさん働かないと稼げない

人生はあっという間

“たくさん働かないと稼げない”という思い込みは、時間を切り売りすることにつながるかもしれないね

“あっという間の人生”にするかどうかは、どんな時間を過ごすかにかかっているよ

時間がない背景にあるものをひもとく

「やりたいことをする時間がない」という思いは、どこから生まれたものでしょうか。世間体やしがらみ、思い込みが、そう思う要因になっている場合もあります。

やりたいことをする時間がない

世間体

- プライベートより社会的な時間を優先すべき
- 子どもを預けて夫婦で出かけるなどもってのほか

しがらみ

- 気の進まない飲み会にも参加する
- 有給休暇はよほどのことがないと取らない

思い込み

- 就業時間内に仕事が終わらなければ家でやるべき
- 食事は自炊すべき

自分の意思で時間の使い方を決める

自分の意思で時間の使い方を決めることが、自分の人生を生きる第一歩になります。人に流されず自分の時間をもつためには、他者や他者のための時間との境界線を引くことが重要です。

1日1時間は余白の時間を作る

仕事も家事もしない、何の予定も入れない、自分だけの時間をもちましょう。この時間の過ごし方を考えることが、主体的に時間を過ごす近道です。

睡眠時間は絶対に削らない

時間が足りないと多くの人は睡眠時間を削りがちに。これがストレスや健康を損なう原因になります。早く寝て早朝に作業するほうが遥かに効率的です。

自分のために使う時間を先に確保しておく

やりたいことをする時間がないと思う人ほど、自分のことを後回しにする傾向にあります。あなたの大切な時間を何より自分のために使いましょう。

休日は仕事をしない

仕事と生活のバランスを各自で調整することが求められる時代だからこそ、自分の時間を守るためのルールを設けることが大切です。

自分の時間の
使い方のルールを決めて
取り組むことで、
時間に支配されなくなるよ

4

豊かな時間を過ごすために

効率よりも大切なこと

時の流れに身を任せると得られるもの

限られた時間を有効に使うために効率を考えることは大切ですが、中には効率化が向かないものもあります。たとえば、子どもとの時間です。子どもは「やりたい」と思ったら気持ちの赴くまま素直に実行しますが、大人は効率的に進めようと順番を考えながら行動しがちです。しかし、子どもとの時間は子どものペースに合わせてクリエイティブに過ごしたほうが、心地よいものになります。趣味の時間や何かに没頭する時間、リラックスするための時間も、効率を考えずに時の流れに身を任せると心身ともにリセットされます。そして、その時間だけでなく、その後の時間も豊かなものになります。

すべてに効率を求めない

世の中には、効率化に向いているものと向いていないものがあります。人との関わりやクリエイティブな事柄は、効率化に向いていないといえます。

効率化に向いているもの

- **普段の作業の中でのムダ**
  仕事や家事の中で、明らかにムダがあると感じながらもやり続けている作業は効率化すべき
- **好きではないが やらなくてはいけないこと**
  好きではなかったり、苦手だったりするけれど、義務的にやっている場合は手放すことも検討しよう
- **機械でもできること**
  掃除や食器洗い、調理など便利家電がしてくれる・人の手でなくてもできる作業は効率化向き

効率化に向いていないもの

- **人の育成**
  相手の理解度や感情を汲み取り、状況に合わせた対応を必要とする
- **アイデアの創出**
  創造力を使って新たなものを生み出すことは、むしろ時間をかけるべき
- **人間関係の構築**
  心の通った交流を通して得られる学びや喜びを得ることが難しくなる
- **子育て**
  便利グッズの助けは借りても、子どもとの関わりは効率化すべきでない

「効率化」は製造現場で機械や設備の動作や工程に使われてた言葉だよ
それを人間的な営みに当てはめるのは無理があるのかも
TIME IS MONEY

効率を考えずに過ごせる時間

時間に追われていると、常に効率化することを考えがちですが、それではいつまで経っても時間に追われる感覚から抜け出せません。効率を考えずに楽しむ時間をもつことが心の充足につながり、心身のリセットになります。

趣味の時間

スポーツでも学びでも、趣味に向かうときは、その瞬間を楽しむことに意識を集中させましょう。習得を急ぐ気持ちや競争心をもたないほうが、より豊かな時間を過ごせます。

没頭する時間

物事に真剣に打ち込む時間は、効率化とは無縁の時間といえるでしょう。究極の集中状態といわれる「ゾーン」の状態に入ると、心が落ち着き、強い幸福感を覚えます。

リラックスする時間

自然の中に身を置いたり、おいしいものを食べたり、湯船に浸かったりしてリラックスする時間も、心がやわらぐひとときです。その瞬間を味わいつくしましょう。

心身のリセット

どれも心が
満たされて
豊かな時間に
なりそうだね

気持ちがほぐれる時間をもとう

日頃、効率を求められる場で活動している人ほど、意識的に緊張が解ける時間をもつことが大切です。気持ちのオンオフの切り替えが時間のメリハリを生み、日々の充実感を得られるでしょう。

気持ちがほぐれる過ごし方の例

“今ここ”に集中する

感情の安定やストレスの軽減に役立つマインドフルネスのトレーニングの1つ。今この瞬間の経験に評価や判断を加えずに意識を向けてみましょう。

人と会話して笑う

笑うと副交感神経が優位になり、リラックス効果を高めるとともに、自律神経のバランスが整います。不安や緊張などストレスもやわらげます。

プチ・リトリートする

仕事や家庭など日々の忙しい生活から離れた空間で心と体を休ませる「リトリート」。観光目的の旅行と違い、日常を忘れてリフレッシュできます。

デジタルオフデーを設ける

スマホやパソコンなどのデジタルデバイスから意識的に距離を置きます。目や肩の疲れが取れる、ストレスが減る、睡眠の質が上がるという効果も。

ピンときたものを
試してみよう

5

幸せに生きるための鉄則

お金と時間、どちらが大切？

時間を得るために お金を使う時代へ

コロナ禍は、私たちの暮らしや働き方に意識改革をもたらしました。たとえば、1日の時間の大半を仕事に費やし忙しく働いてお金を得ることよりも、どんな時間を過ごすかに重きを置き、仕事の時間にも心地よさを求める人が増えました。そんな価値観のあらわれは、観光地やリゾート地など休暇先でリモートワークを行うワーケーションへの関心の高まりからもうかがえます。

多くの人びとが時間の大切さに気づき始めた今、今後ますます時間を得るためにお金を使うことが顕著になったり、豊かな時間を得るためにお金を使ったりする方向にシフトしていくでしょう。

お金より時間が大事だと考えられる3つの理由

「時は金なり」という格言は、時間はお金と同じように貴重なものであることを伝えていますが、時間はお金より価値があるものなのかもしれません。

1
時間を増やすことはできない

誰にとっても1日24時間という時間は平等で、決して増やすことはできません。一方、お金は労働や投資など、いくつか増やす方法があるからです。

2
失った時間は取り戻せない

お金は取り戻すことができても、失った時間は二度と取り戻すことができません。今この瞬間も、あっという間に過去に変わり、失われていくからです。

3
時間の積み重ねが人生を作る

人生は、日常生活の小さな瞬間の積み重ねでできています。自分がその時間で何を感じ、何を学び、何を経験したかが未来に大きな影響を与えるからです。

お金よりも時間のほうが
希少性が高いのは
明らかだね

豊かな時間を生むお金の使い方

時間を費やしてお金を得る時代から自分のための時間をいかに得て、どう過ごすかが問われる時代。どんなお金の使い方が、豊かな時間、ひいては幸せな人生につながっていくのでしょうか。

イライラやモヤモヤを解消するために使う

時間に追われイライラしたり苦手なことにモヤモヤして取り組む時間は、お金で時間を買うことで手放せます。

能力を身につけるために使う

資格取得やスキルを磨くための学びは、未来の自分への投資。知識を深める時間は充実感を生みます。

リフレッシュするために使う

週末ホテルステイやリトリートなど、リフレッシュのためにお金を使うことで、心も体も癒されます。

人生経験に使う

やってみたいと思っていたことに挑戦することは、大きな自信を生むと同時に次の目標への活力となります。

社会貢献に使う

寄付やクラウドファンディングなど、困っている人や店を応援する使い方は、幸福感につながります。

親孝行に使う

お花やちょっとした贈り物で感謝の気持ちを伝えることで、あたたかなコミュニケーションが生まれます。

これなら
豊かな人生に
なりそうだ
TIME IS MONEY

POINT

- **時間を生み出すことができるお金の使い方かどうか**
- **未来の種まきになるお金の使い方であるかどうか**
- **自分の生き方を輝かせることができるお金の使い方かどうか**

6

行動がものをいう

後悔しない時間の過ごし方

やりたいことを先延ばしにしない

多くの人は死の直前、「やったこと」よりも「やらなかったこと」を後悔するといわれています。日常の時間の積み重ねが人生を作ることを考えたら、日々、やりたいことを先延ばしにしないことが後悔のない人生につながります。

どんなことを後悔するかは人によって異なります。自分にとって後悔が残りそうな人生とはどんな人生か、一度明確にしてみるとよいでしょう。後悔しない人生を送るために大切なことが見えてきます。また、自分の感情を抑えこんでしまうことも、後悔の原因に。主体的に行動することが、後悔しない時間の過ごし方につながるといえます。

どんな人生を送ると後悔しそう?

あなたにとって、後悔が残りそうな人生とは？　思いつくままにリストアップしてみましょう。そこから、今の暮らしの中での改善点を探っていきます。

“後悔が残りそうな人生”を定義してみる

- やりたいことをあきらめる
- 本音を言えずにガマンする
- 働きづめで自分の時間がない
- 学ぶことをあきらめる
- 不摂生をする
- 家族や友人を大切にしない
- 社会とのつながりがない
- 過去の失敗を思い悩む

↓

改善点

- 仕事が忙しくてやりたいことを後回しにしている
- 外食が多い
- 実家に2年近く帰っていない
- 会社の人以外との接点があまりない

後悔しない
時間を過ごせて
いるかな

POINT

後悔しない人生を送るために改善したい点を書き出す。できるところから実行に移そう。

後悔の多くは感情を抑え込んでしまうことが原因

「本当はああしたかったけれど、できなかった」「本音を言えずに人の意見に従ってしまった」など、自分の気持ちを表に出せなかったときも、後悔を生みます。

自分の気持ちを信じて行動しなかったことへの後悔

周囲の目や世間体を気にして動けなかったことへの後悔

人の意見に流されて行動してしまったことへの後悔

↓

主体的に行動しなかった

後悔しない
ために は、自分で
決めて行動する
ことが大切だね

後悔のない時間を過ごすための3つのポイント

後悔しない時間を過ごすために最も大切なことの1つが、行動することです。このとき、「時間は有限である」ということを意識すると、尻込みしていたことにも挑戦しやすくなるでしょう。

1 言い訳せず行動に移す

本当はとてもやりたいことなのに、「時間がないから」「うまくいくはずがないから」……そんなふうに制限を設けるのはもったいないことです。自分の人生の主人公は、ほかならぬ自分。やりたいことに最優先で取り組める時間配分を考えてみましょう。

2 変化を恐れない

初めての挑戦は勇気が必要ですよね。怖くてなかなか一歩を踏み出せない人も多いでしょう。しかし、ためらうのは特別なことではありません。人には変化を恐れる習性があるからです。まずは小さな目標から取り組み、成功体験を重ねていくのがオススメです。

3 些細なことであきらめない

せっかく行動に移したのに、誰かに何かを言われたり、トラブルが発生したりして途中であきらめてしまうことはありませんか。完璧さを求めすぎる人は、あきらめグセがつきがちに。肩の力を抜き、楽しみながら取り組むことが大切です。

■ 後悔しない人生を送るための時間のとらえ方

- 時間は**有限**だということを意識する
- どんな時間を過ごすかは**自分で選べる**
- 時間は流れゆくものではなく**積み重ねるもの**

時間がより
尊く感じられるね

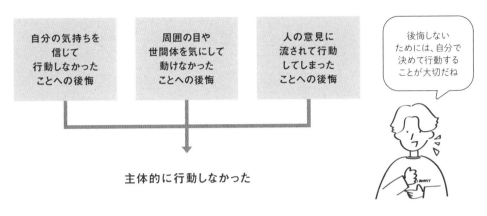

7

満足のいく時間の過ごし方って？

どう生きたいかを考える

「人生を生ききった」と思えるのは、どんな人生？

「人生を生ききった」と思える人生とは、一体どんな生き方でしょう。これは、「どう生きたいか」を考える上で大切な問いですが、いきなり何十年も先の未来を思い描くのは難しいものです。そこで、「20代のテーマ」「30代のテーマ」「40代のテーマ」……というように、10年ごとのテーマを設定することから始めてみましょう。10年ごとのテーマが定まると、それを実現するために必要な時間の過ごし方が見えてきます。

「どう生きたいか」は、ライフステージだけでなく、さまざまな要因で変わるものです。そのつど、自分にとって満足のいく時間の過ごし方をアップデートしていきましょう。

10年ごとのテーマを決める

まずは、ざっくりとした10年ごとのテーマを書き出してみましょう。そして、それぞれの10年間で実現したいことをリストアップします。

	テーマ	実現したいこと
20代	自分の世界を広げ、キャリアの土台を築く	・目の前の仕事に真剣に打ち込む ・他社の人ともコミュニケーションをとり、世界を広げる ・お互いに尊重し合い、高め合えるパートナーと出会う
30代	家庭をもち生活の基盤を作る	・仕事を通して自信とスキルを身につける ・結婚する ・子どもが生まれ、マイホームを購入する
40代	自分がもつスキルの専門性を高める	・起業を視野に入れてセミナーをリサーチする ・資格取得の勉強をスタート ・45歳で退職し起業する。もしくは転職する
50代	社会に役立つ仕事に従事し幸せに働く	・信頼のおけるビジネスパートナーと出会う ・社会的貢献度の高い仕事にやりがいをもって働いている ・講師業で自分のスキルや知識を提供する

10年ごとのテーマをざっくりと決める

ここから具体的に何をどうするかを考えていく

10年って、意外とあっという間だよ

10年ごとのテーマなんて考えたことなかった

「どう生きたいか」は変わるもの

どう生きたいかは、さまざまなきっかけで変わります。ライフステージの変化や経験を通して価値観が変われば人生観も変わるのは、自然の摂理。今の生き方に違和感を感じるなど、変化の兆しを見逃さないことが大切です。

「どう生きたいか」が変わるきっかけ

- 出会った人
- ライフステージの変化
- 読んだ本
- 旅行
- 社会情勢
- 壮絶な体験
- 身を置く環境の変化

自分の世界が広がったり世の中が大きく変わったりすると人生観も変わるよ

「どう生きたいか」が変わってきたと感じたら……

付録の『5つの「私」役割シート』に書き出そう

記入例

5つの「私」役割シート

	仕事をする「私」	ママとしての「私」	妻としての「私」	家事をする「私」	私個人という「私」
現在の「私」	・いつ仕事になるかわからない。(24h365日仕事モード…コントロールされている) ・海外出張あり。 ・産後3ヶ月で復帰…	(ない)	・仕事が忙しくなると没頭してしまって妻としての時間がなくなる。 ・夫婦ともに仕事に疲れて土日ダラダラして終わるのがもったいない。	・仕事が忙しいと料理は夫に丸投げ…たまにならいいけど続くと嫌そう… ・洗濯、そうじは好き ・夫婦での家事分担は上手くできていると思うけど、忙しいと…	・これまで韓国語学習が趣味だったけど仕事でも使えるほどになって楽しさがない。 ↓ 新しい趣味が欲しい! ・テレビ見て終わり
24hの内訳 睡眠時間 6 h	12 h	0 h	2.5 h	2.5 h	1 h
理想の「私」	・ある程度の時間を読める仕事がいい。 ・産後1年間は育休を取りたい。	・なるべく早くに子どもができたら嬉しい。 ・できれば2人欲しい。	・もっと定期的に夫婦で外食したり、語ったり映画見に行ったりしたい! ・子どもができる前に2人で遠出したり、旅行をしたり、色々なところに出かけたい!	・仕事から帰ってきてから夕食の準備は疲れているし時間に追われるし大変!! 作りおき、家事代行など対策を取る。 ・夫婦でもっと臨機応変に対応できるようにしたい。	・仕事以外の何かに熱中する時間が欲しい!
24hの内訳 睡眠時間 6 h	8 h	0 h	3.5 h	3 h	3.5 h
3年後の「私」	・日本でも韓国でも仕事をしている。 ・産後だが、仕事も充実している	・仕事時間の確保ができていて、かつ、子どもとの時間も濃いものになっている。 ・生きることの楽しさやどこにいても自分の力で生きていけると、伝えられている。	・子どもを預けて、夫婦で飲みに行ったり、語り合う時間がある。	・家事代行を上手く活用している。 ・作りおき、大型そうじをお任せしている。	・仕事に関係のない読書を楽しんでいる。 ・熱中できる趣味がある。
24hの内訳 睡眠時間 6 h	8 h	6 h	1 h	2 h	1 h

吉武麻子『5つの「私」役割シート』

巻末をチェック!

【仕事をする「私」】【ママ/パパとしての「私」】など、私たちは年齢を重ねるごとに、いくつもの役割をもつようになります。この役割を整理し、「理想の私」を明確にするためのシートです。現在「どう生きたいか」を明確にすることはもちろん、価値観の変化を感じたときに、その変化を言語化するのにも役立ちます。

使い方

まずは【現在の「私」】と【理想の「私」】を書き出し、その後【3年後の「私」】という具体的なゴールを書いていくと、自分の大切にしたい「時間=生き方」が見えてきます。もちろん、役割を置き換えたり、追加したり減らしたりしてOK!

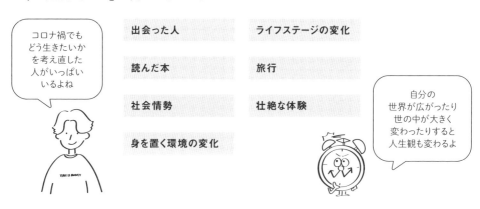

8

忙しさにかまけてはいられない 大切な人との大切な時間

大切な人との残り時間は？

「セイコー時間白書　2019」によると、「大切な人と一緒に過ごす時間」がどれくらいあるか頻繁に考える人は8.1％にすぎず、約6割は「まれにしか・まったく考えたことがない」（57・4％）と回答しました。一方、セイコーが算出した「大切な人と会って話をすることができる生涯残り時間」は、おそらく多くの人が「思った以上に少ない」と感じるのではないでしょうか。

　時間を増やすことはできませんが、大切な人との時間を実りあるものにすることはできます。あなたが大切な人と一緒にしたいことや、してあげたいことはなんでしょう。いま一度、考えてみませんか。

大切な人との“残り時間”を意識する人はわずか

多くの人は、大切な人との残り時間をあまり意識していません。「そんな悲しいことは考えたくない」「縁起でもない」と感じる人が多いのではないでしょうか。

大切な人と一緒に過ごす時間がどれくらいあるのか考えたことはありますか？

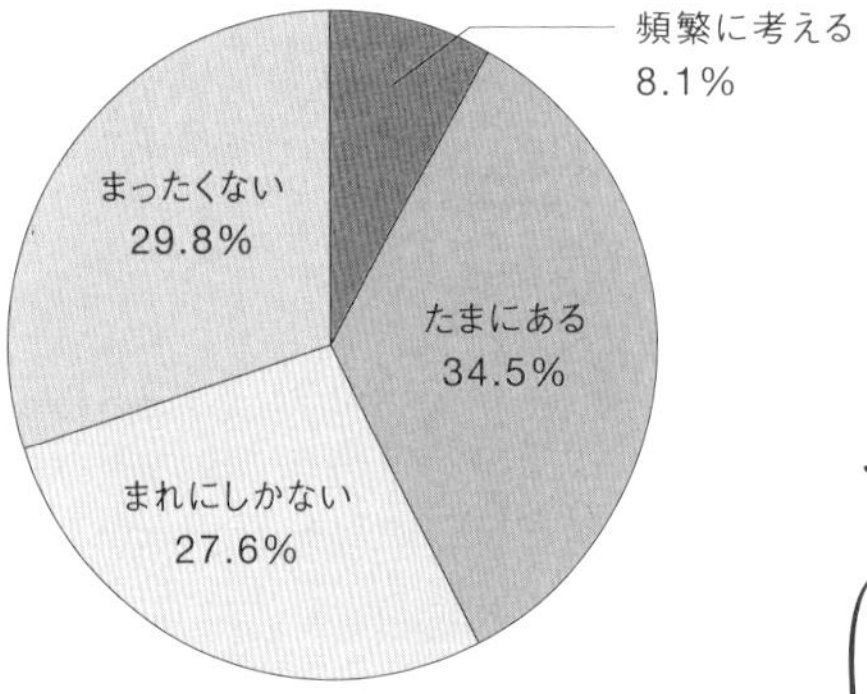
頻繁に考える
8.1%
まったくない
29.8%
たまにある
34.5%
まれにしかない
27.6%

残り時間なんて
考えたくないな

出典:「セイコー時間白書2019」

大切な人と会って話すことができる生涯残り時間は？

25～29歳の人が別居する母親と対面で話すことができる時間は、42.3日。父親の場合は20日を切ると算出されました。

自分の父親	自分の母親
19.6日間	42.3日間

※ともに自分の年齢が25～29歳、別居の場合

出典:「セイコー時間白書2019」

直近1年間で大切な人と過ごした「頻度」と「時間」を年間換算し、「頻度」と「時間」の掛け算をすることで、「直近1年間で大切な人と過ごした合計時間」をもとに年代ごとの中央値を出し、それを自分の年齢以上の年代をすべて積み上げることで算出。

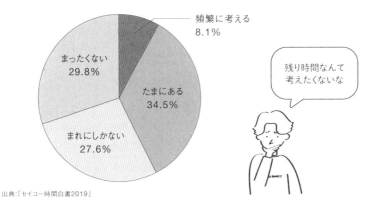

親と過ごしたい“大切な時間”

親と過ごせる残り時間の少なさに驚いた人は多いでしょう。親との時間をより大切にしたいなら、日常の時間の過ごし方とは違う、「特別な体験」を一緒にすることがオススメです。

親の趣味に付き合う

趣味に費やす時間は、好きなことに没頭できる幸せな時間。初めて目にする親の姿や、いつもとは違う会話を新鮮に感じるかもしれません。

記念日を祝う

誕生日や両親の結婚記念日に外で食事を楽しんだり、花を贈ったり。大切な日を一緒にお祝いする、幸せなひとときになるでしょう。

旅行する

計画の段階から、ワクワクする時間を過ごせる旅行。非日常の中でリラックスしながら親と過ごす時間は、深く思い出に刻まれるはず。

わが子と一緒に過ごせる時間は?

バラエティー番組『チコちゃんに叱られる!』(NHK総合テレビジョン)で2018年に紹介された、「わが子と生涯で一緒に過ごす時間」は、その時間の短さが話題になりました。番組では、大学教授が詳細を解説。小学校卒業の頃には一緒に過ごせる時間の半分が過ぎてしまうとのことでした。

母　親	父　親
約7年6カ月	約3年4カ月

父親は
母親の半分!

想像以上に
短いと感じた人が
多いのでは?

一緒に過ごせる
時間の
約5割が経過

**小学校を
卒業する頃**

**幼稚園・保育園を
卒園する頃**

一緒に過ごせる
時間の
約3割が経過

9

「人生100年時代」をどう生きる？
現役時代の残り時間

社会人としての時間はまだまだ長い

かつては定年といえば60歳でしたが、2021年4月「改正高年齢者雇用安定法」が施行され、70歳まで働ける環境が整いました。65歳以上の定年を導入する起業が増え、さらなる定年延長や定年廃止についても論じられるようになり、今20代前半の人は、現役時代の残り時間が50年になることも考えられます。しかし、定年まで1つの会社で勤め上げることを考えている人は多くないかもしれません。今後働き方の多様化が進み、自由なワークスタイルが浸透することが考えられる中で、仕事を通して自己実現する、知識やスキルを人に提供する、といった働き方を選択する人が増えていきそうです。

終身雇用から「自分のスキル」で生きる時代へ

終身雇用制度の崩壊と人材の流動化の促進の変化により、年齢とともにキャリアが上がる時代から、自分のキャリアを主体的に築いていく時代に入りました。

転職？　独立？　パラレルキャリア？

自分のキャリアを主体的に築く

キャリアプランを立てたほうがいいのはなぜ？

目標をもたずに漠然と働くにはリスクが高い昨今。早くから理想の生き方を実現するための行動計画、キャリアプランを立てましょう。

キャリアプランを立てるメリット

- 自分自身を深く知ることができる
- 仕事を目標達成のための大切な通過点ととらえ、目的意識をもって働くことができる
- 理想の生き方や働き方が叶いやすくなる

キャリアプランを
立てることで
有意義な時間を
過ごせそう
TIME IS MONEY

キャリアプランを立てるための3つの柱

キャリアプランは「スキルと経験（過去）」「価値観（今）」「キャリアビジョン（未来）」の3つの柱を明確にすることで見えてきます。まずは3つの柱を引き出す問いに答えてみましょう。

スキルと経験を探る問い

- 簡単にできること、得意なことは？
- 人によくほめられることや感謝されることは？
- 自分がもっている知識やスキルで今後役立ちそうなものは？

価値観を探る問い

- 好きなことや夢中になれることは？
- モヤモヤすることや残念に思うことは？
- 年収やワークライフバランス、やりがいなど、仕事選びの基準において優先度の高いものは？
- どんなときに達成感を感じる？

キャリアビジョンを探る問い

- 理想の1日は？
- 今、最も興味のあるものは？
- ずっとやりたかったことは？

3つの柱には
キャリアの種が
詰まっているよ

ライフステージごとにキャリアプランを見直そう

20代から30代へと年代が変わるときや、転職、昇進、結婚、子どもの誕生など、ライフステージが変わるごとにキャリアプランも見直しましょう。「70歳現役」を見据えた年代ごとの検討ポイントを紹介します。

20代
「チームの中でどんな存在でありたいか」「経験したい職種や業種は何か」など、今いる組織でより自分を活かすためにできることについても検討すると◎!

→

30代
仕事と暮らし、双方のプランをバランスよく考えていきましょう。独立する場合など、将来の環境変化に対応できる応用力のあるプランを設定するのが重要です。

→

40代
自分自身が今後「どう生きたいか」という人生設計に合わせたプランを考えます。これまでの経験で得た「強み」を活かしたプラン設定が大切になってきます。

→

70歳
70歳の時点での理想的なワークライフバランスや健康状態、老後資金を、20代～60代までのキャリアプランの1つのゴールに。

POINT

- **キャリアプランはもちつつも臨機応変に対応できるようにする**
- **仕事のキャリアだけでなく、人生や健康のプランニングも同時に行おう**

キャリアプランは変わるもの。
まずは「今」のプランを立てよう

時間の悩みにお答えします！ 5

限られた時間を後悔なく過ごすには？

休みの日や平日の夕食後、スマホを見ながらついダラダラしてしまうなど、時間をムダにしてしまったなと思うことが多々あります。これからの人生は、限られた時間を後悔なく過ごしたいと思っています。充実した時間を過ごすために、どんなことを心がければいいでしょうか。（40代・自営業・男性）

宇宙物理学者
二間瀬敏史教授

「時間＝制約」だと感じています。いつまでに何をしなければいけないなど、僕らは常に、何かしらの時間に制約されながら生きていますよね。だからときとして、時間がとても尊く感じられたり、使い方を後悔したくないと強く思ったりするのだと思います。僕は物理学を学ぶ学生たちには、日頃から問題そのものをどのように見つけ、その問題を解くときにはどうアプローチしていくのか考える力を身につけて欲しいと思っています。時間についてもいろいろな方向からその可能性を探ってみると、「限られた時間の中で好きなことしかやらない」とか「毎日同じことを繰り返す時間の中でよいアイデアは生まれる」など、納得いく時間の使い方・時間に対する価値観にたどり着けるかもしれません。

タイムコーディネーター
吉武麻子さん

ダラダラ過ごす時間も、たまにであれば悪くありません。現代人は、とにかく忙しいので、ときにダラダラすることを自分に許可する余白も必要だと感じます。ただ、毎日ダラダラするのはやはりもったいないので、なくしていきたいですね。ポイントは、限られた時間でこれから自分が何をやっていきたいのかをまずは知ることです。充実した時間とは、多くのタスクをこなすことがイコールとは限りません。自分の気持ちが伴ってこその充実なので、自分がやりたいことに時間を使っていくことです。まずは自分にとっての充実な時間とは何なのか考えることが大切です。そして、その時間を1週間に30分でもいいから今からすぐに組み込んでいくことを心がけてみてください。

本書のイラストレーター
オフィスシバチャン・
柴田昌達さん

まず、起きる時間、食事の時間、仕事の時間、寝る時間など毎日を同じスケジュールで行動するようにすることがオススメです。そして、同じスケジュールで動く日々の中で、充実した時間を過ごせたと思える日を参考に、スケジュールのテンプレートを作ります。ムダに過ごした時間帯があるのなら、なぜムダなことをしたのか分析し、改善していきましょう。それを日々繰り返していけば、自分にとって最高のスケジュールを作ることができます。

もっと知りたい！時間のこと

昔からある時間を表す表現や、時間に関することわざ、
名言には時間との向き合い方や時間のとらえ方のヒントがいっぱいです。
好きな表現や名言を探してみましょう。

1日の時間帯を表す言葉

早朝から深夜まで、日本語には時間を表す表現がたくさんあります。ここではその一部を紹介しましょう。

Morning

暁
(あかつき) 夜半から空が明るくなる前のほの暗い頃

払暁
(ふつぎょう) 明け方のやや明るくなってきた頃

未明
(みめい) 夜がまだすっきりとは明けていない頃。0〜3時頃

彼は誰時
(かはたれどき) 人の顔が判別しにくい夜明けの時間帯

東雲
(しののめ) 夜明けの空が東方から明るくなってきた頃

曙
(あけぼの) 日の出直前の東の空がぼんやりと明るくなる頃

朝ぼらけ
(あさぼらけ) 朝、空がほのぼのと明るくなる頃

明け方
(あけがた) 夜が明けようとする頃。3〜6時頃

夜明け
(よあけ) 太陽が昇り始めるとき

黎明
(れいめい) 夜明け。太陽が昇り始める様子。物事が新しく始まる意味でも使われる

早朝
(そうちょう) 人びとが活動を始める前。夜明けから1〜2時間後

朝
(あさ) 夜明けからしばらくの間。6〜9時頃、または正午頃まで

朝方
(あさがた) 朝の早い時間。6〜9時頃

朝涼み
(あさすずみ) 夏の朝の涼しい時間帯に風に吹かれて涼むこと

朝茶
(あさちゃ) 朝食前にお茶を飲むこと
習慣

朝戸風
(あさとかぜ) 朝、戸を開けたときに吹き込んでくる風を感じること

Noon

昼間
(ひるま) 日の出から日没までの間。特に正午を挟んで前後2時間をいう

日中
(にっちゅう) 日が昇っている時間帯

昼日中
(ひるひなか) 昼間、日中を強調した表現

真昼
(まひる) 昼の最中をさす。正午頃

白昼
(はくちゅう) 日中、昼なかのこと

白日
(はくじつ) 真昼。照り輝くの意味ももつ

日盛り
(ひざかり) 1日の中で日が盛んに照りつけるとき

昼下がり
(ひるさがり) 正午を過ぎ夕方に入るまでの時間帯

春昼
(しゅんちゅう) のんびりした春の昼間のこと

正午
(しょうご) 太陽が子午線を通過する時間。12時

日の入り（ひのいり）太陽が西の地平線に接すること

日暮れ（ひぐれ）明るい星が見え始める頃。夕方

夕暮れ（ゆうぐれ）夕日が沈みかける2〜3時間前

晩方（ばんがた）日の暮れる時間帯

Evening

火点し頃（ひともしごろ）日が暮れて明かりを灯し始める頃

宵の口（よいのくち）日が暮れて夜になり始めた頃

春宵（しゅんしょう）美しい春の夜の心地よいひととき

小夜（さよ）夜のこと。日没から日の出までの間

暮夜（ぼや）夜になった時間帯

夜中（よなか）夜の真最中。11〜14時頃

Night

夜半（やはん）夜中と同意。夜中が口語に対し、夜半は文語

夕刻（ゆうこく）太陽が沈んで暗くなり始める時刻

夕景（ゆうけい）夕方。また夕方の光や景色のありさま

薄暮（はくぼ）日没後の太陽が地平線より6度程度下にある時間帯

黄昏（たそがれ）日没後のまだ完全に暗くなっていない時間帯

入相（いりあい）日が山の端に入る頃

夜夜中（よるよなか）真夜中。夜中を強調する表現

長夜（ちょうや）秋や冬の長い夜

夜更け（よふけ）夜の遅い時間で夜明けまではまだ遠い時刻

深夜（しんや）夜遅い時間帯。0〜2時頃

未明（みめい）夜がすっきりとは明けきらない頃。2〜4時頃

残夜（ざんや）夜の気配がまだ残る明け方

同じ時間帯を表す言葉がこんなにたくさんあるんだね！
情景や心情に合うもの響きや文章のバランスなどで使いこなせたらいいね
TIME IS MONEY

時間に関することわざや格言

時間の真理が簡潔にまとまった
ことわざや格言。
その奥深さに触れてみましょう。

早起きは三文の徳

早く起きるとよいことがある

一寸の光陰軽んずべからず

わずかな時間であってもムダにしてはいけない

明日は明日の風が吹く

物事はなるようになる

歳月人を待たず

月日は人の都合など関係なく、過ぎていく

草木も眠る丑《うし》三《み》つ時

夜が更けて、すっかり静かになった真夜中

一刻千金

わずかな時間が千金にも相当するほど、時間は貴重である

時は金なり

時間はお金と同じく貴重なものだから有効に使うべき

思い立ったが吉日

何かを決意したら、すぐに行動したほうがよい

急《せ》いては事を仕《し》損《そん》ずる

何事も、あせると失敗しやすいもの。気がはやるときほど、落ち着いて行動すべき

うかうか三十きょろきょろ四十

大したこともせずにうかうかしていると、すぐに三十代になる。何をやろうかときょろきょろしていると、もう四十代になってしまい、気づくと人生が終わってしまう

光陰矢の如し

時間は矢が飛ぶような速さで、あっという間に過ぎていく

若い時の苦労は買ってでもせよ

若いときにする苦労は必ず貴重な経験としてこの先の人生に生きるから、どんどんしなさい

急がば回れ

急いで物事を成し遂げたいときは、危険を含む近道よりも、遠回りしても安全で確実な方法をとったほうがよい

桃栗三年柿八年

桃や栗は植えてから3年たたないと実を結ばず、柿は8年もの歳月が必要になる。一人前に育つには時間がかかる

石の上にも三年

冷たい石の上でも3年座り続ければ暖まるという意味。がまん強く辛抱すれば、必ず成功できる

日日是好日《にちにちこれこうにち》

毎日毎日がかけがえのない日だと一日の尊さに感謝して、どんな時間も大切に過ごす

毎日感謝

一時違えば三里の遅れ

一時（約2時間）ぐずぐずしていて進まないと、たちまち旅程が三里（約12㎞）遅れる。少しぐらいと油断すると大きな差がついてしまう

朝顔の花一時

朝顔は、朝咲いて昼を待たずにしぼむことから、物の衰えやすいこと、はかないこと

彼も一時此《こ》れも一時

時とともに、世の中のことは移り変わるから、ある過去と現在とを単純に比べられない

いつの時代も人びとにとって、時間はあっという間に過ぎ去るものだったんだなぁ
焦らず時間をかけることがよいとする教えも多いね

偉人が残した時間名言

すぐれた業績や影響力を残した人たちは、
時間とどう向き合ってきたのでしょうか。
偉人が残した名言から、
そのとらえ方に触れてみましょう。

人生を大事にしているなら、時間を浪費にするな。人生は時間の積み重ねなのだから

ブルース・リー

時はよく用いる者には親切である

アルトゥル・ショーペンハウアー

過去にとらわれず、未来を見ず、今この瞬間に集中しなさい

ブッダ

ムダな一日。それは笑いのない日である

チャーリー・チャップリン

人間は常に時間が足りないとこぼしながら、まるで時間が無限にあるかのように、振る舞う

セネカ

子どもには過去も未来もない。だから現在を楽しむ——大人はとてもそうはいかない

ラ・ブリュイエール

**困難を予期するな。決して起こらないかも知れぬことに心を悩ますな。
常に心に太陽をもて**

ベンジャミン・フランクリン

時間とは何かと問われるまではよく知っている。しかし、いざ問われるとわからなくなる

アウグスティヌス

ついに起こらなかった害悪のために、われわれはいかに多くの時間を費やしたことか！

トーマス・ジェファーソン

マイナスをプラスに変えようとするだけで、振り返らずに前方を見つめることになる。消極的だった考えが積極的になり、それが創造力を活動させ、われわれを多忙にし、過ぎ去ったものを嘆く時間や気持ちはなくなってしまうだろう

デール・カーネギー

時間ほど浪費しやすいものはなく、時間ほど貴重なものはない。これがなければ、われわれはこの世で何事もできないのだから

ウィリアム・ペン

人を批判していると、人を愛する時間がなくなります

マザー・テレサ

**私は先のことなど考えたことはない。
すぐに来てしまうから**

アルベルト・アインシュタイン

**明日死ぬかのように生きよ。
永遠に生きるかのように学べ**

マハトマ・ガンジー

時を得るものは万物を得る

ベンジャミン・ディズレーリ

名作児童文学に登場する時間にまつわる台詞

児童文学には人生経験を積んだ今だからこそ、
心に響く深い言葉がたくさんあります。
時間に関する名言にスポットを当ててみましょう。

きみがバラのために
費やした時間の分だけ、
バラはきみにとって大事なんだ

サンテグジュペリ『星の王子さま』より
キツネの台詞

人間はひとりひとりが
それぞれじぶんの時間をもっている。
そしてこの時間は、ほんとうに
じぶんのものであるあいだだけ、
生きた時間でいられるのだよ

ミヒャエル・エンデ『モモ』より
ベッポの台詞

なにかがわかるまでに、とても時間が
かかることがあるものなのよね

トーベ・ヤンソン『ムーミンパパ海へいく』
よりムーミンママの台詞

夜が明けると
朝がいちばんすてき
だと思うんだけど
日が暮れると夕方のほうが
きれいに思えるの

L・M・モンゴメリ『赤毛のアン』
よりアンの台詞

もし君が100歳まで
生きるなら、僕は君より
1日少なく生きたいな。
そうすれば、君なしの日を
過ごさなくてすむからね

A.A.ミルン
『クマのプーさん』より
プーさんの台詞

時間は夢の中で
面白くなり得る

ルイス・キャロル
『不思議の国のアリス』
よりアリスの台詞

わたしは心から
クリスマスを大切にし、その気持ちを
一年じゅう持ちつづけるようにいたします。
過去と現在と未来とを、
ちゃんと見つめて生きていきます

ディケンズ『クリスマス・キャロル』より
スクルージの台詞

それじゃあ僕と行こう。
夢があって絶対
時間に縛られない場所へ

J.M.バリ『ピーター・パン』より
ピーター・パンの台詞

心にグッとくる
名言ばかりだ!
TIME IS MONEY

時間という存在について
考えさせられるね!

索引

た

【参考文献】

『どうして時間は「流れる」のか』二間瀬敏史著（PHP研究所）
『タイムマシンって実現できる?』二間瀬敏史監修（誠文堂新光社）
『別冊 Newton 時間とは何か』二間瀬敏史ほか監修（ニュートンプレス）
『ニュートン式 超図解 最強に面白い!! 時間』二間瀬敏史ほか監修（ニュートンプレス）
『時間術大全 人生が本当に変わる「87の時間ワザ」』ジェイク・ナップ、ジョン・ゼラツキー著（ダイヤモンド社）
『14歳のための時間論』佐治晴夫著（春秋社）
『完訳 7つの習慣 人格主義の回復』スティーブン・R・コヴィー著（キングベアー出版）
『驚くほど眠りの質がよくなる 睡眠メソッド100』三橋美穂著（かんき出版）
『ブルース・リーが語るストライキング・ソーツ』ジョン・リトル著（福昌堂）
『名言 人生を豊かにするために』「座右の銘」研究会編（里文出版）
『世界の名著 アウグスティヌス』アウグスティヌス著（中央公論新社）
『D・カーネギー 名言集』デール・カーネギー／ドロシー・カーネギー著（創元社）
『人生を動かす 賢者の名言』池田書店編集部編（池田書店）
『1440分の使い方―成功者たちの時間管理15の秘訣』ケビン・クルーズ（パンローリング）
『星の王子さま』サン=テグジュペリ著（岩波書店）
『ムーミンパパ海へいく』トーベ・ヤンソン／作・絵（講談社）
『モモ』ミヒャエル・エンデ著（岩波少年文庫）
『不思議の国のアリス』ルイス・キャロル著（角川文庫）
『クマのプーさん』A・A・ミルン著（岩波書店）
『赤毛のアン』モンゴメリ著（新潮文庫）
『クリスマス・キャロル』ディケンズ著（新潮社）
『ピーター・パン』J・M・バリ著（岩波少年文庫）

●監修者

二間瀬敏史（ふたませ としふみ）

1953年、札幌市生まれ。京都産業大学理学部教授。宇宙物理学者。京都大学理学部を卒業後、ウェールズ大学カーディフ校応用数学・天文学部博士課程を修了。マックス・プランク天体物理学研究所、米・ワシントン大学研究員、東北大学大学院教授などを経て、現在は京都産業大学理学部宇宙物理・気象学科教授、東北大学名誉教授。一般相対性理論と宇宙論が専門。著書には、『宇宙の謎 暗黒物質と巨大ブラックホール』（さくら舎）、『タイムマシンって実現できる?』（誠文堂新光社）、『宇宙用語図鑑』（共著、マガジンハウス）、『世界が面白くなる! 身の回りの科学』（あさ出版）など多数。

吉武麻子（よしたけ あさこ）

1981年、神奈川県生まれ。TIME COORDINATE株式会社代表取締役。タイムコーディネーター。タイムコーディネート手帳考案者。中央大学文学部教育学科卒業後、旅行会社勤務を経て、26歳で韓国に語学留学。その後現地法人で、キャスティングディレクターとして韓国の広告に世界中のモデルをキャスティングする仕事に従事。365日仕事に追われる毎日の中で、結婚・妊娠・出産と自身のライフイベントと葛藤した過去や、世界のワーキングマザーと仕事をした経験から、オリジナルの時間体質改善プログラムを考案。個人事業主やダブルワーカーなど、公私共に時間を効率よく使い目標実現したい人に、時間管理・目標達成・モチベーション管理など、コンサルティングサービスを提供。

STAFF

イラスト／オフィスシバチャン

装丁／俵社（俵拓也）

本文デザイン・DTP／阿部智佳子

編集・執筆協力／羽田朋美、今井美由紀（株式会社ニームツリー）

校正／関根志野、曽根 歩

時短《じたん》・効率化《こうりつか》の前《まえ》に

今《いま》さら聞《き》けない

時間《じかん》の超基本《ちょうきほん》

監　修　二間瀬敏史
　　　　吉武麻子
発行者　橋田真琴
発行所　朝日新聞出版
　　　　〒104-8011
　　　　東京都中央区築地5-3-2
　　　　電話 (03) 5541-8996（編集）
　　　　　　 (03) 5540-7793（販売）
印刷所　図書印刷株式会社

ISBN 978-4-02-334054-1

定価はカバーに表示してあります。落丁・乱丁の場合は弊社業務部（電話03-5540-7800）へご連絡ください。送料弊社負担にてお取り替えいたします。

5つの「私」役割シート

私たちは年齢を重ねるごとに、いくつもの役割をもつようになります。例を参考にしながら(　　)に自分の役割を入れ、どのようなバランスにして24時間を使っていくのか、自分にとって理想の時間の使い方を探りましょう。
役割の例:仕事をする／親としての／妻・夫としての／家事をする／娘・息子としての／etc.……

吉武麻子『5つの「私」役割シート』
記入例(P.173)をチェック

	(　　)「私」	(　　)「私」	(　　)「私」	(　　)「私」	(　　)「私」
現在の「私」					
24hの内訳　睡眠時間　h	h	h	h	h	h
理想の「私」					
24hの内訳　睡眠時間　h	h	h	h	h	h
3年後の「私」					
24hの内訳　睡眠時間　h	h	h	h	h	h